Christian Kläui
Psychoanalytisches Arbeiten

Im Verlag Hans Huber sind außerdem erschienen – eine Auswahl:

Heinz Müller-Pozzi
Eine Triebtheorie für unsere Zeit
Sexualität und Konflikt in der Psychoanalyse
237 Seiten (ISBN 978-3-456-84477-0)

Heinz Müller-Pozzi
Psychoanalytisches Denken
Eine Einführung
216 Seiten (ISBN 978-3-456-83877-9)

Brigitte Boothe (Hrsg.)
Ordnung und Außer-Ordnung
Zwischen Erhalt und tödlicher Bürde
324 Seiten (ISBN 978-3-456-84474-9)

Brigitte Boothe / Wolfgang Marx (Hrsg.)
Panne – Irrtum – Missgeschick
Die Psychopathologie des Alltagslebens in interdisziplinärer Perspektive
Mit einem Vorwort von Mario Erdheim
232 Seiten (ISBN 978-3-456-83878-6)

Weitere Informationen über unsere Neuerscheinungen finden Sie im Internet unter: www.verlag-hanshuber.com

Christian Kläui

Psychoanalytisches Arbeiten

Für eine Theorie der Praxis

Verlag Hans Huber

Adresse des Autors:
Dr. med. Christian Kläui
Therwilerstrasse 7
CH-4054 Basel
E-Mail: praxis.klaeui@bluewin.ch

Lektorat: Monika Eginger
Herstellung: Peter E. Wüthrich
Umschlag: Atelier Mühlberg, Basel
Druckvorstufe: ns prestampa sagl, Castione
Druck und buchbinderische Verarbeitung: AZ Druck und Datentechnik, Kempten
Printed in Germany

Bibliografische Information der Deutschen Bibliothek
Die Deutsche Bibliothek verzeichnet diese Publikation in der Deutschen Nationalbibliografie;
detaillierte bibliografische Daten sind im Internet über http://dnb.d-nb.de abrufbar.

Anregungen und Zuschriften bitte an:
Verlag Hans Huber
Hogrefe AG
Lektorat Psychologie
Länggass-Strasse 76
CH-3000 Bern 9
Tel: 0041 (0)31 300 45 00
Fax: 0041 (0)31 300 45 93

1. Auflage 2008
© 2008 by Verlag Hans Huber, Hogrefe AG, Bern
ISBN 978-3-456-84590-6

Inhaltsverzeichnis

Dank

Ohne Martha Stähelin hätte dieses Buch nicht entstehen können. Ihrer Gross-zügigkeit, ihrem Geist und ihrer Geduld verdanke ich das Wesentliche.

Mit Dank verbunden bin ich all denjenigen, die mich auf ganz verschiedene Arten begreifen lehrten, was das Wirken des Unbewussten und was Psychoanalyse ist, in erster Linie sind dies P. Passett, H. Müller-Pozzi, R. Borens und P. Dreyfus. Auch meinen Patienten und Analysanten gehört mein Dank, sie haben mir immer wieder geholfen, den Weg zu finden und hören zu lernen. Ohne sie alle und ohne die Kollegen, mit denen ich mich in Intervision und anderen Gesprächen aus-tauschen kann, hätte ich für dieses Buch den roten Faden nicht finden können.

Christoph Keul danke ich für sein sorgfältiges Lektorat der vorliegenden Texte und für wichtige und klärende Anregungen. Barbara Indlekofer danke ich für kritisches und feinfühliges Fragen und für die Korrektur der Texte.

Der Stiftung Freie Assoziation VJW verdanke ich grosszügige finanzielle Unter-stützung bei der Realisierung dieses Projektes. Frau Eginger vom Verlag Hans Huber danke ich für gute und unkomplizierte Zusammenarbeit.

Es ist nicht üblich, Bücher in ein Dankeswort einzubeziehen, und doch sind sie wesentliche Vermittler von Ideen, Inspiration und der Motivation, selbst zu schreiben. Hervorheben möchte ich zwei Bücher, die für meinen eigenen Weg als Psychoanalytiker Wendepunkte waren und mich weiter begleiten. Das sind *Die unerhörte Botschaft der Hysterie* von Lucien Israël, das mir eine Haltung der lustvollen Neugier auf das psychoanalytische Arbeiten vermittelt hat, und *Freud-legende* von Sam Weber, das mir gezeigt hat, wie man Freud lesen und in seiner Aktualität erfassen kann.

Teil I
Vom Reden schreiben

1 Einleitung

Dieses Buch versucht, was schwierig ist, einfach zu sagen. Von der klinischen Praxis ausgehend, will es deutlich machen, was die besondere, einzigartige Fragestellung der Psychoanalyse ist, die auch ihre besondere Methode begründet. Dafür sucht es rationale und nachvollziehbare Antworten. Sein Ziel ist nicht ein systematisierbares Ganzes: Der Psychoanalyse oder auch nur ihrer klinischen Dimension eine abgerundete «gute Gestalt» zu geben, ist ihrem Gegenstand nicht angemessen. Wo es um *Verschiebungen* und *Verdichtungen* geht, ist damit zu rechnen, dass eine Textstruktur entsteht, in der immer wieder Gleiches immer wieder anders hervortritt und in der sich Knotenpunkte zusammenfinden, die neue Bedeutungen auftauchen lassen und Ergebnisse ermöglichen, die wieder in verschiedene Richtungen divergieren. Wenn es in diesem Buch ein Anliegen an die Darstellung der psychoanalytischen Klinik und Theorie gibt, so ist es dies: Mit der gleichen Tinte soll sie geschrieben sein wie ihr Gegenstand.

Jedes Kapitel dieses Buches ist so konzipiert, dass es sich in einen grösseren Zusammenhang einfügt und doch auch für sich allein gelesen werden kann. Indes gibt es auch einen inneren Aufbau, dem man als Leser folgen kann. Dieser entspricht in groben Zügen dem Gang einer analytischen Behandlung in der chronologischen Zeit: Sie hat meistens einen Anfang, Phasen der kritischen Wendung und des Durcharbeitens und ein Ende. Allerdings, sowenig wie die Analysen und Therapien linear voranschreiten, so sehr das Ende schon im Anfang enthalten ist und umgekehrt, so sehr Anfang, Krise und Ende immer auch ineinander verwoben sind, so wenig ist der Aufbau dieses Buches in sich linear. Es hat eher eine netzartige Struktur, wo das eine auf das andere zurückführt und zugleich auch wieder vorgreift. Manches wird nachträglich durch Späteres erhellt. Die Anordnung der Kapitel ist darum gewiss nicht zwingend, sondern eher dem Zwang geschuldet, das so komplex Strukturierte in den linearen Ablauf der nummerierten Seiten zu fügen. Sie lädt ein, spielerisch damit umzugehen, denn sie ist ja auch nicht mehr als die Auslegeordnung des einen Spielers, der der Schreibende ist.

Im Verlauf des Schreibens bin ich dazu gekommen, verschiedene Module anzuwenden, die das Ganze gliedern helfen sollen: Text, Beispiel, Kommentar, Theoretisches. Ich habe sie eingesetzt dort, wo es mir sinnvoll und der Übersichtlichkeit dienend schien, und sie unterscheiden sich in der Lesefreundlichkeit sicher auch geringfügig: Die theoretischen Teile setzen eher Vorkenntnisse voraus als die andern Textbausteine. Diese Module kommen aber nicht im Sinne eines starren Schemas zur Anwendung, das doch nur dem Material äusserlich aufgesetzt sein könnte. Es ist vielmehr der Versuch, sie dem Material möglichst angemessen einzusetzen. Verweise innerhalb des Textes gebe ich folgendermassen an: (S. xy).

Ich habe versucht, mich nicht hinter Begriffen zu verschanzen, sondern das, was sie uns sagen wollen, mit eigenen Worten einzufangen. Fachbegriffen andere Wörter aus der deutschen Sprache zur Seite zu stellen oder gar vorzuziehen, heisst, in Kauf zu nehmen, dass ein metaphorischer Überhang entsteht. Und das heisst auch, den Raum zu schaffen, in dem die gewählten, zwangsläufig metaphorischen Ausdrucksweisen neue Bedeutungsnuancen entstehen lassen. Verliert man damit nicht jede Präzision? Ich denke das nicht, denn alles, was damit zu tun hat, dass eine Metapher einen Raum des Aussagens öffnet, der vorher so nicht da war und der durch eine andere Metapher auch nicht bedeutungsgleich wiedergegeben werden kann, all das gehört wesentlich zum Thema der Psychoanalyse: Die Psychoanalyse trägt das Problem der metaphorischen Sprache seit ihren Anfängen in sich, denken wir nur an die metaphorische Begrifflichkeit Freuds: Verdrängung, Widerstand, Besetzung… Begriff und Metapher stehen nicht in einem Gegensatzverhältnis. Schon das Wort «Begriff» ist eine Metapher, die Hans Blumenberg zufolge noch die Spuren der Denkwelt der Jäger und Nomaden mitteilt, die, auf *abwesende* Tiere ausgerichtet, diese mit Fallen in Besitz und Griff bringen wollten (Blumenberg 2007, 10). Auch das Sprechen in der Psychoanalyse ist ein metaphorisches Sprechen, ein Sprechen, das mehr sagt, als es meint. Eigene Worte zu finden, heisst, sich auf dieses Spiel einzulassen, und es heisst indes auch zu wissen, dass man es auch anders machen könnte.

Vieles bleibt ungesagt, vieles bleibt in den Texten ungesagt. Es gibt immer einen Rest, wo weitergedacht werden und wo eine neue Deutung einsetzen könnte. Wo, anders gesagt, auch neue metaphorische Umwandlungen entstehen können. Geschieht dies beim Lesen, so wäre das für mich ein Lebenszeichen des Textes.

Noch ein paar Bemerkungen zur verwendeten Terminologie:

Psychoanalytisches Arbeiten:
Wenn ich von psychoanalytischem *Arbeiten* spreche, so stellt sich die Frage, ob man in diesem Zusammenhang überhaupt von Arbeit reden kann. Mir gefällt die

Nüchternheit des Begriffs, das Jobmässige, das er betont: Es geht für uns Psychoanalytiker, wie bei jeder andern Arbeit auch, um das Verdienen des Lebensunter-
halts. Die Psychoanalyse in ihrer klinischen, nicht in ihrer kulturtheoretischen
Dimension ist in erster Linie eine Praxis, auch das besagt der Arbeitsbegriff. Und:
Er hebt sich vom «Geniessen» ab. Der Genuss des Analytikers soll darin bestehen,
dass er für seine Leistung bezahlt wird, und nicht darin, dass er seine Leistung
geniesst oder, noch fataler, von seinen Patienten geniessen lässt. Das heisst aber
nicht, dass das psychoanalytische Arbeiten nichts Spielerisches hätte, im Gegenteil, es ist ein kreatives Unterfangen, das sich immer wieder neu erfinden muss
und ein Arbeiten ohne Routine ist. Jede Sitzung ist wie das weisse Blatt, vor dem
der Schriftsteller sitzt, und beide Beteiligten wissen nicht, welcher Text am Schluss
darauf stehen wird. Diese Offenheit ist nicht immer leicht zu ertragen, wie wir
von den vielen Sitzungen wissen, die damit beginnen, dass jemand nahtlos an die
vorangegangene Sitzung anknüpfen möchte, um sich Halt und Leitplanke zu
geben. Diese Offenheit macht aber auch viel vom Charme der Psychoanalyse aus
und sie ist es, die mich auch nach zwanzig Jahren Berufserfahrung sagen lässt, dass
ich immer wieder anfange. So bleibt psychoanalytisches Arbeiten auch für den
Therapeuten herausfordernd, lebendig und führt nicht zu Langeweile und dem
heutzutage so beliebten burn out.

Ich meine also, dass es durchaus andere Lösungen gibt als im bekannten Witz
vom jungen Psychoanalytiker, der jeden Abend von seiner schweren Arbeit erschöpft und ausgepumpt im Fahrstuhl dem alten Kollegen begegnet, der sich
frisch und fröhlich auf den Heimweg macht. Eines Tages getraut er sich, den Alten
zu fragen, wie er das nur fertig bringe, immer so unangestrengt zu sein. Worauf
dieser die Hand ans Ohr hält und fragt: «Wie bitte?» Ich denke, dass wir die Freude
an der Arbeit gerade dann nicht verlieren, wenn es uns gelingt, etwas zu hören und
nicht schwerhörig zu sein, auch im übertragenen Sinn. Das setzt indes voraus,
dass wir Denkhemmung und Denkzwang hinter uns lassen können, die beide, das
hat uns Freud gelehrt, aus Konflikten mit unseren eigenen triebhaften Regungen
stammen.

Patienten und Analysanten:
Patienten, das ist der Ausdruck, den wir aus dem ärztlichen Alltag kennen. Patien-
ten sind diejenigen, die sich als Leidende mit ihrem Leiden an uns richten. Meiner
Erfahrung nach sind die Menschen, die sich an uns Analytiker wenden, in diesem
Sinne Patienten. Sie kommen, weil sie etwas an ihrer Lebenssituation nicht mehr
ertragen können und darunter leiden. Es ist auch verbreitet, die Menschen, die
zu uns kommen, als Klienten zu bezeichnen. Sie als mündige Mandanten, die eine
Dienstleistung in Anspruch nehmen wollen, zu verstehen, ist von der juristischen
Seite des analytischen Kontraktes her sicher berechtigt. Ich vermeide diesen Aus-

druck dennoch, weil er mir die Not der Menschen, die uns, mehr – innerlich oder vom Umfeld – gezwungen als frei entscheidend, aufsuchen, zu verharmlosen scheint.

Im Laufe der analytischen Arbeit ändert sich etwas am Leiden und am Status der Patienten: Die Menschen beginnen über ihr Leiden zu sprechen, sie merken, dass es Zusammenhänge gibt zwischen ihrem Leiden und ihrem Sprechen, und so beginnen sie sich selbst zu befragen. Aus leidenden Menschen werden sprechende Menschen, Menschen, die eine Analyse oder eine analytische Therapie machen. Freud spricht von den «Analysierten», vielfach wird auch der Begriff «Analysand» verwendet. Mir gefallen beide Ausdrücke nicht besonders gut, weil sie zu passiv sind: Der Analysierte ist derjenige, der einer Analyse unterzogen wurde, im Partizip Perfekt, das entspricht der analytischen Situation nicht. Und der Analysand ist derjenige, der einer Analyse unterzogen wird, der zu analysieren ist, als ginge es darum, dass an ihm als passivem Objekt eine Arbeit verrichtet würde. Passiv und Patient sind wohl das gleiche Wort. Was in einer Analyse oder analytischen Therapie aber geschieht oder geschehen muss, damit sie wirken kann, ist gerade ein Herausfinden aus dieser passiven, erwartungsvollen Rolle, auf dass wir merken können, dass es um uns selber geht, dass es unsere Sache ist und dass es unser Sprechen ist, von dem alles abhängt. Darum ziehe ich den Ausdruck *Analysant*, den Lacan eingeführt hat, vor. Analysant – wie «Interpellant» oder «Demonstrant» oder «Mandant» – betont, dass wir mit einem Anliegen, in eigener Sache in die Analyse kommen. Diese Einstellung macht uns bereit, die Momente der Wahrheit, die in einer Analyse entstehen, in ihren Konsequenzen tragen zu können. Das ist nicht der Analysierte und nicht der Analysand, sondern der Analysant.

Dies zu betonen, heisst aber nicht, dass ich mich als Analytiker aus der Verantwortung stehlen könnte. Denn, dass jemand überhaupt zu einem Analysanten in diesem Sinne werden kann, setzt voraus, dass auch ich als Analytiker hinstehe und sage: «Ich bin dein Analytiker». Es ist meine Verantwortung als Analytiker, möglich zu machen, dass jemand in eigener Sache sprechen kann.

Es wird dem Leser sicher auffallen, dass in den folgenden Texten immer wieder *Perspektivenwechsel* vorkommen: Wie im vorangehenden Abschnitt wird einmal aus der Position des Analysanten und dann wieder aus derjenigen des Analytikers gesprochen. Ich versuche, damit transparent zu machen, in welch komplexer Weise Analytiker und Analysant aufeinander bezogen sind: Man kann nicht Analytiker sein, ohne selbst Analysant (gewesen) zu sein, man kann aber immer nur das eine sein und kann sich nicht wirklich in die Position des andern hineinversetzen, es gibt nur den Sprung von einer Position in die andere. So ist dies ein Buch eines Analytikers, das sich an Analytiker richtet, es ist aber auch das Buch eines Analysanten, das sich an Analysanten richtet. Und es hat gleichermassen den Anspruch, so geschrieben zu sein, dass es auch anderen Interessierten zugänglich ist.

2 Psychoanalyse und psychoanalytische Psychotherapie

Die Psychoanalyse hat viele Anwendungsgebiete gefunden, als klinisches Verfahren im engeren Sinne hat sich neben der *klassischen Psychoanalyse* auch die so genannte *psychoanalytische Psychotherapie* etabliert. Bei der klassischen Psychoanalyse, wie sie schon Freud praktiziert hat und wie man sie gern auf Karikaturen dargestellt findet, liegt der Analysant auf der Couch und der Analytiker sitzt, aus seinem Gesichtsfeld gerückt, hinter ihm. So trifft man sich in der Regel drei, vier oder gar fünf Mal die Woche. Die psychoanalytische Therapie findet demgegenüber mit einer oder zwei Sitzungen pro Woche statt, bei denen sich Patient und Analytiker gegenübersitzen.

Der wesentliche Unterschied der beiden «Settings» liegt im fehlenden oder vorhandenen Sichtkontakt. Das Sichtbare ist das Anwesende, während die Sprache Abwesendes zugänglich machen kann. Die Sprache kann auf Fehlendes verweisen, das Sichtbare auf Vorhandenes. Das Feld der Sichtbarkeit ist auch das big brother-Feld der Kontrolle, der «Okkulartyrannis», von der Ulrich Sonnemann sprach. Ich will das hier nicht vertiefen **(S. 125)** [1], sondern nur darauf hinweisen, dass alle Probleme, die mit Bild und Sehen, mit Auge und Blick zusammenhängen, im klassischen analytischen «Rahmen» besser zugänglich sind, weil sie nicht im Setting selbst eingebunden sind. Dieser Unterschied ist wesentlich; es ist indes nicht ein grundsätzlicher Unterschied in der Arbeitsmethode, sondern ein gradueller Unterschied in ihrer Reichweite.

Nun ist es in den letzten Jahren zunehmend üblich geworden, die psychoanalytische Psychotherapie auch von der Methode her als eigenständiges Verfahren zu verstehen. Es etablieren sich Ausbildungsinstitute für psychoanalytische Psychotherapie, die sich mit eigenen Curricula loskoppeln von den herkömmlichen Ausbildungsgängen zum Psychoanalytiker. Damit einher geht eine Befragung des schon in den Namen enthaltenen Unterschieds von Analyse und Therapie:

Die Analyse ist nichts anderem verpflichtet als dem Analysieren, dem deutenden Arbeiten am Sprechen des Analysanten, anders kann sie nicht funktionieren. Im Begriff Psychotherapie kündigen sich aber Ziele an, die tendenziell mit dem Verfahren der Psychoanalyse in Konflikt geraten: Die Psychoanalyse ist ein Verfahren, das nur hat entstehen können, indem es sich von der direkten therapeutischen Verwertbarkeit emanzipiert hat und sich nicht am Symptom und dessen Heilung ausrichtet, sondern auf ein Sprechen einlässt, das ins Blaue zielt und gerade so ins Schwarze trifft. Dadurch wirkt sie *auch* therapeutisch. Sie wird die therapeutische Wirkung gewiss nicht verleugnen wollen, aber sie kann sie nicht *direkt* anstreben. Wenn demgegenüber die Psychotherapie im Sinne eines medizinischen Verfahrens grundsätzlich darauf ausgerichtet ist, Leiden zu heilen und störende Symptome wegzubringen und einen gesünderen Zustand herzustellen, so sind da Fokussierungen im Spiel, die der Psychoanalyse fremd sind. Der Begriff «psychoanalytische Psychotherapie» ist darum in sich spannungsgeladen und mit ihm droht der Psychoanalyse ein Selbstmissverständnis. Meiner Erfahrung nach ist es zwar durchaus möglich, auch in einem niederfrequenten Setting und im Gegenübersitzen psychoanalytisch zu arbeiten, ohne durch den therapeutischen Druck, heilen zu müssen, daraus abgelenkt zu werden. Aber das geht nur, wenn wir uns darauf besinnen, was es heisst, psychoanalytisch zu arbeiten.

Faktisch ist es indes so, dass die so genannte psychoanalytische Psychotherapie mehrheitlich im Rahmen der Gesundheitsversorgung stattfindet und von den Krankenversicherern gänzlich oder teilweise entgeltet wird. Damit fliessen notgedrungen auch die Denkweise und die Auflagen der Krankenkassen und der Kontrollinstanzen des Gesundheitswesens ein: Effiziente, überprüfbare Behebung der Leidenssymptomatik ist gefordert. Dahinter stehen ganz andere diagnostische Modelle, als sie von der Psychoanalyse herkommen, Modelle, die den Begriff der Störung ins Zentrum heben und damit ein Denken implizieren, das, ganz im Unterschied zur Psychoanalyse, um Norm, Störung der Norm und Elimination der Störung gebaut ist.

Wo die Psychoanalytiker im öffentlichen Gesundheitswesen eine Rolle spielen und ihre Methode für breite Teile der Bevölkerung zugänglich halten wollen, sind sie gezwungen, sich mit diesen Notwendigkeiten der Gesundheitsökonomie und den psychoanalysefernen Einflüssen eines medizinisch-therapeutisch-psychiatrischen Denkens zu befassen. Weil viele Psychoanalytiker mehrheitlich oder ausschliesslich psychoanalytische Psychotherapien durchführen und existentiell von den Leistungen der Krankenversicherer abhangig sind, stellen sich die Probleme scharf und polemisch. Auf diesem Hintergrund ist ein ganzer Diskurs entstanden, der die Psychoanalyse und insbesondere die psychoanalytische Psychotherapie in die Paradigmen der evidenzbasierten empirischen Wissenschaft einschreiben möchte und der in ihrem Namen auch störungsspezifische Behandlungstechniken und technische Modifikationen entwickelt, denen ein nicht-psychoanalytisches Denken zu Grunde liegt. Der Spagat, der im Begriff psychoanalytische Psychotherapie sowieso enthalten ist, spannt sich da zum Zerreissen.

In dieser Situation ist es meines Erachtens notwendig, einen Schritt aus den aktuellen Debatten zurückzutreten und sich zu besinnen, was eigentlich psychoanalytisches Arbeiten ist, was seine Besonderheit ist und was es unersetzbar macht. Darum geht es im vorliegenden Buch. Wo ich von psychoanalytischer Psychotherapie spreche, geht es mir also um eine *Rückbesinnung auf das Psychoanalytische an der psychoanalytischen Psychotherapie. Die Unterscheidung von klassischer Psychoanalyse und psychoanalytischer Psychotherapie ist im Folgenden, entgegen des geläufigen Trends, also ausschliesslich deskriptiv zu verstehen, als Unterscheidung in Frequenz und Setting.* Ich gehe davon aus, dass eine analytische Arbeit in einem niederfrequenten oder hochfrequenten Setting, im Sitzen oder im Liegen geschehen kann. Sie kann in beiden Settings sich ereignen oder verpasst werden. Letztlich müssen wir wohl immer bis ans Ende einer Behandlung warten, bis wir wirklich sagen können, ob es eine analytische Arbeit gewesen sein wird oder nicht.

Analytiker und Analysant sind das Begriffspaar, das es bezüglich der Psychoanalyse, der *Psychoanalyse als Kur* gibt. Bezüglich der so genannten *psychoanalytischen Therapie* gibt es kein analoges Begriffspaar. Die psychoanalytische Therapie ist häufig partieller im Umfang von dem, was zur Sprache kommt, und kürzer in ihrer Gesamtzeitdauer. Auch dass in ihr Sichtkontakt gegeben ist, grenzt ihre Möglichkeiten ein. Gewiss ist es leichter, mit einer höheren Sitzungsfrequenz analytisch arbeiten zu können. Gewiss spielen bei der psychoanalytischen Psychotherapie suggestive und stützende, identifikatorische Elemente eine grössere Rolle und bleiben unanalysiert. Aber, und das ist für mich das Entscheidende, wo sie dem Anspruch, *analytische* Therapie zu sein, gerecht werden will, kann es gar keine anderen Wirkprinzipien geben als in der Psychoanalyse. Und da es gerade das Thema dieses Buches ist, herauszuarbeiten, was eigentlich die Wirkprinzipen der Analyse sind, verwende ich den Ausdruck «Analysant» in einem übergeordneten Sinn auch für Patienten, die vom Setting her eine so genannte psychoanalytische Therapie machen.

Das Wort Therapie kommt vom griechischen «therapeuein», und wenn ich es auf diese Wurzel befrage, kann ich es aus der Einengung, die es im medizinischen Diskurs und in der gesundheitspolitischen Aktualität findet, wieder herausholen und in einer neuen Art in Verbindung zum Psychoanalytischen bringen: «Therapeuein» meint pflegen, gut zu etwas schauen, so wie wir zu unsern Kindern und unsern Pflanzen schauen. Die besten Therapeutika, so hat uns Platon ans Herz gelegt, seien Musik und Gymnastik. Von seiner Herkunft her betrachtet, meint das Wort Therapie nicht heilen oder ändern, sondern es meint eigentlich: zum

Gedeihen bringen, dass etwas so sein kann, wie es ist. Es ist damit nicht primär ein technischer oder ärztlicher Vorgang gemeint, sondern eine Kunst, eine moralische Haltung: ein angemessener, wohltuender, respektvoller Umgang mit demjenigen, der uns anbefohlen ist. Therapieren heisst, so verstanden, eine Haltung einzunehmen, die auch derjenigen des psychoanalytischen Arbeitens zu Grunde liegt. Eine Haltung der Bereitschaft, offen dafür zu sein, dass jemand einen Weg für sich findet und geht, den ich nicht zu bewerten und zu beurteilen habe. Auf diesem Hintergrund eine therapeutische Haltung zu definieren, führt weg von einer rein medizinischen Zweckmässigkeit und ist ein ethischer Akt: *Die ethische Entscheidung lautet etwa so: Es soll ein unabdingbares Recht sein, dass alle Menschen mit ihren Anliegen, ihrer Geschichte und ihren Fragen zu Wort kommen und Gehör finden können.*

Kann ich jemandem diese Haltung nicht entgegenbringen, so kann ich ihn nicht in Therapie oder Analyse nehmen. Ich muss nicht jemanden mögen oder sympathisch finden, aber ich muss die Bereitschaft haben, ihn zu respektieren und gelten zu lassen. Und das heisst umgekehrt auch, dass ich mich davor hüten muss, jemandem mit einem «furor sanandi» zu begegnen (**S. 195**) und zum Beispiel einen jugendlichen Neonazi in Therapie zu nehmen, nur weil ich verführt bin von der Vorstellung, den sensiblen, weichen Kern in ihm, den er selbst mit Stiefeln tritt, zum Blühen zu bringen.

Dass Menschen eine Stimme finden und für sich selber eintreten können, ist ein Anliegen, das immer wieder erkämpft sein will. Im Feld der Psychiatrie sind es insbesondere die schwer und chronisch psychisch Kranken, die alten Menschen und die Migranten, die davon bedroht sind, ihre Stimme zu verlieren und von ihrer Geschichte und von der Einbindung in gesellschaftliche und kulturelle Überlieferungszusammenhänge abgeschnitten zu werden. Der Wille zum Biologismus, wie er in universitär-psychiatrischen Kreisen vorherrscht, bringt es allerdings mit sich, dass davon zunehmend alle Menschen betroffen sind, die mit der Psychiatrie in Berührung kommen.

Die Psychoanalyse macht uns deutlich, dass es nicht nur soziale, wirtschaftliche und politische Gründe gibt, weswegen Menschen sich nicht selbst vertreten und Gehör verschaffen können. Wir sind alle davon betroffen, wo es um uns selbst fremd gebliebene Anteile unserer eigenen Geschichte, um undurchschaubare familiäre und kulturelle Tradierungen, in denen wir verstrickt sind, und um all die Muster in unserem Liebes- und Arbeitsleben geht, die uns blindlings immer wieder einholen. Psychoanalysieren ist eine spezifische Technik für spezifische Probleme: Wenn jemand sich damit schwer tut, dass seine oder ihre Chefin jeden Morgen übel gelaunt und mit bösartigen Kritiken daherkommt, so wird man dieser Person kaum eine Psychoanalyse empfehlen. Musikhören oder Spazierengehen kann da, wenn ein Arbeitsplatzwechsel nicht möglich ist, entspannender sein. Berichtet mir indes jemand, dass er oder sie sich jetzt an der dritten Stelle hintereinander in immer ähnliche Konflikte mit Vorgesetzten verfange, so muss ich davon ausgehen, dass da etwas Spezifisches bei diesem Menschen wirkt, das ihn dazu bringt, *ähnliche Konfliktkonstellationen zu wiederholen.* Und das herauszufinden und zu bearbeiten, ist das Feld der Psychoanalyse.

3 Über Psychoanalyse schreiben

Psychoanalyse ist ein mündliches Verfahren. Sie findet als Gespräch statt, sei es in der klassischen Form, sei es als psychoanalytische Therapie. Sie findet als ein Gespräch mit vielen Besonderheiten, über die im Folgenden nachzudenken sein wird, statt.

Einen Text über das zu verfassen, um was es in diesem Gespräch geht, was sich in ihm ereignet, erfordert folglich, vom Medium des Mündlichen ins Medium des Schriftlichen zu wechseln. Das ist nicht so unproblematisch und selbstverständlich, wie man vielleicht meinen könnte. Es ist aber auch etwas, das sofort ins Thema der Psychoanalyse hineinführt, wie ich zeigen möchte.

Roland Barthes hat in einem schönen Essay ausgeführt, dass sich die Schriftsprache nicht einfach von der mündlichen herleitet und dass sich mündliche und schriftliche Sprache nicht einfach ineinander überführen lassen (Barthes 2006, 49 ff). Es müsste schon in irgendeiner Weise ein Gedachtes geben, das, primär unabhängig von seiner sprachlichen Form, im Sprechen und Schreiben lediglich wiedergegeben würde, damit man von einem problemlosen Transfer von einem Medium ins andere ausgehen könnte. Dem steht allerdings einiges an Evidenz im Wege und, um es vorweg zu nehmen, gerade die Erfahrung der Psychoanalyse zeigt eindrücklich die Sprachgebundenheit jeden Denkens. («Die Arbeit an der Sprache ist Arbeit am Gedanken», meint übrigens bündig die Werbung der Neuen Zürcher Zeitung).

Wenn es aber kein von der Sprache unabhängiges Denken gibt, dann ist die schriftliche Äusserung von etwas Mündlichem zwangsläufig ein verändernder Eingriff. Zumal, Roland Barthes betont es, gesprochene und geschriebene Sprache nicht gleichen Ursprungs sind, unterschiedliche soziale Funktionen und auch einen *verschiedenen Bezug zum Körper* haben: Die gesprochene Sprache ist eine Sprache des Gehörs, die geschriebene eine der visuellen Wahrnehmung und der Gestik der Hand.

Meist denken wir nicht über die Konsequenzen dieser Problematik nach und sind es gewohnt, Texte über Psychoanalyse und psychoanalytische Fallgeschichten zu lesen, ohne dem damit verbundenen Medienwechsel vom Mündlichen zum Schriftlichen Beachtung zu schenken.

Indessen stellte sich mir bei der Verfassung der folgenden Texte immer wieder die Frage, wie ich über Psychoanalyse schreiben kann und, vor allem, wie ich das, was in einer Psychoanalyse geschieht, mitteilen kann. Wie bezüglich der Sitzungen, die ich mit meinen Analysanten erlebe, konkret werden? Wie auf Beispiele aus meiner Arbeit zurückgreifen und von dem berichten, was mir meine Patienten und Analysanten mitteilen? Ist das überhaupt möglich? Ist es denn auch, das kommt noch dazu, mit der Verpflichtung zum Datenschutz und zur Wahrung der Vertraulichkeit, auf die die Menschen, die sich zu mir in Behandlung begeben, einen unhintergehbaren Anspruch haben, zu vereinbaren?

Es gibt zwei Wege, diesen Schwierigkeiten auszuweichen: So findet man bei manchen Psychoanalytikern eine Scheu, über ihre Erfahrungen in der konkreten Arbeit zu schreiben. Sie möchten vermeiden, dass aus etwas Einmaligem ein «Fall» wird. Das Spezifische, das Eigentliche der analytischen Situation, das die unwiederholbare Begegnung zweier Menschen ausmacht, lasse sich nicht in einen schriftlich niedergelegten Text übertragen, argumentieren sie. Wie wir allerdings noch sehen werden, lässt es sich in Psychoanalysen kaum vermeiden, dass der Wechsel vom Mündlichen zum Schriftlichen im Spiel ist, und so läuft die Stilisierung des Mündlichen zum Authentischen Gefahr, das Problem einfach dem Nachdenken zu entziehen.

Die zweite Möglichkeit ist eleganter und besteht darin, die eigene Deutungs-Arbeit nicht an Hand der eigenen praktischen Arbeit mitzuteilen, sondern sich auf das schon geschriebene Textkonvolut der Psychoanalyse zu beziehen, in erster Linie natürlich auf Freuds Krankengeschichten. Damit bezieht man sich schriftlich auf Schriftliches und kann die Probleme des Medienwechsels umgehen.

Ich meine allerdings, dass es die Weitergabe der Psychoanalyse behindert, wenn man sich auf diese beiden Lösungen beschränkt. Die Psychoanalyse lebt davon, dass «Fallberichte» in Supervisionen und Intervisionen besprochen werden können, was in der Regel ja mit schriftlichen Notizen von Gesprächen geschieht. Und sie ist darauf angewiesen, dass immer wieder neu konkrete «Fallbeispiele» in Fachpublikationen erörtert und theoretisiert werden können.

Darum habe ich mich entschieden, in den folgenden Texten Erfahrungen aus meiner eigenen Praxis darzustellen. Wie aber dies aufschreiben? Meine Überlegungen dazu bringen das Wechseln vom Mündlichen zum Schriftlichen in Bezug zu Fragestellungen, die die Psychoanalyse ursächlich betreffen. Erst nach diesem Weg wird es möglich sein, eine Antwort zu finden.

Wenn jemand zum Psychoanalytiker kommt, so geht dem eine «Anmeldung» voraus, die mündlich, telefonisch erfolgen kann, vielleicht aber auch schriftlich, mit einem Briefwechsel oder einem knappen Austausch von E-Mails. Die Begegnung, die entsteht, ist dann eine des Sprechens. Meist wird dieses Gespräch vom Analytiker schriftlich protokolliert.

Auf der Seite des Patienten kommt in der Folge die schriftliche Form kaum mehr ins Spiel. Doch kann es schon sein, dass jemand etwa eine Art Lebenslauf mitbringt oder einen wichtigen Brief, der mit der Situation, die ihn zum Therapeuten geführt hat, zu tun hat. Jemand brachte mit zur ersten Sitzung einen sechsseitigen Computerausdruck mit, auf dem er sein ganzes Leben chronologisch in Kästchen eingeteilt hatte. Und jemand kam mit einem Blatt, auf das er Fotografien seiner Familienangehörigen kopiert und diese untereinander, wie in einem chemischen Diagramm, mit Pfeilen und Kreisen in Verbindung gesetzt hatte.

Das Sprechen in der Psychoanalyse steht aber nicht nur bei den Modalitäten der Anmeldung in einem vielschichtigen Bezug zum Schreiben und zur Schrift, sondern vor allem auch bei der Dokumentation des Sprechens: Freud hat davon abgeraten, Sitzungen live mitzuschreiben und jeder, der das ausprobiert hat, wird feststellen, dass das leichte Nachhinken des Mitschreibens das Hören in der Sitzung beeinflusst: Ich bin nicht mehr ganz im Moment des Hörens, sondern ich konstatiere Gehörtes und dieser kleine Unterschied beeinflusst auch meine Art zu reagieren und zu intervenieren. Die minimale zeitliche Verschiebung von Hören und Schreiben erzeugt das leise Empfinden eines Verlustes.

In anderer Weise konfrontiert mich aber auch das nachträgliche Dokumentieren der Sitzung mit einem Verlust: Ich werde nie mehr die wörtliche Interaktion wiedergeben können, ich werde Zusammenfassungen machen, Auslassungen, andere Gewichtsetzungen, Umformulierungen vornehmen. Und, wie ich auch protokolliere, ich werde das, was das Sprechen ausmacht in seiner Aktualität, in seiner Ereignishaftigkeit – Rhythmus, Stocken, Überstürzungen, Schweigen, Laut- und Leiserwerden –, ich werde das nur sehr mangelhaft einfangen können. Zunehmend benutzen Analytiker auch elektronische Krankengeschichten; dabei fällt mir auf, dass das Wegfallen der schreibenden Hand, durch die sich der Körper des Schreibenden mitteilt, die am Computer verfassten Notizen in eine Richtung gleiten lässt, die sie näher an den ärztlichen, objektivierenden Diskurs heranrückt.

Die *Unvermeidlichkeit des Verlusts* ist auch dort zugegen, wo nach Objektivität und exakter Wiedergabe gestrebt wird: in Sitzungsprotokollen für wissenschaftliche Zwecke. Auch mit immer präziser werdenden Aufzeichnungstechnologien, angefangen bei Videoeinspielungen ganzer Sitzungen, entgeht man dem Verlust nicht. Nehmen wir ein einfaches Beispiel: Wie transkribiere ich eine Traumerzählung? Vom Wortlaut her ist das vielleicht noch nicht allzu schwierig, aber sobald es um Interpunktion, Zeilenumbruch, Markierungen von Pausen, emotionalen Bewegungen, gestischem Mittun usw. geht, muss ich ständig Entscheidungen treffen, die, indem ich mich für etwas entscheide, anderes verwerfen.

Meines Erachtens ist jeder Versuch, diesen Verlust durch immer noch grössere Exaktheit zu vermeiden, illusionär. Angemessener ist es, in ihm etwas zu erkennen, was mit dem Gegenstand der Psychoanalyse selbst zu tun hat. *Denn weit über die jetzt verhandelte Frage des Medienwechsels zwischen Mündlich und Schriftlich hinaus ist die Psychoanalyse immer schon in die Problematik von Übersetzen und Übertragen von einem Register ins andere getaucht.* Oder, um es noch dezidierter zu sagen, diese Problematik ist ihr Thema. Nehmen wir das Beispiel des Traums nochmals auf: Dieser ist, so wie er in der analytischen Sitzung auftaucht, selbst schon das Ergebnis einer, wenn man es so paradox sagen darf, ursprünglichen Übersetzung: Einen Traum einfangen – nicht nur für die Analyse, auch für das Tagebuch, für die Erinnerung, für das Gespräch im Freundeskreis – heisst, Worte finden für etwas, das uns als Bild trifft. Traum und Traumerzählung sind nicht das Gleiche und ihre Divergenz konfrontiert uns mit einem Verlust, mit einem *immer unübersetzbaren Rest* **(S. 133 ff)**.

Das ist ein Thema, das wir in vielen Variationen in jeder Psychoanalyse antreffen. Unvermeidlich taucht in jeder Psychoanalyse die Frage auf, wie mit den vielfältigen Formen des Verlustes umgegangen werden kann.

Zurück nun zum Schreiben über Psychoanalyse: Wenn die Übersetzung vom Mündlichen ins Schriftliche nicht ohne Verlust möglich ist, so heisst das im Gegenzug auch, dass diese Transformation stets etwas Neues hervorbringt: Es gibt ein poetisches Moment, etwas ist im Schriftlichen da, was es so im Mündlichen nicht gab. Das kann uns zum Beispiel in Supervisionen begegnen, wenn jemand sagt: «Das habe ich so in der Stunde gar nicht gehört, erst jetzt, beim Lesen der Notizen…». *Verlust und Poesie gehören zusammen.*

Die Übertragung vom Mündlichen ins Schriftliche ist demzufolge notgedrungen Interpretation, *Deutung.* Da, wo Transformation Verlust schafft, der als nicht zu bewältigender Rest entgleitet, da sind unsere Deutungen auch schöpferische, poetische Akte. *Über Psychoanalyse und über Psychoanalysen zu schreiben,* ist folglich kein Vorgang eines objektivierenden, festhaltenden Theoretisierens. Sondern es ist, wenn es denn seinen Gegenstand nicht verfehlen will, unweigerlich *ein Akt der poetischen Umwandlung.*

Negativ gewendet, setzt es sich damit dem Vorwurf aus, spekulativ, behauptend zu sein, ohne sich der kritischen Überprüfung und Reproduzierbarkeit zu stellen. (Diesem Vorwurf kann man nicht entgehen, auch wenn bei vielen psychoanalytischen Artikeln der Eindruck entsteht, dass sie nichts anderes möchten, als diesem methodologischen Verdikt zu entkommen, so sehr haben sie jedes poetische Fleisch vom Knochen gezogen und kommen staubtrocken versachlicht daher.)

Positiv genommen, bedeutet die Unmöglichkeit, im Schreiben über Psychoanalyse das Deuten zu verlassen, dass ein gelingendes Schreiben über Psychoanalyse immer auch selbst wieder gedeutet werden kann und muss, was es auch lebendig hält.

Wenn es in den folgenden Texten möglich werden soll, einen konkreten Zugang – und einen andern gibt es nicht, es geht immer um die Besonderheiten des Einzelfalls – zur Erfahrungswelt der psychoanalytischen Praxis zu finden und gleichzeitig der Geheimhaltungspflicht und dem Anspruch auf Vertraulichkeit gerecht zu werden, so finde ich die Voraussetzung dafür gerade in dem, was sich an der Schnittstelle von Mündlich und Schriftlich abspielt: Die Uneinholbarkeit einer «Authentizität», die Unmöglichkeit, verlustfrei und deutungslos vom Mündlichen ins Schriftliche zu übersetzen, nehme ich zu Hilfe und wende sie, so weit es nur geht, auf ihre Kehrseite, auf die Seite der poetischen Schöpfung hin: *Wenn in jeden Fallbericht zwangsläufig ein Moment des Fiktionalen und der deutenden Konstruktion einfliesst, so verstecken die Berichte aus meiner Praxis ihre unumgängliche Fiktionalität und Konstruiertheit nicht, sondern ich erlaube mir, sie zu konstruieren und fingieren als Ableitungen, Verdichtungen, Umwandlungen realer und als solcher nie einholbarer Geschehnisse.*

Erfinden allerdings geht dabei einher mit Finden: Wie es nicht möglich ist, einen Witz im Allgemeinen zu erzählen, sondern nur in seiner Besonderheit, die meist auch an die Besonderheit der sprachlichen Formulierung gebunden ist, so ist es nicht möglich, Geschichten im abstrakten Raum zu erzählen. Sie sind an die Besonderheiten ihrer Formulierung gebunden. So kann ich aus der Geschichte eines Menschen nicht aussparen, dass er sich in suizidaler Absicht zu erschiessen versucht hat, wenn er mir ankündigt, er komme gern weiter zu mir, wir seien ja jetzt schon gut aufeinander eingeschossen…

Derlei Aussagen lassen sich nicht verändern, sie sind an den Wortlaut gebunden, das ist wie in Stein gemeisselt. Allerdings sind das auch Dinge, in denen höchstens derjenige, der sie geäussert hat, sich selbst wieder erkennen kann, die für Dritte aber nicht identifizierbar sind. An derlei Details muss ich mich halten, sie sind die Träger der unbewussten Botschaft. Ihre Verallgemeinerung, ihr Weglassen – das ist das, was zum Beispiel in der Depression geschieht, aber auch in andern Momenten des Geniessens – entzieht sie den Verkettungen und Verknüpfungen, in denen sie stehen und die mit ihnen entstehen können.

In einer Analyse entstehen durch das Ineinandergreifen von Sprechen und Horen Texte, deren «copy right» eigentlich beiden Beteiligten zusteht. Indem ich auf solche Texte zurückgreife, sie verschriftliche, sie in allem, was die beteiligten Personen kenntlich machen könnte, umwandle und sie aus dem Kontext der Behandlung herausreisse und in den Kontext meiner Argumentation stelle, nehme ich eine neue Lektüre des verwendeten Materials vor. Das ist nur eine mögliche und eingeschränkte Lesart. Ich hebe eine Bedeutung heraus, über die in der analytischen Behandlung wohl schon gesprochen worden ist, die aber nun, von ihrer neuen Verwendung in diesen Texten her, nicht wieder in die Analyse zurückfliesst und daher auch vom Analysanten nicht wieder aufgenommen und bearbeitet werden kann.

In diesem Sinne bleibe ich, bei allem umwandelnden Eingreifen, angewiesen auf Wohlwollen und Rücksicht der Erfinder der von mir gefundenen Signifikanten und kann nur im Gegenzug versichern, mit allem mir zur Verfügung stehenden Respekt und mit Feingefühl damit umzugehen.

Teil II
Anfangen

4 Worum es geht

Beispiel:

Das Scheitern einer Beziehung habe sie in ein tiefes Loch gestürzt, sie habe drei Monate in einer psychiatrischen Klinik auf der Psychotherapiestation hinter sich. Sie wolle jetzt bei mir eine Psychotherapie beginnen. Sie vermisse das geregelte Programm in der Klinik und wisse, wieder zu Hause, manchmal gar nicht recht, was tun. Leeregefühle tauchten auf, sie sei häufig müde und lege sich einfach hin. Jetzt habe sie noch Ferien, das sei nicht so schlimm, aber gleichzeitig mache es ihr Sorgen: Sie kenne das, den ganzen Tag zu verschlafen und das Leben auf die Nacht zu verlegen. Wahrscheinlich sei das einfacher, dann müsse sie keine Entscheidungen fällen. Sie habe Angst, eine neue Arbeitsstelle zu suchen, Angst vor dem Gefühl, sie schaffe es doch nicht. Sie habe auch Angst, einfach eine Stelle anzunehmen, die ihr gar nicht zusage. Sie sei nicht in der Lage, sich irgendetwas zu wünschen. Die meisten Menschen freuten sich über schönes Wetter, sie setze das nur unter Druck, etwas zu unternehmen, alles sei ihr zuviel. Gewänne sie im Lotto, sie wüsste gar nicht, was tun mit dem Geld, sie habe keinen Wunsch nach einem Auto, nach Ferien. Nichts als das Gefühl der Sinnlosigkeit. Sie habe viel darüber nachgedacht und wisse nicht, warum sie so anders funktioniere als andere Menschen. Darüber zu sprechen, habe wohl auch keinen Sinn. Sie habe sich gefreut, zu unserem Gespräch zu kommen, auf dass wieder etwas gehe, jetzt aber sei es für sie sehr anstrengend und da sei auch das Gefühl wieder: Es hat keinen Sinn.

Kommentar:

Was heisst es, jemandem zuzuhören, der mir diese Geschichte erzählt? In welcher Position befinde ich mich?

Solche Geschichten werden einem Arzt oder Therapeuten häufig erzählt. Man erkennt darin die depressive Gemütslage mit all ihren Zutaten: Müdigkeit, Entscheidungsunfähigkeit, Antriebsarmut, den vorherrschenden Gefühlen der Leere, der Sinnlosigkeit, des Versagens und so weiter. Man kann diese Geschichte als *Arzt* hören und sich überlegen, ob man diagnostisch genügend Hinweise habe, ob noch andere Abklärungen nötig seien, ob etwa noch die Suizidalität zu erfragen sei. Man wird sich dann überlegen, welche therapeutischen Massnahmen mit der Patientin zu erarbeiten seien, wie es etwa um ihr soziales Netz stehe, ob vielleicht eine Tagesstruktur organisiert werden müsse, um der drohenden regressiven Entwicklung entgegenzuwirken, wie mit der Medikation fortzufahren und wie häufig die Frau zur Kontrolle in die Praxis zu bestellen sei.

Wenn ich so oder ähnlich vorgehe, höre ich die Geschichte von Frau A aus einer bestimmten Position heraus: Aus einer ärztlichen Position, wie ich jetzt einmal ganz summarisch sagen möchte. Einer ärztlichen Position, die, wie es die Götter befohlen haben, vor die Therapie die Diagnose setzt und die vorgetragene Erzählung unter dem Aspekt untersucht, welche psychopathologischen – oder somatischen – Symptome in ihr zu erkennen sind. Aus der Position des Arztes, der abklärt und einen Therapieplan aufstellt.

Ich kann diese Geschichte aber auch anders hören: Ich kann hören, dass Frau A mir etwas erzählt, das die Beschreibung eines Zustandes ist, dass Frau A über sich spricht, als würde sie sich selbst wie ein Untersuchungsobjekt beobachten. Und ich kann dann auch hören, dass es dabei nicht bleibt und dass das Gespräch in einem bestimmten Moment eine Wendung nimmt: Es wird für Frau A, obwohl sie sich auf unser Gespräch gefreut hat, *im Moment des Erzählens* sinnlos zu sprechen. *Sie spricht nun nicht mehr über Gefühle der Sinnlosigkeit, die Sinnlosigkeit ist da.* Die Sinnlosigkeit richtet sich auf unser Gespräch selbst. Ich kann diese Wendung von einem *Sprechen, das beschreibt und konstatiert*, zu einem *Sprechen, das sich performativ an die Sprechsituation selbst richtet*, hören. Wenn ich sie höre, bringt mich das selbst in eine andere Position als die des konstatierenden, objektivierenden Arztes. *Ich bin nun selbst Teil der Problematik*, über die Frau A nicht mehr nur spricht, sondern die sich zwischen ihr und mir *ereignet*.

Ich habe damit noch nichts verstanden, vielleicht kann ich auch gar nichts verstehen (es geht ja auch um Dinge, die Frau A selbst nicht versteht), aber ich nehme eine andere Position zum Gehörten ein. *Ich bin direkt angesprochen*, was ich zu hören bekomme, richtet sich an mich. Wenn Frau A sagt, es sei anstrengend und sinnlos, in unserem Gespräch zu sprechen, so kann ich das ärztlich objektivierend als Ausdruck ihrer Depressivität verstehen. Ich kann aber auch hören, dass sie damit mir den Ball zuspielt und dass der *weitere Verlauf des Gesprächs nun von meiner Reaktion abhängt*:

Ich kann ihr jetzt sagen: «Sehen Sie, das ist ein typischer Ausdruck Ihrer Depression, dass Sie alles, auch unser Gespräch, als sinnlos erachten. Das ist behandelbar und dann wird es auch wieder anders aussehen. Am besten wird es sein, ich verordne Ihnen ein Antidepressivum.» Aber ich kann ihr jetzt auch anders begegnen. Ich kann sagen: «Ja, gut, dass Sie es merken, es hat doch tatsächlich keinen Sinn, dass wir unsere Zeit miteinander vergeuden.» Oder ich kann sagen: «Das stimmt doch überhaupt nicht, unser Gespräch ist sehr wichtig.» Oder aber ich kann auch sagen: «Wenn Sie mir das sagen, dann stellen Sie mir die Frage, ob das, was wir jetzt miteinander beginnen wollen, Ihre Therapie, ob das einen Sinn haben kann, ob wir miteinander etwas erreichen können.» Das sind – etwas karikiert dargestellt – sehr verschiedene Reaktionen, die natürlich auch ganz unterschiedliche Folgen haben werden. Frau A wird *aus meiner Reaktion* – ob sie es nun klar erfasst oder mehr stimmungsmässig empfindet – *entscheiden, was unser Gespräch für sie gewesen sein wird.* Wird es als medizinische Behandlung weiter gehen? Kann es als Gespräch weiter gehen? Oder ist es in der Tat sinnlos?

Natürlich bringt Frau A auch ihre eigenen Vorstellungen und Erwartungen mit. Vielleicht sind diese auf Grund ihrer Erfahrungen so ausgereift und klar, dass sie, falls meine Reaktion in eine andere Richtung geht, sich einen anderen Arzt oder Therapeuten suchen wird. Vielleicht weiss sie selbst nicht so genau, was für sie das Richtige ist, und erwartet, die Antwort auf diese Frage bei mir zu finden.

Ich jedenfalls stehe vor einer *Wahl*: Ich kann Frau A als objektivierend beobachtender Arzt – mitfühlend, teilnehmend, ernst nehmend – begegnen, *oder* ich kann die performative Wendung, die das Gespräch nimmt, hören und berücksichtigen. Ich kann ihre Aussage, dass es wohl sinnlos sei, hier, mit mir zu sprechen, als depressiv gefärbte Feststellung nehmen *oder* ich kann die darin implizit an mich gerichtete Frage aufgreifen. Klar ist: Unabhängig davon, ob ich diese Wendung höre oder nicht, sie wirkt. *Sie wirkt, auch wenn ich sie nicht wahrnehme, auch wenn ich sie überhöre*: Wenn ich nicht beachte, dass sich zwischen Frau A und mir in der Aktualität des Gesprächs etwas ereignet, dann wird das für Frau A auch eine Reaktion sein, die ihre Entscheidung beeinflusst (**S. 72**). Sie wird dann vielleicht ungefähr den Eindruck bekommen, der Therapeut halte nichts davon, sich mit ihr auf ihre Geschichte und ihre Erlebniswelt einzulassen, sie wird sich vielleicht, negativ gewendet, in ihrem Gefühl bestätigt sehen, ein hoffnungsloser Fall zu sein, oder sie wird sich, positiv gewendet, in den Händen eines Arztes fühlen, der weiss, was er zu tun hat.

Ich stehe hier also vor einer Entscheidung. Analytisch zu arbeiten, ist nicht eine Frage von richtig oder falsch, es ist die *Frage einer Entscheidung, die ich ergreifen oder nicht ergreifen kann.* Wenn ich persönlich die Wahl treffe, als Analytiker zu arbeiten, so habe ich natürlich meine Gründe dazu, die ich plausibilisieren kann, die sich aber sicher auch argumentativ in Frage stellen lassen. Darum geht es mir jetzt nicht. Es geht mir nur darum, herauszuarbeiten, von wo aus die Frage: «Analytisch arbeiten, ja oder nein?» überhaupt zu stellen ist. Und von wo aus sie zu begründen und hinterfragen ist. Überdies gibt es in fast jeder Analyse Situationen der krisenhaften Zuspitzung oder auch der frühen Störung des Settings, bei denen wir als Analytiker an die Grenzen der Möglichkeit stossen, mit dem Instrument der Deutung zu arbeiten und dadurch die Frage, «analytisch arbeiten, ja oder nein?», auf uns zurückkommt und uns zu Entscheidungen zwingt **(S. 128)**.

Die Konsequenzen dieser Entscheidung betreffen nicht nur diejenigen, die analytisch arbeiten. Auch wer im psychiatrisch-psychotherapeutischen Feld nicht analytisch arbeitet, müsste sich darüber Rechenschaft ablegen, dass er immer schon eine Wahl getroffen hat. Allein das wird von denjenigen Therapeuten und Ärzten, die nicht psychoanalytisch arbeiten, meist nicht erkannt und bedacht. Solange sie darauf kein Gewicht legen, können sie indes auch die Implikationen ihrer eigenen Position nicht angemessen hinterfragen. So übernehmen Therapeuten häufig Positionen, wie sie in der somatischen Medizin oder in der Forschung angemessen sind, und verinnerlichen sie unhinterfragt, ohne zu merken, dass sie auf einer Wahl beruhen. Es geht mir nicht darum zu behaupten, das eine sei besser als das andere, es geht einzig darum, Klarheit darüber zu haben, wo ich eine Wahl treffen muss, respektive welche Wahl ich immer schon getroffen habe, um diese Wahl so auch befragbar zu machen.

Psychoanalytisch zu arbeiten heisst also, dass ich die Wahl getroffen habe, *mein Hören auf das zu richten, was sich im Sprechen selbst ereignet und aktualisiert.* Es heisst, davon überzeugt zu sein, dass das wichtig und wertvoll ist. Ob ich mich dieser Dimension des Hörens öffnen will oder nicht, ob ich mich ihr öffnen kann oder nicht, ist eine andere Frage. Nur, das ist klar, sofern ich psychoanalytisch arbeiten will, geht es um diese Dimension.

Das psychoanalytische Hören will nicht vergleichen, es will nicht, was Frau A mir sagt, in eine Depressionsskala eintragen und vergleichbar machen mit Aussagen anderer Patienten. Konstatieren und Messen sind seine Sache nicht. *Das psychoanalytische Hören ist interessiert am Unvergleichlichen, am Singulären,* an dem, was in der konkreten Begegnung von Frau A und mir als ihrem Therapeuten geschieht. Jetzt könnte man natürlich einwenden, dass auch dies vergleichbar und skalierbar ist, dass zum Beispiel bei dreissig von hundert depressiven Patienten ein Ansprechen auf der Ebene von dem, was sich im Gespräch aktualisiert, ausbleibt, dass sie sich nicht «ins Gespräch ziehen» lassen. Ich könnte verschiedene derartige Indices aufstellen und prüfen. Das ist auch interessant und möglich, aber es ist nicht das, worum es beim psychoanalytischen Arbeiten geht. Denn dieses hält beim Feststellen solcher Tatsachen nicht an, sondern es interessiert sich dafür, was das Gespräch *bewirkt*, welchen Stellenwert solche allenfalls prüfbaren Fakten im konkreten Gespräch bekommen und in welcher Art sie den Fortgang des Gesprächs beeinflussen. *Das psychoanalytische Arbeiten ist ganz auf den Fortgang des Gesprächs ausgerichtet, darauf, wie dieses vielmehr weitergehen als abbrechen, vielmehr sich öffnen als sich verschliessen kann.*

Das heisst nun auch, dass sich die Frage der Entscheidung in jedem Moment des Gesprächs wieder neu stellt. Es wird immer um die Frage gehen: Was taucht auf, was aktualisiert sich gerade jetzt? Und: Greife ich als Analytiker das auf oder überhöre ich es? Das ist es auch, was dem psychoanalytischen Gespräch seinen merkwürdigen, befremdlichen, der gewöhnlichen Intuition zuwiderlaufenden Charakter gibt, dass nämlich die Psychoanalyse immer an dem interessiert ist, was die Sache kompliziert macht. Statt, wie wir es gewohnt sind, Komplexitätsreduktion zu betreiben und die Erklärung zu suchen, die den geringsten Aufwand braucht, statt im Gespräch den Weg zu suchen, wie wir uns am leichtesten verständigen können, statt die Kommunikation möglichst störungsfrei zu gestalten, interessiert sich die Psychoanalyse für den Sand im Getriebe, für die kleinen Details, die nicht zum glatten Weg passen, für alles, was im Verstehen nicht aufgeht, für die Ratten in den Kommunikationskanälen **(S. 132)**. *Es ist immer die Störung, die Ausnahme, das Unpassende, was wir im psychoanalytischen Gespräch aufgreifen.* Diese Dinge, die sich in den Sitzungen einfach ereignen, zunächst ganz ohne Erklärung und Sinn, diese Dinge lassen wir nicht liegen. Wir treffen die Wahl zu sagen, das ist wichtig, das ist wertvoll, auch wenn wir noch gar nicht wissen, warum.

Welchen Grund haben wir für diese Wahl? Wir treffen sie, weil wir davon ausgehen, dass all das, was in der Stunde an uns appelliert und als implizite Frage oder als merkwürdige Störung auftaucht, von irgendwoher *verursacht* sein muss und uns demzufolge auf etwas hinweist, das wirkt, von dem wir aber keine Kenntnis haben. Und dieses unbekannte Verursachende wollen wir beachten. Freud hat ihm den Namen des Unbewussten gegeben.

Die Wahl, die wir treffen, wenn wir analytisch arbeiten, kann darum auch so formuliert werden: Analytisch zu arbeiten heisst, sich nicht nur für die Gesprächsinhalte zu interessieren, sondern auch dafür, wo das Sprechen herkommt, für das, was das Sprechen verursacht. *Die Wahl, die wir als Analytiker treffen, ist es, die Dimension der Ursache nicht zu eliminieren* **(S. 55)**. Und das heisst, dass Freuds Entdeckung des Unbewussten bei uns Spuren hinterlassen hat und dass wir uns der neuen Frage, die Freud gestellt hat, nicht wieder verschliessen können. Die Entdeckung des Freudschen Unbewussten ist für uns ein Ereignis, hinter das wir nicht zurück können. Wählen, Analytiker zu sein, heisst nicht, sich bestimmten Theorien oder Schulmeinungen zu verpflichten, sondern es bedeutet, *diesem Ereignis, dieser neuen Fragestellung die Treue zu halten* (vgl. Badiou 2005, 45).

Weil das psychoanalytische Hören auf das gerichtet ist, was sich im Gespräch ereignet, und das feststellbare, vergleichbare Wissen nicht im Vordergrund steht, stellt es auch an den Lernenden, an denjenigen, der psychoanalytisch arbeiten will, besondere Anforderungen. Man kann das psychoanalytische Hören nicht als – wissenschaftlich kontrollierbare – Korrelation von Wissen und Wissen erwerben, als eine Methode also, bei der ein bestimmtes Wissen, die feststellbaren Symptome z. B. einer Depression, mit einem andern Wissen, einer bestimmten Interventionstechnik etwa, korreliert wird. Es geht beim psychoanalytischen Hören vielmehr darum, sich die Grundlagen zu erwerben, die es uns möglich machen, in einer bestimmten, konkreten, einmaligen Situation die Wahl umsetzen zu können: Höre ich, was sich als Frage an mich richtet, höre ich, woher diese Frage kommt, kann ich im Gesagten die Hinweise auf das Verursachende mithören? Die Grundlagen für ein solches Hören können wir nur in der konkreten Erfahrung konkreter Gespräche erwerben. *Das heisst, dass das Erlernen des psychoanalytischen Hörens selbst daran gebunden ist, sich in konkreten Situationen zu aktualisieren und zu ereignen.* Darum sind die eigene Analyse des Analytikers und die Supervision seine unerlässlichen Bestandteile.

Theoretisches I:

Die Psychoanalyse ist in erster Linie eine Praxis. Aber sie ist auch eine Stimme im wissenschaftlichen Feld, eine Stimme, der die Wissenschaftlichkeit immer wieder aberkannt wird. Warum ist das so und wo verortet sie sich? Es sei ein kleiner wissenschaftstheoretischer Exkurs gestattet: Karl Popper hat das wissenschaftliche Vorgehen untersucht als ein Vorgehen, das die Überprüfung einer Theorie zum Gegenstand hat. Seine Fragestellung ist, wie wissenschaftliche Hypothesen im Forschungsprozess erhärtet oder verworfen werden können. Interessanterweise bleibt aber das Problem der «schöpferischen Intuition», die Frage, wie es überhaupt dazu kommt, dass jemand eine mehr oder weniger aufregende Hypothese aufstellen kann, aus der Logik der Wissenschaften ausgeschlossen.

Die Frage nach der Ursache der wissenschaftlichen Hypothese bleibt ausserhalb des kontrollierbaren wissenschaftlichen Vorgehens. Zu den Naturgesetzen führe kein logischer Weg, meinte Einstein, nur eine auf Einfühlung beruhende Intuition. Was diese ist und woher sie kommt, entzieht sich der Wissenschaftstheorie. Für die moderne Wissenschaft ist es unerheblich, welche Motivationen, welches ihm selbst unbekannte Begehren einen Forscher bei seiner Arbeit antreiben. Im Gegenteil, ihr souveräner, extrem erfolgreicher Akt ist es, sich von jedem subjektiven Faktor loszumachen, um vom einzelnen Forscher unabhängige Forschungsergebnisse zu erlangen. *Der wissenschaftliche Diskurs ist ein Diskurs, der systema-*

tisch die Ursache seines eigenen Sprechens ausser Acht lässt. (Was durch neueste interessante Ansätze, die Subjektivität des einzelnen Wissenschaftlers im Forschungsdesign mit zu bedenken, etwas relativiert werden könnte.)

Es war Freud, der zeigen konnte, dass die «Intuition» des Wissenschaftlers durchaus eine Logik hat, die aber nicht die Logik der überprüfbaren Übereinstimmung von einer Aussage mit andern Aussagen oder Fakten ist, sondern eine Logik, die sich mit der Emergenz, mit dem Auftauchen einer Aussage befasst. Diese Logik folgt einem «Prinzip der Fruchtbarkeit», wie Sciacchitano (2008) sagt: Eine Vermutung muss nicht wahr oder bewiesen sein, um fruchtbar zu sein, das heisst, um anstossend zu wirken und etwas Neues hervortreten zu lassen. Eine solche fruchtbare Vermutung ist zum Beispiel die Übertragung. Übertragungsmanifestationen sind eine Art Hypothesen, die in der Praxis überprüft werden. Freud hat die Übertragung bekanntlich als «falsche Verknüpfung» bezeichnet. Ungeachtet der «Falschheit» der Verknüpfung eröffnet sie ein sehr fruchtbares Arbeitsfeld. Es entsteht ein Wechselspiel von Einengung der Sicht in der Übertragung und Eröffnung von neuen Perspektiven auf Grund der Deutung. Die Deutung erfährt indes den Beweis ihrer Richtigkeit nicht in einem Paradigma der Übereinstimmung, zum Beispiel in der angemessenen Rekonstruktion eines vergangenen Geschehens, sondern eigentlich nur durch ihre Produktivität, das heisst dadurch, dass sie neues Material auftauchen lässt. Die Psychoanalyse folgt so einem «Prinzip der Fruchtbarkeit» und das ermöglicht ihr auch zu untersuchen, wie in einem Wechselspiel von fruchtbaren und stagnierenden Momenten neue Hypothesen hervortreten können. Indem die Psychoanalyse danach fragt, unterscheidet sie sich in ihrer Fragestellung von den empirischen Wissenschaften. Sie untersucht, was diese aus methodischen Gründen ausschliessen müssen. Die Wissenschaften befreien sich von der Frage nach ihrem eigenen Ursprung und ihrer eigenen Ursache, von der Frage nach dem Woher ihrer Fragestellung. Die Psychoanalyse hingegen, so könnte man sagen, ist *die Wissenschaft, die dieses Woher befragt, die nach dem fragt, was unser Denken, Handeln und Fühlen verursacht, und die diese Fragestellung auch auf sich selbst anwendet.*

Diese Sonderstellung, die sich aus ihrem besonderen Forschungsfeld, aus ihrer Befragung des Ursächlichen und Ereignishaften im Subjekt ergibt, bringt die Psychoanalyse *nicht in eine Gegnerschaft zu den empirischen Wissenschaften, sondern in eine Nachbarschaft.* Gerade insofern als der wissenschaftliche Diskurs sich dadurch formiert, dass er das Feld der Ursache ausschliesst, schafft er überhaupt erst den Platz, den die Psychoanalyse einnehmen kann. So sind beide nicht unabhängig voneinander oder, wie Lacan sagt, der analytische Diskurs ist «konditioniert» durch den Diskurs der Wissenschaft (Lacan 1969–1970, 152).

Theoretisches II:

Kehren wir nun nochmals zum Vorwurf der Unwissenschaftlichkeit zurück, wie er der Psychoanalyse seit Karl Popper immer wieder gemacht wird. Popper hat der Psychoanalyse vorgeworfen, dass sie kein Kriterium der Falsifizierbarkeit anerkenne, weil sie alles, was jemand in der Analyse tue, erklären könne. Jede Reaktion eines Analysanten könne immer als Bestätigung der Freudschen Theorie gewertet werden. So sei die Psychoanalyse unwissenschaftlich, weil nicht überprüfbar. Popper hat diesen Einwand erst nach Freuds Tod formuliert und doch hat Freud ihn eigentlich selbst schon vorweggenommen: In *Konstruktionen in der Analyse* formuliert er den Vorwurf, den man der Psychoanalyse machen könnte, folgendermassen: «Wenn wir einem Patienten unsere Deutung vortragen, verfahren wir gegen ihn nach dem berüchtigten Prinzip: *Heads I win, tails you lose.* Das heisst, wenn er uns zustimmt, dann ist es eben recht; wenn er aber widerspricht, dann ist es nur ein Zeichen seines Widerstandes, gibt uns also auch recht. Auf diese Weise behalten wir immer recht gegen die hilflose arme Person, die wir analysieren» (Freud 1937 d, 43).

Wenn also ein Patient unsere Deutung zurückweist und uns mitteilt, dass unsere Interpretation falsch sei, so könnten wir Analytiker gerade daraus eine Zustimmung konstruieren. Mit dem Argument, dass es im Unbewussten kein Nein gebe und dass alles gelte, was jemandem einfalle, auch wenn es in verneinter Form daherkomme, könnten wir uns willkürlich Deutungshoheit anmassen und wären so nie widerlegbar.

Ist es nicht das, was Freud im Aufsatz über *Die Verneinung* sagt: Verneinen bedeutet nicht, dass etwas falsch sei, sondern, im Gegenteil, es ist eine Stufe auf dem Weg zum Richtigen, zur Aufhebung der Verdrängung. Falle jemandem etwa zu einer Traumperson nichts ein, so könne man fragen, wer diese Person sicher nicht sei. Und bekomme man dann zu hören: «Das ist gewiss nicht die Mutter», so könne man sicher sein, dass es sich um die Mutter handle (Freud 1925 h, 11). Was einfällt, ist da, unabhängig davon, ob es bejahend anerkannt oder verneinend zensiert werde. Das «Nein» des Analysanten ist daher für die Psychoanalyse tatsächlich nicht bindend und kein Kriterium der Falsifizierbarkeit.

Dennoch greift die Kritik zu kurz, dass die Psychoanalyse jede Reaktion als Bestätigung ihrer eigenen Theorie werten könne. Der Einwand bedeutet ja nur, dass die Psychoanalyse die Kriterien der Falsifizierbarkeit nicht auf der Ebene des Materials, so wie es sich positivistisch konstatieren lässt, ansetzt. Das heisst aber nicht, dass sie kein Kriterium der Falsifizierbarkeit gelten liesse. Indes gewinnt die Falsifizierbarkeit für die Psychoanalyse erst auf der Ebene der Performativität oder eben des «Prinzips der Fruchtbarkeit» ihre Bedeutung: Die Frage ist dann nicht, ob ein Analysant unsere Deutung zurückweist oder annimmt, sondern ob diese wirkt oder nicht, ob sie etwas in Gang setzt, das dazu führt, dass weiterführendes Material auftaucht oder nicht. Liegt der Analytiker richtig, so wird das unbedingt der Fall sein. Liegt er falsch, so wird die Deutung keine Wirkung haben und verschwinden.

Eine solche Sicht entlastet auch die Deutung: Sie muss nicht «richtig» sein, sie muss keine vollständige Konstruktion der unbewussten Zusammenhänge herstellen. Sie muss nicht ein falsifizierbares Wissen produzieren. Sondern sie bekommt eine ganz andere Funktion: Sie muss ein Wegweiser sein, ein Hinweis, wo es weitergehen könnte. Erzählt uns beispielsweise jemand, dass es ein unheimlich gutes Gefühl sei, mit der Freundin eine gewisse Sexualpraktik zu erleben, so können wir, wenn uns das vom Kontext her gerechtfertigt erscheint, aus dieser Aussage das Wort «unheimlich» hervorholen. Wir können dann dieses Wort als Deutung zur Verfügung stellen, und der weitere Gang des Gesprächs wird uns belehren, ob wir nur einer konventionellen Redewendung aufgesessen sind oder ob wir einen affektiven Gehalt gehört haben, der in dieser Aussage, noch ungehört, mitschwingt. Dabei werden wir aber nicht die unmittelbare Reaktion unseres Analysanten zum Kriterium nehmen, der unsern Vorschlag vielleicht zurückweisen wird: «Ja, unheimlich, das sagt man halt einfach so.», oder der unsern Einwurf scheinbar überhört hat. Sondern wir werden abwarten, was die weiteren Assoziationen bringen und daraus wird sich ergeben, ob das Wort «unheimlich» zu einer Spur geworden ist oder nicht.

Wichtig dabei ist, dass wir als Analytiker weder Recht bekommen noch widerlegt werden müssen, sondern es zählt nur die Frage, ob unsere Intervention etwas möglich macht, was über bisher Gewusstes hinausweist oder nicht. Diese Bewegung ist wichtig, nicht das Konstatieren eines neuen, richtigen oder falschen Wissens. Wir Analytiker müssen gar nicht eine aussenstehende, beurteilende Position einnehmen. Um es mit einem Vergleich zu sagen: Wir sind nicht wie die Beobachter eines chemischen Experiments, die feststellen, ob eine Reaktion stattfindet oder nicht, sondern wir sind viel eher in der Position eines Ferments, das es braucht, um die chemische Reaktion in Gang zu setzen, die dann spontan abläuft.

Allerdings ist das kein Freipass, wild drauflos zu deuten. Eine falsche Deutung kann nicht nur wirkungslos, sie kann, weil sie sich dem Wesentlichen verschliesst, auch schädlich sein: Überhören wir die scheuen Andeutungen, die uns ein Analysant macht, entgeht uns ein zaghaft sich mitteilendes Thema, so kann das zu einem Rückzug führen, der die Thematik auf lange Zeit, vielleicht gänzlich verschliesst. Der Analysant wird – bewusst oder unbewusst – den Eindruck bekommen, das Thema interessiere uns nicht oder wir verstünden es nicht oder lehnten es ab oder es beängstige uns gar und er wird sich hüten, wieder damit zu kommen. Das wird ihm umso leichter fallen, je schwerer er sich selbst damit tut.

5 Scheitern und Anfangen

Die meisten Therapien und Analysen beginnen mit einem Scheitern. Die meisten Menschen, die eine Therapie oder eine Analyse zu unternehmen bereit sind, sind dies, weil sie sich dazu gezwungen fühlen, weil sie keinen – andern – Ausweg wissen. Sie kommen in Behandlung als Gescheiterte, als Menschen, die in ihrem Leben Konflikte erleben, die sie nicht lösen können, oder die sich in ihrer Entfaltung gehemmt fühlen, die nicht lieben können, die das Leben nicht schön finden können, die in der Arbeit scheitern oder die unter Ängsten und psychischen Symptomen leiden, die sie immer und immer wieder heimsuchen.

Die wenigsten Menschen kommen ohne ein solches Scheitern zu uns, sei es einfach aus Interesse und Lust, sich auf sich selbst zu besinnen, oder sei es unter dem Titel einer so genannten Ausbildungsanalyse. Und in aller Regel ist das auch nur das Mäntelchen, unter dem unbeherrschbar, zwangsläufig das, was hemmt und Leiden verursacht, wiederkehrt. Jedenfalls sollte man nicht zu viel Gewicht auf die Unterscheidung von Lehranalyse und Analyse legen: Entweder ist etwas eine Analyse oder es ist keine. Ob es eine Lehranalyse gewesen sein wird, wird sich bestenfalls im Nachhinein herausstellen.

Wegen diesem Scheitern an sich selbst suchen manche Menschen – vielleicht, wenn das Umfeld, in dem sie verkehren, dem günstig ist und die Fachleute, an die sie gelangen, die Weichen so stellen – einen Analytiker auf. Sie tun dies, weil sie sich mit diesem Schritt einen Ausweg aus der Ausweglosigkeit erhoffen. Einen Ausweg, den sie selber nicht finden können. Vielleicht sind sie verzweifelt und glauben gar nicht daran, dass sich durch die Analyse etwas ändern könnte; vielleicht sind sie optimistisch und voller Elan. Wie auch immer, sie sind im Koordinatennetz von Scheitern und Hoffen, von nicht mehr Weiterwissen einerseits und Hoffnung, den Durchbruch zu finden andrerseits.

Noch bleibt unklar, noch ist nicht gesagt, wo wir als Analytiker sie und wo sie uns erwarten.

Vielleicht wollen sie uns beanspruchen als jemanden, der ihnen aus seiner Kraft und aus seinem Wissen heraus helfen kann: Mit Medikamenten, mit Ratschlägen, wie sie ihr Verhalten ändern können, mit Trainingsprogrammen, wie sie es aus andern Lebenssituationen gewöhnt sind. Vielleicht haben sie den Anspruch, wie Patienten in der somatischen Medizin behandelt zu werden: Als Leidende, die sich mit ihrem Leiden an einen Spezialisten wenden, der über das nötige Wissen und Können verfügt, um sie von ihrer Krankheit zu befreien oder diese wenigstens zu mildern. Sind sie auf solche Erwartungen festgelegt, so werden sie das Reden, zu dem wir sie einladen, immer nur als ein vorbereitendes auffassen, als eines, das dem Analytiker das zur Diagnose nötige Material und Wissen geben soll, mit dem er ihnen dann den Ausweg weisen kann. Sie werden auf den Analytiker als Arzt warten, der sie, hat er einmal sein Diagnostizieren beendet, zu guter Letzt mit geeigneten Anleitungen und Remeduren zur Heilung bringen wird. Ihr Sprechen werden sie als ein Zudienen verstehen, das ihm die dafür nötigen Informationen liefert. Verharren sie in dieser Erwartung, so wird auch die Analyse keinen Ausweg eröffnen und sie, einmal mehr, scheitern lassen.

Vielleicht läuft es auch anders, vielleicht wollen sie den Analytiker beanspruchen als jemanden, der ihre Lebensgeschichte legitimiert und ihre Sicht der Dinge anerkennt. Vielleicht ziehen sie den Analytiker so in ihre Geschichte hinein: Er soll ihnen Recht geben, dort, wo ihnen immer Unrecht geschehen ist; er soll die Anerkennung geben, die ihnen zusteht und immer vorenthalten wurde; er soll verstehen, wo sie immer missverstanden wurden; er soll die Liebe geben, die sie immer gesucht und vermisst haben. Beharren sie auf diesem Anspruch, so werden sie die Einladung zu reden benutzen, um den Analytiker zu überzeugen. Sie werden nur die Logik kennen: Gibt er ihnen nicht Recht, so weist er sie zurück. Vielleicht wollen sie nicht verstehen, warum sie sind, wie sie sind, sondern sie wollen einfach Anerkennung für ihre Lebenssicht finden. Sind es solche Ansprüche, an denen sie Wert und Sinn der Behandlung messen, so werden sie früher oder später erfahren müssen, dass der Analytiker ihnen auch nicht geben kann, was ihnen immer schon gefehlt zu haben scheint. Enttäuscht werden sie sich aus der Therapie oder der Analyse zurückziehen, die sie – dann – einmal mehr hat scheitern lassen.

Was aber soll man denn sonst vom Analytiker erwarten? Kann man überhaupt anders, als mit derartigen Erwartungen an ihn heranzutreten? Nein, man kann nicht anders.

Was also muss geschehen, dass sich in der Analyse das Scheitern nicht einfach abermals wiederholt?

Beispiel:

Frau B leidet an einer Essstörung, sie kommt nach einer stationären medizinischen Behandlung zur Therapie. Nicht ihre erste Therapie. Eigentlich ist ihr das alles zuviel, am liebsten würde sie keine Therapie mehr machen. Indes ist sie überzeugt, dass sie ohne therapeutische Unterstützung ihre Selbstkontrolle gänzlich verlieren müsste. Ihr Problem, das erklärt sie mir von der ersten Sitzung an, sei, dass sie, seit sie mit ihren Brechanfällen aufgehört habe, an Gewicht zunehme. Sie esse fast nichts und nehme dennoch laufend zu. Das sei für sie unerträglich und sie hasse sich für ihr Aussehen. Ausser ihrer Arbeit sei alles sinnlos, sie sei so suizidal, wie sie noch nie gewesen sei. In den ersten Sitzungen wiederholt sie diese Aussagen immer wieder, sonst erfahre ich fast nichts von ihr, sie scheint wie abgeschnitten von ihrem Leben zu sein. Nach ein, zwei Monaten in der Therapie entschliesst sie sich, ein Antidepressivum zu nehmen, und eröffnet dann eine Sitzung mit der Mitteilung, dass eine Kollegin das gleiche Medikament in einer höheren Dosis mit sehr gutem Erfolg genommen habe. Daraufhin schweigt sie. Dann sagt sie, sie habe wieder begonnen zu erbrechen, sie habe wieder Zahnweh, Reflux, alles sei wieder wie früher und ihr sei alles egal. Sie könne sich einfach nicht mehr im Spiegel sehen, so schrecklich, so hässlich. Und wieder schweigt sie. – Ich werfe dann ein, dass es zwischen dem Spiegel und ihr offenbar einen unerbittlichen Kampf gebe, geradezu auf Leben und Tod. Wenn sie indes dies mir als ihrem Therapeuten erzähle, so gebe es vielleicht auch den Wunsch, dass etwas Drittes, von aussen dazwischen treten könnte. – Sie sagt darauf gar nichts und schweigt wieder länger. Die Stunde ist zu Ende und, im Aufstehen schon, fragt sie, wie mir scheint, ziemlich forsch: «Soll ich das Medikament jetzt erhöhen?»

Ich fühle mich durch diese Frage etwas vor den Kopf gestossen und mit meiner Intervention abgeschmettert. Will sie gar nicht hören, was ich ihr sage? Sucht sie einfach eine ärztliche, medikamentöse Intervention und sonst gar nichts? Werden wir überhaupt miteinander analytisch arbeiten können? Das sind so die Gedanken, die bei mir auftauchen.

Im Nachhinein ist für mich klar, dass mich diese Gedanken befangen gemacht haben. Ich war überzeugt, dass sie meine Intervention «aufnehmen» müsste, sollte eine analytische Arbeit möglich sein. So erwartete ich eigentlich von ihr, *mich als Analytiker in meiner Deutung zu anerkennen. Und indem ich dies erwartete, war ich davon abgelenkt, wirklich als Analytiker zu funktionieren* (**S. 190**). Das ist mir aber erst klar geworden, nachdem ein anderer Gedanke sich einstellte:

Nach einiger Zeit taucht bei mir der Gedanke auf, dass sie meine Intervention vielleicht doch irgendwie gehört hat: Könnte es sein, dass für sie das Medikament, das sie oral einverleiben kann, ohne es wieder zu erbrechen, den Platz von etwas

Drittem an Stelle meines Wortes einnimmt? Wird, so frage ich mich, die nächste Stunde Klärung bringen?

Die nächste Sitzung eröffnet sie, wie meist, damit festzuhalten, wie schlecht es ihr gehe und wie sinnlos alles sei. Sie ziehe sich zurück von allen Mitmenschen, sie schreibe und beantworte keine SMS und E-Mails mehr. An der Arbeit funktioniere sie, aber sie könne auch nicht immer so tun, als sei nichts. Gestern hätten ein paar Kollegen gefragt, was denn los sei mit ihr, sie sei komisch. – Ich frage sie, ob sie da bei allem Rückzug vielleicht auch Fühler ausstrecke, was es den Kollegen ermögliche, etwas von ihr zu merken und eine Frage an sie zu richten, die Frage: Was ist los mit dir? – Was solle sie denn da sagen!? Dass sie supergestört sei!? Sie wisse ja gar nicht, wie sie das den Kollegen erklären könnte. – Ja, frage ich, *können* Sie es denn erklären? – Sie: «Nein!» – Aber dann, füge ich hinzu, könnte man das ja tatsächlich als *Frage* hören und als *Frage* annehmen: Was ist denn los mit Ihnen?

Im Nachhinein betrachtet, markierten diese zwei Sitzungen eine Wendung in der Therapie mit Frau B. In den folgenden Sitzungen begann sie mir Erlebnisse aus ihrer Lebensgeschichte zu erzählen und sie begann auch, sich selbst zu befragen, warum, zum Beispiel, sie so anders sei als der selbstsichere, erfolgreiche Bruder. Etwas änderte sich in ihrer Haltung mir und der Therapie gegenüber: Immer weniger war sie das leidende Subjekt, das sich an mich als den Arzt richtete, der medikamentös oder ähnlich ihren Zustand bessern müsste. Und immer mehr war sie ein fragendes Subjekt, das sich mit ihrem Nachdenken über sich selbst an mich wandte.

Was können wir aus diesem Beispiel folgern?

Das Scheitern, mit dem – fast – jede Therapie beginnt und dessen Wiederholung sie zu werden droht (vgl. Freud 1914 g, 130), kann gewendet werden in ein psychoanalytisches Arbeiten, *wenn aus einem Menschen, der leidet und der sich mit seinem Leiden, mit seinem Symptom an einen Arzt richtet, ein Mensch wird, der fragt und der sich mit seinen Fragen an einen Analytiker richtet.* Dabei geht es nicht darum, sich um den eigenen Nabel zu drehen und sich selbst als Gegenstand der Beobachtung zu sezieren oder narzisstisch verliebt zu bespiegeln, sondern es geht darum, in die Haltung hineinzufinden, die Freud seinen Patienten aufgetragen hat mit der Forderung, in ihrem Sprechen dem Gang der eigenen Einfälle den Lauf zu lassen und die gedanklichen Assoziationen mitzuteilen. Was hat Freud getan, indem er diese Forderung als «Grundregel» eingeführt hat? Er hat das Subjekt des Leidens, das mit seinen Symptomen zu ihm kommt, zu einem Subjekt des Sprechens, des Assoziierens gemacht, das mit seinen Fragen zu ihm kommt: «Warum passiert mir das immer wieder?», «Was bedeutet das alles?», «Wer bin ich überhaupt?» So hat er die Weichen gestellt, dass die Erwartung an das ärztliche Wissen, für eine Krankheit oder ein Symptom eine fachmännische Lösung zu erhalten,

in den Hintergrund treten kann und ein Mensch mit seinen Fragen, seinen Ungereimtheiten, seinen Wünschen und seinem Suchen auftauchen kann. Dieses Fragen vernehmen und aufnehmen zu können, das ist die Voraussetzung für das
analytische Arbeiten.

Was heisst das für uns Analytiker? Es heisst, dass wir, sofern wir analytisch arbeiten wollen, unseren Patienten so begegnen, dass dieses Fragen auftauchen kann.
Dafür machen wir eine Vorgabe, die genannte Grundregel, «ohne Kritik alles mitzuteilen, was einem in den Sinn kommt» (Freud 1912 b, 374). Das ist die Bedingung, die *wir* setzen.

Diese Haltung einzunehmen, heisst auch unseren eigenen Mangel anzuerkennen, dass wir nicht *die* Liebe, *das* Verständnis und *die* Einfühlung haben, die
unsere Patienten vor dem Scheitern bewahren und aus dem Zwang, dieses zu
wiederholen, führen könnten. Weil wir das wissen, verhalten wir uns gegenüber
den Ansprüchen, mit denen unsere Patienten zu uns kommen, zurückhaltend.
Wir sind gewarnt, auf das verführerische Angebot zu vertrauen, sie besser zu verstehen als ihre Partner, für sie idealisierte Vorbilder zu sein und über das Wissen
zu verfügen, das ihnen den Schlüssel zu einem neuen Leben gibt; wir sind gewarnt,
auf derartige Verheissungen nicht zu sehr zu bauen, um uns nicht im Hand-
umdrehen in den Sackgassen der Wiederholung des Scheiterns wiederzufinden.
Wir weisen unsere Patienten mit ihren Wünschen und Ansprüchen nicht zurück,
aber wir wissen, dass wir sie auch nicht erfüllen können.

*Wir nehmen die Wünsche und Ansprüche unserer Analysanten entgegen als
etwas, das eben das Mal des Scheiterns in sich trägt.* Und wir geben diesem Scheitern eine bestimmte Lektüre: Es heisst für uns, dass *die Wünsche und Ansprüche
in sich ein Fragezeichen tragen*. Wir sagen uns nämlich: Offenbar ist die Befriedigung dieser Wünsche und Ansprüche etwas, das nie gelingen kann; offenbar ist
der Weg zu ihrer Befriedigung gerade das, was das Leiden und Unglück unserer
Patienten ausmacht, das sie in unsere Behandlung bringt. So scheint also gerade
in der Befriedigung etwas immer unbefriedigt zu bleiben. *Es gibt offenbar eine
Kluft zwischen dem, was im Anspruch als Befriedigung eingefordert wird, und etwas
anderem, das über jede mögliche Befriedigung des Anspruchs hinausweist und offen
und unbefriedigt bleibt.* Und wir sagen uns weiter: Wenn es also einen Ausweg aus
den Sackgassen des Scheiterns geben soll, so müssen wir uns dieser Kluft zuwenden, so müssen wir das Fragezeichen ent-decken, das in den Ansprüchen und
Überzeugungen, in den Wünschen und im Wissen unserer Analysanten versteckt
ist.

Um dieses in der Befriedigung unbefriedigte Andere, um dieses Fragezeichen zu
erfassen, hat Lacan den Begriff des *Begehrens* eingeführt: Das Begehren ist das, was

im Anspruch über den Anspruch hinausweist. Diesen Begriff zur Verfügung zu haben, ist für die klinische Arbeit hilfreich, weil mit ihm das Offene gefasst ist, das als Mal des Scheiterns in all unseren Ansprüchen wirkt.

Wir fassen die Ansprüche und Überzeugungen unserer Analysanten folglich als Versuche auf, Antworten auf dieses Offene zu finden. Antworten indes, die *nie wirklich gelingende Antworten sein können*, weil sie die Frage, bevor sie überhaupt formulierbar geworden wäre, stets schon verschlossen haben. Das ist es, was Freud als «*Kompromissbildung*» bezeichnet hat. Auf die Ansprüche und Wünsche unserer Patienten so einzugehen, dass wir versuchten, ihnen gerecht zu werden und sie zu befriedigen, würde also heissen, gerade an dieser Frage – am Begehren – vorbeizielen und etwas verschliessen, was wir öffnen wollen. Daher verhalten wir uns den Ansprüchen und Überzeugungen unserer Patienten gegenüber «*abstinent*», wie Freud das bezeichnet hat.

Diese Abstinenz ist also alles andere als eine Attitüde, die wir wie eine Kleidung anlegen, sie besteht nicht darin, unsere Räume möglichst neutral zu gestalten und als Menschen möglichst blass zu bleiben, damit unsere Patienten nicht zu viel Persönliches von uns erfahren. Sie besteht auch gewiss nicht darin, unseren Analysanten gegenüber zurückweisend und emotional unbeteiligt aufzutreten, um uns nicht verführen zu lassen, mit ihren Ansprüchen «mitzuagieren». Abstinenz wird viel zu sehr als eine Art Verhaltenskodex verstanden, den ein idealer oder nur richtiger Psychoanalytiker einhalten sollte. *Sie ist aber überhaupt nicht als ein bestimmtes Verhalten oder Auftreten fassbar, sondern sie ist eine Funktion:* Abstinent ist unsere Haltung dann – nur dann und immer dann –, wenn sie darauf ausgerichtet ist, das, was unsere Patienten uns mitteilen, zu öffnen in Richtung auf die darin verborgene Frage. Wie man das tut, das kann im Einzelfall sehr unterschiedlich sein, das kann auch beim einen Analytiker anders aussehen als bei der andern Analytikerin. Aber die Gretchenfrage ist: Wird unsere Haltung, unsere Intervention, unser Schweigen eine öffnende Tendenz haben oder nicht? Streng genommen kann man also erst im Nachhinein beurteilen, ob unsere Intervention abstinent gewesen sein wird oder nicht, ob sie eine Öffnung gebracht haben wird oder nicht.

Laurence Bataille (1988, 13 f) hat uns ein anschauliches Beispiel hinterlassen: Es geht um einen Mann, den sie für das erste Gespräch aus dem Wartezimmer abholen will. Er aber liest Zeitung, scheint sich gestört zu fühlen, trödelt auf dem Weg ins Sprechzimmer und, dort angekommen, klaubt er eine Zigarette hervor und bittet Laurence Bataille um Feuer. «Unmöglich», denkt sie, «was tun?» Und sie sagt ihm: «Sie haben sich mit Sicherheit nicht hierher bemüht, um eine

Zigarette zu rauchen.» Er aber will Feuer und weil sie ihm keins gibt, geht er wieder.

Wie kommentiert Laurence Bataille dieses Beispiel: Sie habe, sagt sie, diesem Mann eine Absicht unterstellt: «Er will mich provozieren.» Weil sie sich herausgefordert fühlte, habe sie kurzgeschlossen, dass bei ihm auch eine Absicht, sie herauszufordern, da war. Damit sei sie in einen aggressiven Diskurs mit ihm geraten, «von Ich zu Ich», der von Vorurteilen beherrscht war. Sie hat, so könnten wir sagen, die Situation nur auf der Ebene des Anspruchs beurteilt, statt die Frage zu bemerken, die die erstaunliche Situation enthält, dass jemand soviel Aufwand treibt, um eine Zigarette zu rauchen: «Sowie dieser Mann mich um Feuer gebeten hatte, konnte ich mich nur noch auf das Vorurteil beziehen, dass ein Analytiker einem eventuellen Patienten nicht Feuer gibt. Das war's, ich gab mir den Anschein, Analytiker zu sein. Und das Komischste ist, dass ich genau in dem Augenblick, als ich von dem Gedanken beherrscht war, in der Position des Analytikers zu sein, vergessen hatte, dass ich es tatsächlich war: Es hätte mir nicht so unwahrscheinlich erscheinen können, dass jemand sich einige Mühe macht, eine Zigarette rauchen zu kommen vor der Nase eines Analytikers.» (S. 133)

Dieses Scheitern zeigt, dass die Vorstellungen, die wir alle davon haben, was ein Analytiker sei, und die Funktion der Abstinenz nicht das Gleiche sind. Abstinenz ist etwas anderes als sich den Anschein geben, Analytiker zu sein (S. 190).

Abstinenz hat nichts damit zu tun, dass wir die Gefühle unserer Patienten korrigieren möchten. Sie hat nicht zum Ziel, dass wir uns aus den emotionalen Verstrickungen, in denen unsere Patienten sich immer wieder verheddern, heraushalten möchten, um ihnen bessere Wege zu weisen. Abstinent verhalten wir uns auch nicht aus dem Wunsch heraus, als Therapeuten eine «professionelle» und emotional unbeteiligte Position der Objektivität einzunehmen, denn es fehlt uns eine Norm, in der wir diese Objektivität verankern könnten. Wir haben kein besseres Wissen und kein Korrekturprogramm anzubieten. Das Einzige, was wir wissen, ist, dass uns all dies Wissen um das Richtige und Gute fehlt.

Unsere Abstinenz begründet sich von anderswo her. Sie ist die Folge davon, dass wir Analytiker vom Wirken des Unbewussten überzeugt sind. *Wenn wir uns als Analytiker mit unseren Analysanten auf den langen Weg der Kur begeben, gehen wir davon aus, dass ihr sich wiederholendes Scheitern damit zu tun hat, dass in ihrem Denken, Fühlen und Handeln etwas ihnen selbst Unbekanntes als ungelöste, ungehörte Frage insistiert.* Weil wir davon überzeugt sind, verlangen wir den Menschen, die zu uns in Analyse oder in eine psychoanalytische Therapie kommen, etwas ab. Wir verlangen, dass sie uns alles mitteilen sollen, was ihnen gerade einfällt, wir verlangen, dass sie reden sollen, wie sie denken. Und zwar ohne das zu kontrollieren und zensieren, ohne sich nur an das Begreifbare und Sinnvolle zu halten.

Das ist unsere – abstinente – Antwort auf ihre Ansprüche und Wünsche: Als Antwort auf die Erwartungen unserer Patienten versprechen wir etwas. Wir versprechen, dass ihr Sprechen etwas mit ihrem Leiden zu tun hat und etwas *bewirken* kann. Und wir müssen natürlich die Hoffnungen unserer Patienten gegen das abwägen, was wir ihnen versprechen können **(S. 213)**. Im Wissen darum, dass dieses Versprechen quer liegen kann zu den Zielvorstellungen, mit denen unsere Patienten uns beauftragen möchten.

Unsere Patienten leiden, aber sie wissen nicht, warum. Sie wissen häufig nicht einmal, ob ihr Leiden überhaupt etwas mit ihrer Psyche, mit ihrem Empfinden und Erleben zu tun hat. Wenn sie das im Verlauf der analytischen Arbeit merken, kann es sie wie ein Blitz treffen. So war es bei einem Analysanten der Fall, der nach drei oder vier Jahren Analyse die plötzliche Einsicht hatte, dass seine wiederkehrenden Tumorängste etwas mit seinem seelischen Befinden zu tun hatten. Dieser Mann war nicht naiv und hatte Vorgehensweise und Theorie der Psychoanalyse sehr wohl begriffen und auch selbst schon von «psychosomatischen Zusammenhängen» gesprochen, aber was ihn jetzt getroffen hatte, war von einer ganz andern Qualität. Es war ein unmittelbares Merken von einem *Wirken*: Sein Denken, sein Fühlen, sein Empfinden, das bewirkt etwas – das war eine schlagartige neue Einsicht.

Wir müssen in den ersten Gesprächen, in denen wir uns mit unsern Patienten einig werden wollen, ob wir uns miteinander auf den Weg einer psychoanalytischen Therapie oder einer Psychoanalyse begeben, folglich etwas Doppeltes abklären: Wir müssen herausfinden, ob unsere Patienten in die Haltung des Fragens finden können, die ein analytisches Arbeiten überhaupt erst ermöglicht. Und wir müssen unsere Patienten dazu bringen, dass sie sich davon, dass sie sich mit ihren Fragen, mit ihrem Suchen, mit ihrem Sprechen an uns richten, etwas versprechen. Und zwar etwas, das mit ihnen als Subjekte etwas zu tun hat.

Eine Frau erzählt der – zukünftigen – Analytikerin im zweiten Gespräch einen Traum, in dem eine gräuliche Flüssigkeit vorkommt. Dies, sagt sie, sei «Eijakulat» gewesen. Die Analytikerin hört das «Ei-jakulat» als einen Versprecher, der im Zusammentreffen von (weiblichem) Ei und (männlichem) Samen natürlich zu ganz vielen Assoziationen und Gedanken Anlass geben kann, und fragt die Patientin, ob sie diesen Versprecher gehört habe. Die Frau antwortet: «Wissen Sie, in unserem Dialekt sagt man so.» – Für diese Frau war es offensichtlich noch nicht möglich, ihre eigene Wortschöpfung in ihrem Wert zu erkennen. Als Ausdruck davon, dass sich in ihr etwas denkt, ohne dass sie es weiss. Bleibt es dabei, dass sie ihre Wortschöpfung nur als mundartliche Variante (die es so natürlich auch in ihrem Dialekt nicht gibt), gelten lassen kann, so kann ein analytisches Arbeiten (noch) nicht greifen. Wenn diese Frau hingegen neue Einfälle oder Erinnerungen mitteilen kann, nachdem ihre Analytikerin sie hat hören lassen, was sie sagt, dann ist das ein Zeichen dafür, dass die analytische Arbeit «läuft».

Ein junger Musiker, Herr I, verdient sein Geld als Strassenmusiker (S. 147 f). In einem der ersten Gespräche der Analyse erzählt er von der Trennung seiner Eltern, die nie wirklich eine gute Beziehung gehabt hätten. In ihrer Beziehung, so sagt er, sei nie offen über Probleme gesprochen worden, die Eltern hätten sehr viel auf Harmonie gesetzt und sich gegenseitig etwas vorgespielt. – «Vorspielen», sage ich. – Der junge Mann hört sofort: Vorspielen, das ist ja auch das, was er tut als Musiker. Dieses Treffen mit seinen Eltern an unerwarteter Stelle überrascht ihn sehr, irritiert ihn und führt dazu, dass ihm Berührungspunkte einfallen, an die er «so noch nie gedacht» habe.

Bei diesem Mann, so dürfen wir annehmen, arbeitet die Analyse bereits. Wir, als Analytiker, müssen das, was er in seinem Sprechen mitbringt, nur auflesen und uns zu dessen Zeugen machen.

Das analytische Arbeiten setzt also beim Analytiker eine Haltung der Abstinenz voraus. Eine Abstinenz allerdings, die nur möglich ist, *weil und nachdem der Analytiker in einem Punkt nicht abstinent war, sondern seine Forderung an den Patienten gestellt hat in Form der «Grundregel»*, die den Patienten verpflichtet zu reden. Ist diese Forderung des Analytikers auf der gleichen Ebene wie die Ansprüche, mit denen unsere Patienten sich bei uns melden? Setzt sich der Analytiker da, quasi in einem Kampf, einfach durch qua seiner Autorität? Ich denke nicht: Was der Analytiker verlangt, ist nicht ein anderer Anspruch, sondern es ist ein anderes *Hören* des Anspruchs: ein Hören, das eben sich dem öffnet, was im Anspruch über den Anspruch hinausweist. Diesem Hören bin ich als Analytiker verpflichtet – oder umgekehrt gesagt: Insofern als ich höre, bin ich Analytiker (S. 73).

Die Einleitung einer Behandlung ist eine Krise. Indem wir mit unseren Patienten in den ersten Gesprächen den Weg gehen, der zur Klärung führt, ob eine analytische Arbeit entstehen kann oder nicht, kommen wir an einen Ort, wo wir ganz allein sind, wo keinerlei äussere Autorität oder Referenz mehr Halt geben können. Die Forderung zu reden, auf die wir unsere Patienten verpflichten, ist kein anonymes Unterfangen, nicht einfach eine Unterstellung unter ein allgemeines Gesetz. Die Grundregel legitimiert und besiegelt das Verhältnis von mir und meinem Analysanten in je einmaliger und besonderer Weise. *Es ist ein Vorgang gegenseitiger Anerkennung:* Bist du mein Analytiker, dann bin ich dein Analysant. Bis du mein Analysant, dann bin ich dein Analytiker.

Ich bin es hier ganz allein und ganz persönlich, der ich mich als Analytiker verantwortlich erkläre und als Analytiker deklariere. *Und zwar, indem ich etwas verlange.* Ohne dass ich dies manifestiere, kann es keine Analyse geben. Indem ich dich verpflichte, ohne Zensur und Wertung einfach zu sprechen, verpflichte ich mich einfach nur zu hören. Indem ich mich abstinent gegenüber deinen Ansprüchen verhalte, bleibe ich auch abstinent gegenüber meinen eigenen Ansprüchen. Nicht um die Anerkennung dieser Ansprüche geht es, sondern um das Hören der unbewussten Frage. Überall, wo andere Ansprüche meinerseits – nach Anerkennung meiner Person, meiner Autorität, meiner Ausbildungsdiplome, meines Wissens, auch meiner Deutung (wie bei Frau B) – ins Spiel kommen, bin ich nicht Analytiker. Das muss nicht heissen, dass ich dort keine Wirkung erzielen könnte, es heisst nur, dass ich mich nicht auf dem analytischen Feld bewege. Die Wirkung, die ich erziele, ist dann zum Beispiel eine suggestive.

Die Haltung der Abstinenz setzt also anstelle des Begehrens nach Anerkennung die Anerkennung des Begehrens. Der Analysant kommt mit dem Wunsch nach Anerkennung seiner imaginären Vorstellungen: dass endlich jemand seine Sicht der Welt versteht und teilt und anerkennt. Der Analytiker bleibt hier abstinent und leitet so den Vorgang ein, der zur Analyse des Begehrens führt. Die Abstinenz des Analytikers ermöglicht es dem Analysanten, all seine Vorstellungen und Überzeugungen, die in seinem Leiden und Scheitern wirken, mit einem Fragezeichen zu versehen und aus ihrer Erstarrung zu lösen (vgl. Miller 2007, 40 f).

Diese Haltung der Abstinenz können wir nur einnehmen, wenn wir selbst eine Einsicht in die Wirkmacht des Unbewussten haben. Das tönt vielleicht simpel, doch wie es das Beispiel des Mannes mit den hypochondrischen Krebsbefürchtungen zeigt, muss diese Überzeugung auf einer ganz andern Ebene errungen werden als im Studierzimmer. Sie fusst nicht auf theoretischem Wissen, sondern wir haben sie, weil und insofern wir das Wirken des Unbewussten selbst in unserer eigenen Analyse am eigenen Leib *erfahren* haben. Freud hat einmal, in einer seiner späten Schriften – *Die endliche und die unendliche Analyse* – geschrieben, dass die eigentliche Leistung der Analyse, der wir Therapeuten uns selbst unterziehen, darin zu suchen sei, dass sie uns «die sichere Überzeugung von der Existenz des Unbewussten» bringe (1937 c, 95). Das, denke ich, ist auch noch heute der springende Punkt. Die «sichere Überzeugung von der Existenz des Unbewussten» können wir nur in unserer eigenen Analyse erfahren **(S. 193)**.

Hier zeigt sich auch die Krux jeder psychoanalytischen Ausbildung und Lehre: Selbstverständlich muss die psychoanalytische Ausbildung die theoretischen Grundkenntnisse vermitteln, und sie kann dies, meiner Ansicht nach, nicht anspruchsvoll genug tun. Die psychoanalytische Theorie ist hochkomplex. Sie ist uns von Freud in einer Form hinterlassen worden, die sich nicht einfach systematisieren und auf gewisse Formeln reduzieren lässt. Um sie zu verstehen, muss man auch Freud zu lesen wissen, man muss in die Rhetorik und in den literarischen Aufbau seiner Texte eindringen (vgl. Weber, 1979). Das ist eine subtile, immer wieder von neuem herausfordernde Aufgabe. Jede Ausbildung muss, meines Erachtens, die Verpflichtung haben, dies auf höchstem Niveau zu vermitteln.

Mit dieser Schulung aber sind wir noch nicht Psychoanalytiker. Psychoanalytiker sind wir erst, wenn wir *hören*. Wenn wir uns im geschilderten Vorgang der wechselseitigen Anerkennung einem Patienten gegenüber dazu autorisieren. Und hier gibt es kein Auffangnetz mehr. Hier sind wir ganz allein. In der Ausübung unserer Funktion als Psychoanalytiker gibt es, wie Lacan sagt, «kein substantielles Jenseits» (1963–1964, 242), auf das wir uns beziehen könnten. Jedes Kriterium – die paar Buchstaben, die unsere Zugehörigkeit zu einer analytischen Gemeinschaft signalisieren, die uns als Analytiker in ihre Reihen aufgenommen hat – ist hier nur Schein (im doppelten Sinn), der die Exponiertheit verdeckt und damit verschliesst, in die wir uns dort begeben, wo wir zu jemandem sagen: Du bist mein Analysant, ich bin dein Analytiker. Ich kann den Platz des Hörenden nur einnehmen oder nicht einnehmen, mein Hören kann nur gelingen oder misslingen, aber ich kann es mir nicht bescheinigen lassen. Das Wissen, das ich hier brauche, ist die Erfahrung der Existenz des Unbewussten, die es mir ermöglicht, abstinent zu sein – nicht als angelernte Haltung, sondern als Funktion – und zu hören. Jeder Weg, die Ausbildung zu formalisieren, stösst auf dieses Paradox, dass die Autorisierung, die sie vermitteln kann, zwangsläufig die Autorisierung verfehlt, die mich in der konkreten Situation mit meinem Analysanten erst zum Analytiker macht. Und umgekehrt: dass ich da, wo ich die Autorisierung durch eine institutionelle Macht an Stelle meiner Exponiertheit, mich in der konkreten Situation selbst autorisieren zu müssen, setze, dass ich da mein Analytikersein verfehle.

Die einzige Abfederung dieses Paradox liegt meiner Meinung nach in Supervision und Intervision. Nicht, weil sie die unmögliche äussere, institutionelle Autorisierung ersetzen könnten. Das können die Supervisoren und Kollegen in der Intervision auch nicht. Aber sie sind der gleichen Wahl, analytisch zu arbeiten, verpflichtet und deshalb können sie mein psychoanalytisches Arbeiten bezeugen und unterstützen.

6 Erfahrung

Wer psychoanalytisch arbeiten will, hat einen langen Weg zu gehen. Man erwirbt sich das Werkzeug nicht leicht. Wie in jedem Fach muss man sich die theoretischen Grundbegriffe und viel Wissen aneignen, indes ist damit noch wenig erreicht. Man kann das praktische Arbeiten nicht in Übungs- und Aufbaukursen lernen. Das Arbeiten ist zu individuell unterschiedlich und zu komplex, als dass es sich mit einem formalisierten Kanon an Fertigkeiten bewältigen liesse. Immer wieder erfahre ich, wie viele Schwierigkeiten es macht, das, was wir als Therapeuten und Analytiker in den Gesprächen mit unseren Analysanten jeden Tag zu hören bekommen, mit den theoretischen Konzepten in Verbindung zu setzen. Zwischen der Scylla, uns dem Erzählten unbegriffen und orientierungslos ausgesetzt zu fühlen, und der Charybdis, unser Verständnis willkürlich dem erzählten Material überzustülpen, befinden wir uns auf einem gefahrenvollen Weg. Gefahrenvoll heisst: Eine Therapie kann scheitern, sie kann unergiebig sein und im Geschwätz sich verbrauchen oder wir können unsern Patienten Unrecht tun und ihnen schaden. Wer psychoanalytisch arbeiten will, kann leicht den Eindruck bekommen, er werde das nie lernen können, er sei wohl einfach ungeeignet für diesen Beruf, den schon Freud als einen unmöglichen bezeichnete. Und andererseits wird vielleicht der Verdacht nicht fern sein, ob das, was die Erfahrenen so leicht zu erfassen scheinen, was sie alles aus dem Material einer Sitzung herauslesen können, ob das auch wirklich Hand und Fuss habe oder ob das weisse Kaninchen seien, die der Zauberer unter dem Hut hervorholt, unter den er sie zuvor gesteckt hat.

Kommt noch eine Schwierigkeit dazu: Die psychoanalytische Sprache hat etwas Unwahrscheinliches, sie ist nicht wissenschaftlich «normalisiert», sie ist stark metaphorisch aufgeladen mit Begriffen wie «Verdrängung», «Widerstand», «Übertragung» usw. Mit dieser Metaphorik bleibt sie an die Rhetorik ihres Gründers gebunden (vgl. Kläui 2008). Leicht kann darum der Eindruck entstehen, dass, wer sich auf die Psychoanalyse einlässt, sich einem Geheimbund anschliesst und, schlimmer noch, sich aus der wissenschaftlichen Gemeinschaft ausschliesst. Dieser Eindruck wird noch verstärkt durch das gerade bei den besten Psychoanalytikern festzustellende offensichtliche Fehlen einer Anstrengung, den prekären Status der Psychoanalyse zu ändern und sie den allgemeingültigen Kriterien der Wissenschaftlichkeit einzuordnen. Die Psychoanalyse gerät daher immer wieder in Irrationalismusverdacht. Natürlich gibt es in ihr auch die Gegentendenz, die es unternimmt, sie gemäss operationalisierbaren Konzepten der empirischen Wissenschaften umzuformulieren. Allerdings scheint der Preis dafür recht hoch zu sein und die Frage drängt sich auf, ob nicht das Kind mit dem Bade ausgeschüttet werde und die Psychoanalyse in ihrer empirisch wissenschaftlichen Form ihrer selbst, ihres eigentlichen Themas und Gegenstands beraubt werde.

Das sind schwierige Fragen, vor denen jeder steht, der sich mit Psychoanalyse befassen will, und die auch keine schnellen Antworten zulassen. Die Praxis der Psychoanalyse indes gibt hier eine historisch gewachsene, deutliche Orientierung: Sie legt das Gewicht ganz auf den Begriff der *Erfahrung*. Man muss Erfahrung sammeln, wenn man das psychoanalytische Rüstzeug erwerben will. Das beginnt mit der so genannten Selbsterfahrung und geht weiter mit der Supervision der eigenen psychoanalytischen Tätigkeit. Man lernt an den Erfahrungen des Einzelfalls und aus der Summe dieser Erfahrungen.

Dass man das psychoanalytische Arbeiten in der Tat so erlernt, ist auch meine Erfahrung: Wie ein Tennisspieler, wie ein Musiker müssen wir uns immer und immer wieder einüben, zu hören, was unsere Patienten uns mitteilen. Wie man von einem Handwerk spricht, könnte man von der Psychoanalyse als einem Ohrwerk sprechen.

Erfahrung ist ein Begriff, der in der empirischen Wissenschaft nicht so geschätzt wird. Denn man will ja vom Beobachter und dessen besonderer Erfahrung unabhängige, reproduzierbare Ergebnisse. Die Standards zur Qualitätssicherung sollen «evidence based» sein und frei von der subjektiven Erfahrung des Einzelnen. Aber in andern Sparten ist Erfahrung von elementarer Wichtigkeit, Sportler eben und Künstler wissen um die Notwendigkeit, unermüdlich ihre Fertigkeiten in der Erfahrung zu überprüfen, zu üben und verfeinern. Natürlich wird sich auch jeder empirisch wissenschaftliche Forscher im konkreten Entscheidungsfall, welche Strategie oder welches Projekt weiter zu verfolgen sei, von seiner Erfahrung leiten lassen. Ebenso wie auch der Arzt, der die evidenzbasierten therapeutischen Richtlinien im konkreten Einzelfall umsetzen muss. Aber diese Erfahrungen werden von der wissenschaftlichen Forschung etwas stiefmütterlich behandelt und sind auch schwer zu konzeptualisieren, weil sie eben eine subjektive, idiosynkratische Summe aus einzelnen Beobachtungen meinen, die gerade nicht den Kriterien der empirischen Wissenschaftlichkeit genügen. Das psychoanalytische Arbeiten, für das der Erfahrungsbegriff ganz unerlässlich ist, ist von seiner Anlage her offenbar näher am künstlerischen Arbeiten als am empirischen wissenschaftlichen Vorgehen: Wir haben es im psychoanalytischen Alltag immer wieder mit Entscheidungen zu tun, wie wir konkrete Gesprächssituationen gestalten und weitertreiben sollen und können. Wie wir das lösen können, hängt sehr stark davon ab, wie erfahren wir im Hören und im Konzeptualisieren des Gehörten sind.

Damit hängt natürlich auch ein Problem zusammen: Nicht nur unsere Behandlungen, auch wir Analytiker sind Einzelfälle, und wenn so viel vom Einzelfall abhängt, sind die qualitativen Schwankungen auch schlecht normalisierbar. Es gibt, nüchtern gesagt, gute und schlechte Psychoanalytiker. Kommt dazu, dass der Titel «Psychoanalytiker» nicht geschützt ist, dass sich also jeder, der ein eklektisches therapeutisches Gemisch praktiziert oder am Rande mit der Psychoanalyse in Berührung gekommen ist, so nennen kann, wenn er denn will. Sollte die gesellschaftliche und gesundheitspolitische Marginalisierung der Psychoanalyse allerdings weiter fortschreiten, so wird sich dieses Problem von selbst lösen.

Theoretisches:

Warum ist Erfahrung im psychoanalytischen Arbeiten eigentlich so wichtig? Dieser Frage möchte ich im nächsten Abschnitt nachgehen.

Der italienische Historiker Carlo Ginzburg hat in seinem Aufsatz *Spurensicherung* (1983) herausgearbeitet, wie die Psychoanalyse auf dem Humus eines epistemologischen Modells entsteht, das sich grundlegend unterscheidet vom quantitativ-empirisch ausgerichteten Modell der Naturwissenschaften, das wir seit Galilei kennen. Er nennt es das «Indizienparadigma». Die Entstehung der modernen Naturwissenschaften ist begleitet von der Formierung dieses Paradigmas. Darunter fasst Ginzburg verschiedene, in ihrem wissenschaftlichen Status aber immer prekäre Erkenntnisdomänen, die sich am Individuellen, Qualitativen ausrichten und in ihrem Vorgehen auf die Analyse von Einzelfällen abzielen, welche sich nur durch Spuren, Symptome oder eben Indizien rekonstruieren lassen. Die Folge des naturwissenschaftlichen Denkens ist es, dass wir vor folgender Alternative stehen: «entweder man opfert die Erkenntnis des individuellen Elementes zugunsten der (mehr oder weniger streng mathematisch formulierbaren) Verallgemeinerung, oder man versucht – sich langsam vorantastend – ein anderes Paradigma zu erarbeiten, das sich auf die wissenschaftliche Erkenntnis des Individuellen stützt… Den ersten Weg schlugen die Naturwissenschaften ein und, erst sehr viel später, die sogenannten Humanwissenschaften.» (Ginzburg 1983, 79) Damit hat sich den Humanwissenschaften allerdings auch ein konsequenzenreiches Dilemma aufgedrängt: «Die quantitative und antianthropozentrische Ausrichtung der Naturwissenschaften seit Galilei hat die Humanwissenschaften in ein

Dilemma gebracht: entweder sie akzeptieren eine wissenschaftlich unabgesicherte Haltung, um zu wichtigen Ergebnissen zu kommen, oder sie geben sich eine wissenschaftlich abgesicherte Ordnung, um zu Ergebnissen von geringer Bedeutung zu kommen.» (91)

Die unabgesicherten Formen von Wissen sind sehr unterschiedlich, entstehen aber alle aus minutiösen Beobachtungen, die an Einzelfällen und aus dem Vergleich vieler Einzelfälle gemacht worden sind. «Charakteristisch für dieses Wissen ist die Fähigkeit, in scheinbar nebensächlichen empirischen Daten eine komplexe Realität aufzuspüren, die nicht direkt erfahrbar ist.» (70) So haben seit Jahrtausenden die Jäger Spuren und Fährten zu lesen gelernt, so haben die Ärzte aus Farbe und Geruch des Urins auf Krankheiten geschlossen, so hat Voltaire seinen Zadig aus wenigen Spuren im Sand auf eine Hündin, die erst gerade geworfen haben musste, schliessen lassen und so hat Sherlock Holmes Zigarettenasche interpretiert.

Und in diese Reihe, Ginzburg weist darauf hin, stellt sich auch Sigmund Freud, der in *Der Moses des Michelangelo* Folgendes schreibt: «Lange bevor ich etwas von der Psychoanalyse hören konnte, erfuhr ich, dass ein russischer Kunstkenner, Ivan Lermolieff, dessen erste Aufsätze 1874 und 1876 in deutscher Sprache veröffentlicht wurden, eine Umwälzung in den Galerien Europas hervorgerufen hatte, indem er die Zuteilung vieler Bilder an die einzelnen Maler revidierte, Kopien von Originalen mit Sicherheit unterscheiden lehrte und aus den von ihren früheren Bezeichnungen frei gewordenen Werken neue Künstlerindividualitäten konstruierte. Er brachte dies zustande, indem er vom Gesamteindruck und von den grossen Zügen eines Gemäldes absehen hiess und die charakteristische Bedeutung von untergeordneten Details hervorhob, von solchen Kleinigkeiten wie die Bildung der Fingernägel, der Ohrläppchen, des Heiligenscheines und anderer unbeachteter Dinge, die der Kopist nachzuahmen vernachlässigt, und die doch jeder Künstler in einer ihn kennzeichnenden Weise ausführt. Es hat mich dann sehr interessiert zu erfahren, dass sich hinter dem russischen Pseudonym ein italienischer Arzt, namens Morelli, verborgen hatte. Er ist 1891 als Senator des Königreiches Italien gestorben. Ich glaube, sein Verfahren ist mit der Technik der ärztlichen Psychoanalyse nahe verwandt. Auch diese ist gewöhnt, aus gering geschätzten oder nicht beachteten Zügen, aus dem Aushub – dem ‹refuse› – der Beobachtung, Geheimes und Verborgenes zu erraten.» (1914 b, 185)

Eine solche Vorgehensweise hat naturgemäss ihre Stärke dort, wo es um das Raten und Deuten geht, wo kausale Zusammenhänge nicht mit Sicherheit bestimmbar sind. Wenn man die Kausalketten nicht – experimentell – reproduzieren kann, bleibt nichts anderes übrig, als sie aus ihren Wirkungen zu folgern. Darum halten sich «zutiefst diachronisch geprägte Wissenschaften» – wie Geschichtsschreibung, Archäologie, Paläontologie –, «da sie das Galileische Para-

digma als untauglich ablehnten, an ein Indizien- oder Wahrsageparadigma»
(Ginzburg, 84).

Das auf Indizien, Erfahrung, Einzelfall ausgerichtete epistemische Modell produziert am Platz der Ursache Vermutungen: Wo die Spur von der *Abwesenheit*
des sie verursachenden Tieres zeugt, kann ich auf dieses nur vermutend zurückschliessen, im Sinne einer «vergangenheitsbezogenen Wahrsagung» (84).

Darum auch war die hippokratische Medizin, für die der Begriff des Symptoms
im Zentrum stand, über viele Jahrhunderte eine Indizienwissenschaft. Sie ent-
faltete sich aus der Vorstellung, dass die Krankheit an sich unerreichbar ist, in
der «Gegenüberstellung von Unmittelbarkeit göttlicher Erkenntnis einerseits und
bloss vermutendem Erkennen der Menschen andrerseits». (72) Darum aber auch
ist die Medizin zunehmend daran, sich von dieser Vergangenheit zu lösen und
«Erfahrung» durch «evidence» zu ersetzen. Die Erfahrung des Arztes, der die
Farbe des Urins kontrolliert, daran riecht, der durch Auskultieren und Perkutie-
ren seine Diagnosen stellt und dessen Schüler man früher unbedingt sein wollte,
diese Erfahrung wird zusehends zum Abfall der «evidence».

Wenn die Psychoanalyse in ihrer Ausrichtung auf den Einzelfall und das Qua-
litative also am Indizienparadigma festhält, so tut sie dies – das ist wenigstens
meine Erklärung – aus der Vorstellung heraus, dass für das, was sie untersucht –
psychische Symptome, Fehlleistungen, phantasmatische Bildungen usw. –, keine
reproduzierbaren ursächlichen Erklärungen möglich sind, sondern dass wir immer
auf der *Ebene der Vermutungen* bleiben und nur Konstruktionen und Rekon-
struktionen und Deutungen und Erraten zur Verfügung haben. Aus den Wirkungen der Deutungen und Konstruktionen ergibt sich dann die Verifizierung der
Vermutungen (Freud 1937 d, 47 ff).

Darin sehe ich auch den Grund, warum Lacan von einer «*Konjekturalwissenschaft
vom Subjekt*» sprach, was man als «Vermutungswissenschaft» übersetzen könnte.
Um nämlich der Newtonschen Physik dort entgegenzuhalten, wo es um das
Subjekt in seinem Bezug zum Unbewussten geht. Trocken setzt Lacan dazu: «Das
ist weniger paradox, als man zunächst denken mag.» (1963–1964, 49) Mit dem
Begriff der Konjekturalwissenschaft lehnt sich Lacan, ohne dies explizit zu erwähnen, sicherlich an Niklaus von Kues an, der den Konjekturbegriff gebraucht hat,
um die grundsätzliche Unerreichbarkeit Gottes mit den Mitteln des menschlichen
Verstandes zu benennen. Es gibt für Kues immer nur ein asymptotisches Verhältnis, in dem die Ursache letztlich unerfassbar bleibt. Ein asymptotisches Verhältnis
wäre demzufolge auch dasjenige, das wir zum Unbewussten, zu den unbewussten
Verursachungen unseres Denkens, Handelns und Fühlens haben.

Ausdrücklich geht Lacan in diesem Zusammenhang auf Kants *Versuch, den
Begriff der negativen Grössen in die Weltweisheit einzuführen* ein, weil Kant in

dieser Schrift «an jene Kluft herankommt, mit der sich jede begriffliche Auffassung der Ursache seit jeher konfrontiert sah. Da heisst es etwa, in diesem Versuch, die Ursache sei ein Begriff, der letzten Endes nicht analysierbar sei – und der für die Vernunft unverstanden bleiben müsse, da die *Vernunftregel* immer auf einer Art *Vergleichung*, auf einem Äquivalent beruhe – zum Wesen der Ursache gehöre, dass eine gewisse *Kluft* bestehen bleibt.» (27)

Der Begriff der «Kluft» taucht bei Kant meines Wissens so nicht auf. Was Kant indes sagt, ist, dass das Verhältnis von «Realgrund», z. B. des göttlichen Wollens, und Folge, nämlich der existierenden Welt, «nicht deutlich» gemacht werden könne (Kant 1978, 816 ff). Lacans Bezug zur philosophischen und theologischen Reflexion über den Begriff der Ursache ist programmatisch. Er sagt: «Nun, ich möchte Ihnen wenigstens ungefähr zeigen, dass das Freudsche Unbewusste genau an diesem Punkt anzusiedeln ist, also da, wo es zwischen der Ursache und dem, was die Ursache affiziert, hapert, und zwar immer.» Und: «Es ist nicht entscheidend, dass das Unbewusste für die Neurose determinierend ist – Freud macht es da nicht anders als Pilatus und wäscht seine Hände in Unschuld. Man mag eines Tages etwas finden, irgendwelche Säfte womöglich, die hier determinierend wirken – Freud kümmert das nicht. Das Unbewusste zeigt uns vielmehr die Kluft, über die die Neurose mit einem Realen verbunden ist – einem Realen, das selbst nicht determiniert sein muss.» (Lacan 1963–1964, 28)

Diese «Struktur einer Kluft» (35) ist es also, die Lacan interessiert: «Ursache ist nur, wo es hapert.» (28)

Für ihn ist klar – und darum, so meine ich, spricht er von Konjekturalwissenschaft –, dass diese Kluft nicht durch Vermehrung unseres, z. B. neurobiologischen Wissens geschlossen werden kann, sondern dass sie «strukturell» angelegt ist und nur entweder beachtet oder übergangen werden kann. Lacan sieht in dieser Kluft eine ontologische oder, präziser, präontologische Funktion, zumal es im Bereich des Unbewussten weder um ein Sein noch um ein Nicht-Sein, sondern um ein Nicht-Realisiertes gehe (35 f). Sollte die psychoanalytische Frage nach dem Unbewussten, gesellschaftlich betrachtet, in die Unwesentlichkeit abgedrängt werden, so werden neurobiologische und neuropsychologische Kognitions- und Affektforschung zwar in die Lücke springen, sie können aber die Psychoanalyse an ihrem eigentlichen Platz – dort, wo es um all das geht, was mit dieser «Kluft» zu tun hat – nicht ersetzen.

Aus dem Gesagten sollte deutlich werden, dass es nicht eine methodische Rückständigkeit der Psychoanalyse ist, wenn sie am Indizienparadigma und am Begriff der Erfahrung festhält, sondern dass dies durch ihren Untersuchungsgegenstand bestimmt ist, durch die nie ganz überbrückbare Kluft zwischen Unbewusstem und Bewussten.

Und hier lässt sich nun das Gesagte auch nochmals in umgekehrter Richtung durchgehen: Dass der Untersuchungsgegenstand der Psychoanalyse sich in der Kluft verortet, die sich zwischen Ursache und Wirkung auftut, heisst auch, dass sie die Frage nach der Ursache in anderer Weise stellt als die quantitativen Wissenschaften (**S. 33**). Diese konnten eigentlich erst dadurch entstehen, dass sie sich lossagten von den Fragen, die zum Beispiel Niklaus von Kues beschäftigt haben, von den Fragen nach Gott, Schöpfung und den letzten Ursachen. Ursächlichkeit wird in ihnen reduziert auf die Frage nach beobachtbaren, messbaren und empirisch prüfbaren Kausalketten. Der Forscher kann so verdrängen, dass er letztlich in eigener Angelegenheit forscht. Freud indes, der Forscher in eigener Sache, war von Sophokles' Tragödie, *Oedipus der Tyrann*, sehr fasziniert. Denn die Figur des Oedipus, Forscher in eigener Sache, zeigt uns das tragische Dilemma, in das jeder Forscher gerät, wenn er in Angelegenheiten forscht, in die er, vielleicht ohne es zu wissen, zutiefst selbst verwickelt ist (**S. 219 ff**). Und das muss auch jeden Analytiker beschäftigen, der durch die Art, wie er hört, selbst zu einem Teil der Ursache wird, die wirkt.

Das hat zwangsläufig auch Folgen für die Weitergabe der Psychoanalyse. Wo es um Erfahrung geht, braucht es diejenigen, die sie haben. Es ist für die Weitergabe unerlässlich, dass sie vom Erfahrenen zum weniger Erfahrenen geschieht. Damit ist sie an ein Lehrer-Schüler-Verhältnis gebunden. Sie ist nicht zu lösen von den Beteiligten und ihren Kenntnissen und ihrer Erfahrung. Die Weitergabe ist darum zwangsläufig bruchstückhaft und von der Perspektive der jeweils Beteiligten geprägt. In der eigenen Analyse und in der Supervision ist die Abhängigkeit von Erfahrung und Können des Analytikers und Supervisors deutlich und unvermeidlich. Natürlich kann man da mit der Wahl mehr oder weniger Glück haben. Aber es gibt keinen Ausgang aus der Mangelhaftigkeit. Gerade der erfahrene Supervisor ist nicht zwangsläufig derjenige, der mehr weiss. Die Erfahrung wird ihn vielmehr dahin bringen, mit seinem Wissen und Können zugleich sein Nicht-Wissen zu vermitteln (vgl. Borens 1999, 33 f). Darüber sollte man sich indes nicht schämen, sondern anerkennen, dass die analytische Arbeit eine Bewegung des Suchens ist, die das Nicht-Wissen konstitutiv voraussetzt, weil sie die Kluft zwischen Ursache und Wirkung, zwischen Unbewusst und Bewusst nie schliessen kann. Auch in den theoretischen Seminaren ist die Abhängigkeit von Erfahrung und Perspektive unvermeidlicherweise da, denn wir haben es bei den theoretischen Texten der Psychoanalyse und insbesondere bei den Texten Freuds mit Texten zu tun, die selbst deutend vorgehen – basierend auf dem Indizienparadigma – und darum auch deutend gelesen werden wollen.

7 Einfühlen und Hören

Empathie, die Fähigkeit, sich in die Befindlichkeit seines Gegenübers einzufühlen, hat in der Psychotherapie ein hohes Prestige. Über alle Schulgrenzen hinaus gilt die Empathie des Therapeuten als einer der wichtigsten Wirkfaktoren für die therapeutische Arbeit und als unerlässlich für ihr Gelingen. Intuitiv leuchtet das unmittelbar ein, denn wir alle wissen, wie wichtig es ist, dass wir uns in einem Gespräch von unserem Gesprächspartner verstanden fühlen können. Nur unter der Voraussetzung, dass wir den Eindruck gewinnen können, dass das, was wir von uns äussern, beim Gegenüber eine Resonanz finden kann und ihm nicht einfach fremd und unvorstellbar bleibt, sind wir bereit, uns weiter zu öffnen. Wo wir dieses Vertrauen nicht haben können, werden wir uns zurückziehen und unser Fühlen und Erleben nicht preisgeben. Über unser Fühlen und Erleben sprechen zu können, ist aber die elementare und unverzichtbare Voraussetzung für jedes psychoanalytische Gespräch. Es wird uns also bei der Wahl unseres Analytikers beschäftigen, ob wir den Eindruck gewinnen können, er werde uns verstehen oder nicht.

Dennoch meldet sich ein Einspruch: Wir wollen auch nicht einfach nur verstanden werden, wir wollen herausgefordert werden, wir wollen mit dem konfrontiert werden, was wir selbst nicht verstehen. Vielleicht wäre es das Einfachste und uns am wohlsten, beim Therapeuten eine Wellness-Oase zu finden, wo nichts wirklich sich ändern muss. Aber irgendetwas sagt uns doch, dass wir uns nicht dafür bei ihm gemeldet haben. Sein Verständnis würde da vielleicht nicht heissen, alles zu entschuldigen, wie es das Sprichwort will, aber es würde doch ein Geniessen einführen, ein Wohlbehagen in der Übereinstimmung und im miteinander Mitschwingen. Eine Genugtuung, wahrgenommen und anerkannt zu werden in dem, wie wir uns gerne geben und gerne sehen. Indes, war da nicht noch etwas anderes? War da nicht unser Anliegen, etwas zu hinterfragen, zu ändern, *neu* zu verstehen?

Es drängt sich eine Differenzierung auf: Das Konzept «Einfühlung» meint die Fähigkeit, sich in die Perspektive eines andern versetzen und sein Fühlen, Denken, Verstehen und Handeln nachempfinden und nachvollziehen zu können. Die Einfühlung ermöglicht so ein *konventionelles Verstehen* des andern: Ich kann verstehen, dass er traurig ist angesichts eines Todesfalles in seiner Familie, und ich kann begreifen, was es heisst, traurig zu sein. Ich kann als «Täter» lernen, mich auch in die Perspektive des «Opfers» zu versetzen und zu verstehen, was es heisst, «Opfer» zu sein. Das sind im politischen, im pädagogischen, im sozialpsychologischen Feld elementare Fähigkeiten. Sie erlauben es, das Gegenüber ernst zu nehmen, in seinen Motiven zu verstehen und damit überhaupt eine Gesprächsbasis mit ihm zu finden im Gefühl, wir reden nicht aneinander vorbei.

Für das psychoanalytische Arbeiten mag das auf den ersten Blick auch angemessen erscheinen. Wir suchen einen Analytiker, dem wir nicht gerade erklären müssen, was der schwarze Block ist, wenn wir dort als Jugendliche Steine geworfen haben, oder der nicht gerade aus seinen Ehepantoffeln kippt, wenn es um unsere logistischen Probleme mit drei parallelen Liebesbeziehungen geht.

Aber wieder meldet sich ein Einspruch: Auch das muss nicht so sein, vielleicht suchen wir gerade jemanden, der das, was unsere Welt ist, nicht kennt – oder nicht *den Anschein erweckt*, unsere Welt zu kennen, oder sie nicht zu kennen *glaubt*. Vielleicht suchen wir jemanden, der nicht, wie in der Geschichte vom Igel und vom Hasen, immer schon *da* ist, als könnte er wissen, wo ich hin will. Dabei ist es doch gerade das, was ich überhaupt erst herausfinden möchte. Vielleicht suchen wir jemanden, der mir eher garantieren kann, dass es einen für mich offenen, noch unbesetzten Platz gibt.

Beispiel:

Ich erinnere mich an Herrn C, der mir in den ersten Gesprächen unaufhörlich zu verstehen gab, er sei bei mir «im falschen Film», und der mir gegenüber so auftrat, dass ich ihn von Herzen unsympathisch fand. Was das hiess, im falschen Film zu sein, und warum die Therapie bei diesem Anfang überhaupt zustande kam und warum es ohne diesen Anfang offenbar nicht ging, all das konnten wir erst sehr viel später verstehen. «Verstehen» ist hier offensichtlich in zwei verschiedenen Bedeutungen im Spiel: Auf der Ebene des Sprechens von Herrn C habe ich zu kapieren, dass er bei mir im falschen Film sitzt, und ich habe das ernst zu nehmen und als seine Mitteilung zu respektieren. Ich habe es zu *hören*. Auf der Ebene des Sinns der Aussage – was will er mir damit sagen, was soll das heissen, dass er bei mir im falschen Film sei –, auf dieser Ebene habe ich es nicht zu kapieren. Da ist es im Gegenteil wichtig *festzustellen, dass er mir etwas sagt, das ich nicht verstehen kann.*

Es ist alles andere als sicher, dass ich mich in sein Gefühl, im falschen Film zu sitzen, wirklich einfühlen kann. Semantisch weiss ich wohl, was das heisst, ich kann auch ungefähr den Bedeutungshorizont der Aussage abschätzen. Ich kann alle Kontexte sammeln, in denen dieser Ausdruck vorkommt und kann eine Lizentiatsarbeit über «Die Verwendung der Metapher ‹im falschen Film sitzen› im deutschen Sprachraum» schreiben. Aber weiss ich damit, was Herr C damit meint? Nein! Und noch weniger kann ich mir sicher sein, dass das, was dieses Bild *bei mir* auslöst, mit dem übereinstimmt, was es für *ihn* bedeutet.

Anders gesagt: Versuche ich, mich in Herrn C, wie er im falschen Film sitzt, *einzufühlen*, so kann ich gar nicht anders, als zu *verstehen*: Ich werde ein bestimmtes Verständnis davon, was es heisst, im falschen Film zu sitzen, bei mir abrufen. Für mich *als Analytiker* ist es hingegen wichtig, mich von diesem Verständnis auch wieder lossagen zu können, um nicht Herrn C mit mir zu verwechseln. Gerade dieses *Oszillieren von Verstehen und Nicht-Verstehen* ist für mich als Analytiker interessant. Denn das erlaubt mir, etwas zu hören, was Herr C *sagt*, ohne dass er das absichtlich auch so gemeint haben muss. Das Unbewusste schlummert nicht in irgendeiner archaischen Tiefe, sondern es taucht im Sprechen auf, in dem, was nicht sinngemäss intendiert, aber doch gesagt ist. So kann ich zum Beispiel hören, dass er im falschen *Film* sitzt, dass er also zu mir ins Kino zu kommen scheint. Das mag jetzt absurd und willkürlich tönen. Aber es ist eben auch möglich, dass sich dergestalt *etwas mitteilt, was für sein Leben bedeutungsvoll ist, ohne dass er es weiss*. Und in der Tat war das bei Herrn C auch der Fall: Es gab ein für ihn sehr bedeutungsvolles Gefühl, zu spät zu kommen, die richtige Vorstellung verpasst zu haben. Ein Gefühl, das sich in vielen Hinsichten in seiner Lebensgeschichte wiederholte.

Die Empathie, um die es beim psychoanalytischen Arbeiten geht, kann also keinesfalls darin bestehen, dass unsere Analytiker sich in all das, was wir ihnen sagen, hineinversetzen und mit ihrer Einfühlung, die immer schon ein bestimmtes, aus ihrer Lebensgeschichte und Lebenserfahrung gespeistes Verständnis ist, begleiten könnten. Es kann auch nicht heissen, dass unsere Analytiker unser Selbst-Verständnis, das wir zu ihnen tragen, teilen müssten. Es kann nicht darum gehen, dass sie uns in unseren Besonderheiten, in unseren Selbstkonzepten und -bildern gleich verstehen, wie wir uns selbst verstehen. Es kann nur heissen, dass sie hören, dass *wir* es so sehen.

In der psychoanalytischen Arbeit kann es auch nicht darum gehen, eine «gemeinsame Sprache zu sprechen». Wenn Therapeuten davon sprechen, dass sie mit ihren Patienten eine gemeinsame Sprache gefunden hätten, dass es bildhafte Ausdrucksweisen, gemeinsame Metaphern gebe, in denen die Therapie sich bündle und die deren tragenden Grundton ausmachten, dann beruht das im guten Fall nicht auf Einfühlung, sondern auf dem gemeinsamen Erarbeiten von solchen Bildern als erfolgreichen und *neuen* Möglichkeiten, etwas zu formulieren. Wenn indes Therapeuten – in geradezu fetischistisch anmutender Genugtuung – solche geteilten Bilder zu etwas stilisieren, das ein ganz besonderes, tiefes Verständnis zwischen ihnen und ihrem Patienten markiere und ihre besondere Einfühlungsgabe zeige, so ist das ziemlich problematisch: Die Frage stellt sich, geht es da nicht darum, das Gemeinsame zu feiern und es damit aber auch jedem Hinterfragen und Verstehenwollen zu entziehen. Das ist dann tatsächlich eine Wellness-Oase bestenfalls innerhalb, schlimmstenfalls anstelle der Therapie!

Die Einfühlung, die wir beim Analytiker voraussetzen, muss sich also an ihren äussersten Punkt zurückziehen: Sie kann keinesfalls irgendein Verständnis, irgendein Mittragen einer bestimmten Sicht und Denkweise, irgendein gemeinsamer Affekt sein, will sie nicht in etwas umschlagen, was die analytische Arbeit verhindert oder verunmöglicht. Sie muss sich an den äussersten Punkt zurückziehen, reine Bereitschaft zu sein, das, was wir in die Analyse mitbringen, unvoreingenommen, offen aufzunehmen. Auf diese Bereitschaft müssen wir uns verlassen können.

Das Spezifische aber, um das es im psychoanalytischen Arbeiten geht, wird mit dem Begriff Einfühlung nicht erfasst oder schlimmsten Falls sogar verpasst. Darum ziehe ich einen andern Begriff vor, der das präziser und richtiger erfasst, und das ist der Begriff *Hören*, den ich im Folgenden näher darlegen möchte.

Was heisst Hören?

Beim psychoanalytischen Arbeiten geht es, das habe ich hervorgehoben, nicht um ein Verständnis, das immer schon da ist, sondern um die *Möglichkeit zu verstehen und um das Wahrnehmen des Nicht-Verstehens.* Für den Analytiker geht es einerseits darum, nicht durch Unverständnis Bereiche unseres Fühlens, Erlebens und Denkens aus dem Gespräch *auszuschliessen*, und andrerseits darum, nicht durch voreiliges Verständnis das Befragen unseres Fühlens und Erlebens zu *verschliessen*.

So gilt es, zunächst einmal *nicht* zu verstehen. Es gilt, zu merken, wo im Text des Analysanten Lücken, Auslassungen, Zäsuren, Ungereimtheiten, rätselhafte Formulierungen, Mehrdeutigkeiten, bedeutsame Metaphern usw. auftauchen, wo also all das sich einnistet, was er selber nicht versteht. Es gilt, da nicht mit «Einfühlung» die Lücken aufzufüllen und das Holprige «sinngemäss» zu glätten.

Wir lassen uns immer wieder gerne verführen, lustigen, spannenden, traurigen Geschichten anteilnehmend zu folgen und riskieren dabei, das, was uns an Ungereimtheiten auffallen könnte und sollte, zu überhören. Für uns Analytiker gilt es, zwischen mitgehendem Einfühlen und Aufmerken auf das Befremdende oszillieren zu können, was nicht immer leicht ist. Besonders wo es um Gefühle und Affekte geht, sind wir versucht, spontan zu reagieren und immer schon verstanden zu haben (S. 199).

Dazu eine kleine Anekdote aus den Anfangszeiten von Freuds psychoanalytischer Forschung: Für Freud, der von der Neurologie her kam, war es damals entscheidend wichtig, unterscheiden zu können, ob ein Leiden – eine Lähmung zum Beispiel – organisch verursacht oder eine psychogene Störung war. Wie hat Freud die Differentialdiagnose bei den Patienten, die zu ihm geschickt wurden, vorgenommen? Wie konnte er vermeiden, Patienten mit neurologischen Ausfällen, etwa bei einer progressiven Paralyse, in psychoanalytische Kur zu bekommen? Und wie konnte er umgekehrt sicher sein, dass es sich um ein hysterisches Leiden handelte, in jener Zeit, als die Hysterie es liebte, im Gewand von Lähmungen und andern Störungen, die das Organische imitieren, daherzukommen? (Heute zieht sie es in unseren Breitengraden vor, z. B. als Essstörung oder Depression aufzutreten). Freud sagt: Ich lasse meine Patienten ihre Geschichte erzählen und wenn mir jemand seine Geschichte lückenlos, kohärent mitteilen kann, dann bin ich mir sicher, das ist etwas Organisches. Neurotiker erzählen so nicht ihre Geschichte, das Kennzeichnende bei den neurotischen Patienten sind die Lücken, die Brüche, die Ungereimtheiten in ihrer Erzählung. Das also ist Freuds Entdeckung: Er achtet ganz genau darauf, was ihm seine Patienten sagen, und noch vielmehr, *wie* sie es sagen. Fazit: *Freud fühlt sich nicht in sie ein, um sie zu verstehen oder um affektiv mit ihnen mitschwingen zu können. Sondern er ist für sie empfänglich, indem er ihnen ganz genau zuhört.*

Dieses *Hören* ist für Freud so wichtig, weil es das ist, was er in der analytischen Behandlung dann auch einsetzt. Im Sprechen seiner Patienten, so denkt er, finden sich die Spuren von all dem, was ihr Leiden verursacht – und zwar genau an den Orten, wo dieses Sprechen mehrdeutig oder lückenhaft wird. *Statt verstehen zu wollen, was seine Patienten ihm sagen wollen, versucht er zu hören, was sie ihm tatsächlich sagen,* auch ohne dass sie es wissen und beabsichtigen.

Hören, in diesem Sinn, ist also mehr als nur offen und unvoreingenommen jemandem zu begegnen. So zu hören ist an ein theoretisches Konzept gebunden, an eine Grundannahme, die Freud macht. Diese Annahme ist natürlich diejenige des Unbewussten. Und präziser gesagt, diejenige, dass das Unbewusste sich in unserem Sprechen – innerhalb und ausserhalb der psychoanalytischen Behandlung – zeigt in der Differenz von dem, was wir mitzuteilen beabsichtigen und der Art und Weise, wie wir das tun. Das kann ein Zuviel oder ein Zuwenig sein. Zuviel da, wo wir zum Beispiel Metaphern einsetzen, die ein Mehr an Bedeutung in sich tragen. Und zuwenig da, wo sich Lücken, Zäsuren, Inkohärenzen usw. einschleichen.

Analyse ist folglich nicht ableitbar aus der Fähigkeit, mich in das hineinversetzen zu können, was jemand anderer erlebt. Wir müssen uns immer klar sein, dass wir nie gänzlich verstehen können, wie jemand anderer sich fühlt und was seine Lebenssituation ist. Auch bei äusserlich ähnlich daherkommenden Erfahrungen kann man nicht von sich auf andere schliessen.

Oder, um es differenzierter und richtiger zu sagen: *Wir können gar nicht verhindern, dass wir uns in den anderen versetzen und von uns auf ihn schliessen. Aber wir müssen uns klar sein, dass wir mit diesem Vorgehen den anderen immer nur als Meinesgleichen erfassen und in seiner Andersheit verpassen.*[2] Um dem anderen in seiner Fremdheit gerecht zu werden, führt der Weg nicht über die Empathie, sondern über die Sprache. Zu hören, was er uns sagt, kontextualisiert seine Aussagen nicht in Bezug auf *meine* Lebenserfahrungen und Möglichkeiten und Grenzen des affektiven Mitschwingens, sondern in Bezug auf das ganze Spektrum seines eigenen Sprechens und auf die überindividuelle, allgemeingültige Verwendung der Sprache.

Lacan hat wie kein zweiter Analytiker gezeigt, welches Potenzial im Hören steckt, und dass das Zuhören die eigentliche Aufgabe des Analytikers ist. Warum? Im genauen Hinhören auf die Formulierung, auf die Rhetorik, auf Fehlleistungen, Pausen usw. eröffnen sich uns Elemente des Diskurses, die über das Gemeinte hinausweisen und damit auch den Kontext sprengen, der der Erzählung ihre Bedeutung geben soll. So finden wir Hinweise auf andere Kontexte, die auch da sind und die das ausmachen, was unbewusst mit von der Partie ist. Aus dem Nicht-Verstehen kann so ein Mehr an Verstehen hervorgehen, das dem Verstehen neue Kontexte erschliesst. Diese gilt es freizulegen, statt mit Einfühlung die Lücken im Sinn zu schliessen. Denn damit würde all das ausgeschlossen, was nicht zum Sinn passt und dennoch im Gesagten repetitiv insistiert, bis es gehört wird.

Nehmen wir an, um ein ganz einfaches Beispiel zu geben, eine Frau sage uns, wie schlecht es ihr gehe und dass sie immer wieder in depressive Leere verfalle. Es sei wie ein Sturm, in den sie gerate, und dann sei sie in der Mitte des Taifuns, in der Leere, im Nichts. Dieses Empfinden eines Nichts ist indes nicht nichts, es sind nicht leere Worte. Da ist eine schöne Metapher, die diese Frau geschaffen hat und die uns hören lassen kann, dass sie, so leer und bewegungslos sie sich fühlt, offenbar zur See gefahren ist. Mit all den möglichen Kontextualisierungen, die die Seefahrt mit sich bringt (vgl. Blumenberg 1979).

Lacans «méfiez vous de comprendre» richtet sich nicht allgemein gegen das Verstehen. Das kann man gut in seinen Seminaren erkennen, besonders anhand seines Umgangs mit klinischen Texten von andern Autoren. Lacan ist ein Meister im einfühlenden Paraphrasieren. Er hält sich da überhaupt nicht ans Wörtliche, wie er das vom klinischen Hören in den Analysen fordert. Sondern er zitiert aus dem Gedächtnis und findet seine eigenen Formulierungen. Man entdeckt einen einfühlsamen Lacan, der die Texte seiner Kollegen mag oder nicht mag, der ihr Potenzial herauskitzeln oder über ihre Blindheit herziehen will, der sie aber keinesfalls ins akribische Säurebad der Dekonstruktion taucht. Worum geht es Lacan also? Ich meine, es geht ihm um die *Spannung zwischen Verstehen und Nicht-Verstehen.* Wenn wir diese Spannung in unserem Hören offen halten können, dann kann ein Mehr an Verstehen aus ihr hervorgehen. Und dieses Mehr an Verstehen ist es, für das Lacan uns sensibilisieren will.

Das heisst aber nicht, dass dieses Mehr an Verstehen immer auch ein Mehr an Sinn entstehen liesse. Es ist Lacan sehr wichtig, uns darauf hinzuweisen, dass das, was wir hören, uns auch an einen anderen Ort führen kann als zu einem verborgenen Sinn. Denn das Hören führt uns auch dahin, wo unsere Analysanten durch die Sprache getroffen und definiert sind: zu den ursprünglichen Zuschreibungen, die immer schon den Platz in der Welt festgelegt haben, der unseren Analysanten bestimmt ist, ohne dass sie sich davon freimachen könnten. Diese Zuschreibungen machen nicht Sinn, aber sie wirken.

Die Qualität des Analytikers hängt demzufolge an seinen Möglichkeiten zu hören. Dafür muss er die Projektionen aus seiner eigenen Lebenserfahrung und seinen Gefühlseinstellungen immer wieder zurücknehmen können. Die Lebenserfahrung gibt ja seinem Verstehen immer schon eine bestimmte Richtung, die wegführen kann von dem, worum es bei seinen Analysanten geht. Wie steht die Lebenserfahrung zum Hören?

Sicher kann ein Analytiker nicht eng und prüde sein, um all das aufzunehmen, was andere Menschen ihm berichten. Er muss es auch in Kauf nehmen können, dass in gewissen Situationen seine Gefühle oder seine moralischen Einstellungen verletzt werden. Er muss deswegen nicht selbst gewissenlos und ohne moralische Werte sein, aber er muss die Bereitschaft haben, auf – mindestens scheinbar – gewissenloses Verhalten seiner Analysanten und auf deren moralische Einstellungen, auch wenn er sie nicht teilt, einzugehen. Es kann, salopp gesagt, nichts schaden, wenn er selbst schon die Erfahrung gemacht hat, dass man als Mensch unter bestimmten Umständen nicht anders konnte, als sich moralisch verwerflich zu verhalten. So wird er manche Ausweglosigkeit, in die wir Menschen geraten können, vielleicht nicht unbedingt verstehen, aber gelassener hinnehmen als unvermeidliche Realität. Und diese Gelassenheit wird ihm zugute kommen, offen und unvoreingenommen hören zu können.

Lebenserfahrung und Fähigkeit zur Einfühlung in den anderen sind sicher unerlässliche *Voraussetzungen* für das analytische Arbeiten, wo sie aber zum *Instrument* des analytischen Arbeitens gemacht werden, versagen sie oder werden gar kontraproduktiv.

Das Hören des Analytikers ist nicht einfach ein rezeptiver Vorgang, es ist nicht nur Zuhören, es ist auch zu Gehör bringen, hörbar machen. Manchmal macht erst das Sprechen des Analytikers das Gehörte wirklich zum Gehörten: Erst im Aussprechen merkt dann der Analytiker, merken vielleicht beide, was da gesagt wurde.

Nun sind natürlich nicht alle Ungereimtheiten, Ellipsen, Mehrdeutigkeiten, Versprecher und Brüche im Text unserer Analysanten gleich interessant und wichtig für den Fortgang der Analyse. Wir müssen als Analytiker wählen, werten, gewichten. Da kommen wir als Menschen ins Spiel mit unsern eigenen Scheuklappen und unseren eigenen unbewussten Spurungen, wie und wo sie auch nach unserer analytischen Selbsterfahrung am Werk sind. Die Erfahrung aus vielen Supervisionen und Intervisionen zeigt mir, dass es tatsächlich die so genannten «blinden Flecke» bei jedem Analytiker gibt, wo seine eigenen Verstrickungen ihn behindern, ins Offene zu hören; dass aber abgesehen davon auch erstaunlich hohe Übereinstimmung darüber besteht, was verschiedenen Analytikern auffällt, was sie hören und für wichtig erachten. Ich vermute, dass die relevanten Unterschiede dabei weniger von den Analytikerpersönlichkeiten als vom Grad ihrer analytischen Erfahrung abhängen.

Gibt es aber Kriterien, warum uns etwas mehr oder weniger aufhorchen lässt, wenn wir nicht einfach unsere eigene Einfühlung mit unseren eigenen imaginären Ausgestaltungen auf unsere Analysanten projizieren wollen? Was fällt uns auf und was lassen wir unbeantwortet? Wann scheint es uns vielleicht auch zu früh, um etwas aufzugreifen? – Es braucht, so denke ich, eine *Verdichtung*, die uns reagieren lässt: Das Material kann sich etwa verdichten:

- wenn, besonders im nebensächlich Hingeworfenen, Formulierungen auftauchen, die Bezüge zur Lebensgeschichte, zum Körper und seinen Funktionen oder zu anderen, konflikthaften Themen aufweisen;

- wenn ein bestimmter Affekt insistiert oder der Diskurs an einer bestimmten Stelle ganz besonders von einem Affekt durchgerüttelt ist;

- wenn in der Übertragung Aktuelles und Vergangenes im Diskurs aufeinander treffen (**S. 151**).

An solchen Stellen der Verdichtung wird sich unser Hören auch aufs Engste mit dem deutenden zu Gehörbringen verknüpfen (**S. 151 ff**).

Theoretisches:

I. Empathie und Intersubjektivität

Einfühlung oder Empathie sind Begriffe, die im klinischen therapeutischen Feld häufig mehr intuitiv als konzeptualisiert angewendet werden. In theoretischer Hinsicht führen sie indes geradewegs ins Epizentrum der sehr aktuellen und vielstimmig orchestrierten Debatten über Intersubjektivität. Empathie ist in den verschiedenen Spielarten der Intersubjektivitätstheorie ein Schlüsselbegriff und benennt nichts weniger als die grundlegende Fähigkeit, dank der wir Menschen überhaupt intersubjektiv funktionieren, in dem Sinne, dass wir nicht nur miteinander verbunden sind, sondern auch nur im intersubjektiven, empathischen Austausch Sprache und Denken zu erwerben vermögen. In dieser Wertschätzung konvergieren unterschiedliche Modelle und Theorien: Ob man nun die empirisch ausgerichtete entwicklungspsychologische Säuglingsforschung beiziehe oder das philosophische anerkennungstheoretische Konzept der Intersubjektivität, wie es Axel Honneth vertritt, oder ob man sich an Ansätzen orientiere, die auf dem Hintergrund der Spracherwerbstheorie Wittgensteins entstanden sind, immer ist das Einfühlungsvermögen ein zentrales Konzept. Will man es also nicht einfach beim klinischen Alltagsgebrauch belassen, so markiert Empathie einen Begriff, der weit über die Grenzen von Psychoanalyse und Psychotherapie von Wichtigkeit ist. Psychoanalyse, Entwicklungspsychologie, politische und praktische Philosophie und Sozialwissenschaften treten mit ihm, respektive mit der Bedeutung, die er im Intersubjektivismus hat, miteinander ins Gespräch.

Diese Konstellation interessiert viele Psychoanalytiker, die die Möglichkeit suchen, die Psychoanalyse aus ihrer Isolation im wissenschaftlichen Feld herauszuführen und sie von der Problematik einer für andere Disziplinen unzugänglichen und unüberprüfbaren metapsychologischen Begrifflichkeit zu befreien. Hauptsächlich Freuds Triebbegriff steht dabei auf dem Spiel, der nicht zu den Vorstellungen der Intersubjektivitätstheorie passen will. Freud ist kein intersubjektives Modell zur Verfügung gestanden oder er hat sich an den vorhandenen Ansätzen – insbesondere Hegels Theorie der Anerkennung – nicht orientiert. Sein Denken ist in einer Terminologie des Subjekt-Objekt-Dualismus verfasst, was besonders deutlich beim Triebbegriff hervortritt. *Das Freudsche Trieb-Objekt ist eins der Befriedigung oder Versagung. Ganz im Unterschied dazu geht es in den Intersubjektivitätstheorien nicht um dieses Objekt, sondern um den Mitmenschen, mit dem ich affektiv verbunden bin, den ich imitiere, mit dem ich mich identifiziere und im empathischen Wechselspiel befinde.*

Die Triebtheorie ist innerhalb der Psychoanalyse nicht erst durch die «intersubjektive Wende», die hauptsächlich die Objektbeziehungstheorie und die Bindungstheorie ergriffen hat, unter Druck geraten. Sie war zuvor schon von Ich- und Selbstpsychologie in Frage gestellt worden. Indes ist sie auch so etwas wie ein Kernstück der Psychoanalyse, die ja von Freud als Konflikttheorie ausgearbeitet wurde, bei der es um Sexualität und Trieb geht. Die Frage nach dem Schicksal des Triebbegriffs ist infolgedessen für die Zukunft der Psychoanalyse keineswegs nebensächlich.

Dabei sollte man nicht aus den Augen verlieren, dass das Triebkonzept bei Freud nicht einheitlich ist und Freud in jeder Ausarbeitung auf einem *Trieb-dualismus* beharrt hat. Naheliegenderweise dürfte es leichter sein, Konvergenzen des Modells der Selbsterhaltungstriebe mit dem Intersubjektivitätskonzept zu finden, als dies bei den Sexualtrieben der Fall ist. *Ja, man könnte sogar die Frage stellen, ob die Konzepte der Intersubjektivität überhaupt etwas anderes betreffen können als das Feld, das Freud als das der Selbsterhaltungstriebe abgesteckt hat.*

Weiter ist zu bedenken, dass Freuds Modell des Todestriebes, dem von inter-subjektiver Seite kaum Kredit gegeben wird, nicht nur für die sehr lebendigen klinischen Theorien von Melanie Klein und Jacques Lacan zentral ist, sondern auch bei Jacques Derrida auf grosses Interesse gestossen ist. In seinem denkwürdi-gen Vortrag vor den Generalständen der Psychoanalyse im Jahr 2000 hat er eine hohe Erwartung an die Psychoanalyse formuliert (Derrida 2002, 66 f): Dass sie nämlich, und nur sie, etwas sagen könnte zum Problem der Grausamkeit, der Grausamkeit, die die europäische Geschichte des 20. Jahrhunderts durchzieht, nachbarschaftlich zur Erfindung der Menschenrechte und des modernen interna-tionalen Rechts.[3] Es ist klar, dass Derrida eine solche Hoffnung in die Psycho-analyse nur setzen kann, weil sie mit ihrem Triebmodell und insbesondere mit dem Modell des Todestriebs ein Instrument in der Hand hat, das in seiner Rele-vanz noch gar nicht genügend bedacht ist **(S. 97 u. 171)**.

Will man mit der Intersubjektivitätstheorie die Psychoanalyse nicht gänzlich aus-höhlen, so geht es darum, genauer zu erfassen, welche Stellung ihr innerhalb und zur Psychoanalyse zukommen kann. Dazu finden sich kontroverse Auffassungen und unterschiedliche Antworten (vgl. Cremonini 2007; Altmeyer, Thomä 2006). Grundsätzlich lassen sich vielleicht folgende vier Positionen ausmachen:

1. Man postuliert, wie es die Bindungstheorie weitgehend tut, die intersubjektive Wende der Psychoanalyse und geht davon aus, dass die relationale Verfasstheit der Menschen auch Erklärungswert hat für den Bereich des Unbewussten. Das geht einher mit einer mehr oder weniger expliziten Ablehnung des Trieb-modells als antiquierten.

2. Man bestreitet im Namen von Freuds pessimistischer Anthropologie die Idee, dass Säuglinge, weil sie interaktiv sind, auch intrinsisch sozial veranlagt seien.

Intersubjektivität wird dann nur als Resultat einer auf dem Triebgeschehen beruhenden interaktiven Entwicklung verstanden. In dieser Sicht, die Joel Whitebook vertreten hat (2001/ 2003/ 2007), schliesst sich die Diskussion um Intersubjektivität an die Kontroversen an, die seit Freuds Einführung der Todestriebhypothese die Psychoanalytiker spalten.

3. Man versucht, Sexualität und Trieb intersubjektiv neu zu begründen, ohne die biologistischen Altlasten von Freuds Libidotheorie übernehmen zu müssen. So legt das Heinz Müller-Pozzi (2008), ausgehend von Jean Laplanches allgemeiner Verführungstheorie, vor.

4. Man versteht Intersubjektivität nicht nur als eine Dimension des Miteinander, sondern auch als eine des Verlusts. Was in der intersubjektiven Verfasstheit des Subjekts als nicht symbolisierbarer Verlust wirkt, das ist in dieser Sicht das Feld des Triebes. Intersubjektivität und Trieb sind so als gleichursprünglich gedacht, als zwei Aspekte der nämlichen Spaltung des Subjekts. Das ist der Ansatz von Jacques Lacan.

II. Empathie und Anerkennung

Wie nun, um zum Ausgangspunkt zurückzukommen, kann man den Begriff der Empathie in diesem Diskussions- und Spannungsfeld verorten? Es ist klar, dass ganz unterschiedliche Akzentuierungen im Spiel sind, je nachdem, von welchem Modell man ausgeht. Ich kann die notwendige und angemessene Entfaltung hier nicht leisten, das würde allein ein Buch füllen. Ich werde mich darum im Folgenden darauf beschränken, einer argumentativen Linie zu folgen, die *vom Begriff der Einfühlung zu demjenigen der Anerkennung* führt. Vom Ergebnis dieser Untersuchung aus werde ich das formulieren können, was mir für die klinische psychoanalytische Arbeit wichtig ist. Das heisst, ich werde auf den Unterschied von Empathie und Hören zurückkommen und in diesem Zusammenhang auch Lacans Ansatz beiziehen.

Wenn man von Einfühlung im klinischen Sinn spricht, kommen zwei Komponenten ins Spiel: Einmal ein kognitiver Aspekt und dann auch so etwas wie eine emotionale Involviertheit in die Befindlichkeit oder in die Empfindungszustände des andern.

Im herkömmlichen Verständnis soll Einfühlung das Entstehen unseres *Wissens vom anderen Menschen* erklären (Hist. Wb. Philos. 2, 396). Damit ist sie als kognitiver Vorgang bestimmt, der etwa so verstanden wird, dass meine Beobachtungen des andern bei mir Gefühlserlebnisse auslösen, die ich bei mir zu objektivieren vermag, und nun wieder dem andern als seine Strebung oder seinen Zustand zuschreiben kann. Der Weg, wie ich dahin komme, ist unterschiedlich ausgelegt worden.

Wenn Einfühlung dergestalt vorwiegend als kognitiver Vorgang genommen wird, dann beruht dies auf der Voraussetzung, dass man den Zugang zu den andern Menschen (und zur Welt generell) als eine Erkenntnisrelation von einem beobachtenden Subjekt und einem beobachteten Objekt verstehen könnte. Und die weitere Voraussetzung ist, dass ich das, was meine Einfühlung *in mir* auslöst, ebenfalls kognitiv objektivierend erfassen könnte.

Es ist interessant, dass Einfühlung also ursprünglich anders verstanden wurde als in den Intersubjektivitätstheorien, wo sie eine primär emotionale oder affektive Reaktionsfähigkeit und Anteilnahme meint. Und, soweit ich das beurteilen kann, meint auch der klinische Gebrauch des Begriffs mehr ein emotionales Mitschwingen und unterscheidet sich damit von der ursprünglichen, kognitiv objektivierenden Auffassung.

Der Haupteinwand, der von intersubjektiv argumentierender Seite gegen die kognitive Auffassung von Einfühlung vorgebracht wird, ist, dass darin eine Abstraktion oder eine Neutralisierung gesehen wird von einem viel grundlegenderen Zugang, den ich (zur Welt und) zu meinen Mitmenschen habe: Ich bin nicht primär in einer Beobachterhaltung, sondern es gibt vorrangig eine emotionale Bindung an den andern, die es mir überhaupt erst ermöglicht, mich mit seiner Perspektive zu identifizieren.

Die neuere *entwicklungspsychologische Forschung* hat diesen Sachverhalt anhand der kindlichen Denk- und Interaktionsfähigkeit aufgezeigt: Die emotionale Identifizierung mit Bezugspersonen macht es mir möglich, ihre Perspektive zu übernehmen und aus ihrer Perspektive heraus meine Umwelt wahrzunehmen. So entsteht die Möglichkeit, meine eigene Sicht fortlaufend zu korrigieren und «angemessener» werden zu lassen und so mein symbolisches Denken zu entwickeln. Die interaktiven Lernschritte können vom Kind, so lautet der vielstimmige Befund, nur vollzogen werden, wenn es ein Gefühl der Verbundenheit mit seinen Bezugspersonen gibt, wofür es deren empathische Reaktion braucht. Es kann, so hat schon Adorno (2001) zu bedenken gegeben, seinen Geist nur entwickeln, wo die Urform der Liebe, die Imitation, sich entfalten kann: «Ein Mensch wird zum Menschen überhaupt erst, indem er andere Menschen imitiert.» (2001, 292)

Auch *philosophisch kategoriale Überlegungen* bestätigen diesen ontogenetischen Befund:

Gern wird *Ludwig Wittgenstein* als Gewährsmann herangezogen, wenn es um die Kritik eines primär kognitiven Zugangs zum Fremdpsychischen geht. Kenntnis des psychischen Erlebens eines andern Menschen wird seiner Ansicht nach nicht auf epistemischem, objektivierendem Weg gewonnen. Unser Zugang zu fremden Seelen beruht nicht darauf, dass wir beim andern etwas beobachten und daraus auf seinen Seelenzustand schliessen. Sondern, so betont Wittgenstein, wir haben einen unmittelbaren Zugang zu den mentalen Zuständen anderer, der auf einer unhintergehbaren *Einstellung* oder Haltung gegenüber diesen anderen beruht. Und zwar in dem Sinne, dass wir auf das expressive Verhalten unserer Mitmenschen immer schon spontan und unwillkürlich reagieren. *Dass* wir reagieren, ist dabei unvermeidbar, *wie* wir es tun, hängt von individuellen Faktoren ab. So sagt Wittgenstein: «Meine Einstellung zu ihm ist eine *Einstellung* zur Seele. Ich habe nicht die *Meinung*, dass er eine Seele hat.» (PU II iv, WA 1, 495) Diese spontane Reaktion auf den andern ist ein *Anerkennen*, das jedem Erkennen vorausgeht.

Diese «primäre Empathie» (vgl. Ten Hagen 2007, 71) ist bei Wittgenstein eine wichtige nicht-sprachliche Voraussetzung für den Spracherwerb beim Kleinkind. Das Kind, so Wittgenstein, zeigt ein primär expressives Ausdrucksverhalten, das noch nichts symbolisiert und noch ohne propositionalen Inhalt ist. Darauf müssen die Eltern mit angemessener empathischer Responsivität reagieren. Im günstigen Fall kann dann ein Austausch von Gesten und Lautgebärden entstehen, bei dem die natürlichen Empfindungsausdrücke des Kindes angemessen widergespiegelt werden, was die Entwicklung eines Selbst-Gefühls beim Kind ermöglicht.

Es gibt also bei Wittgenstein, so schliesst Ten Hagen, eine gleichursprüngliche subjektive Struktur, in der sich kindliches Expressionsverhalten und Empathie der Bezugspersonen symmetrisch entsprechen. Diese existenziale Verbundenheit bleibt der Bezugspunkt auch späterer Formen der Empathie, die mehr kognitiv ausgerichtet sind. Wenn man indes realistischerweise davon ausgeht, dass diese späteren Formen der Empathie bei den Eltern von Anfang an auch im Spiel sind, so heisst das, dass in die Interaktionen unvermeidlicherweise ein projektives Moment einfliesst, insofern als die Bezugspersonen die Empfindungsäußerungen des Kindes immer auch – bewusst und unbewusst – als Mitteilung «verstehen» und ihnen einen propositionalen Inhalt unterstellen. Damit ist das Kind ebenso unvermeidlich der Situation ausgesetzt, dass es Botschaften erhält, die es nicht verstehen kann. Denn die sprachliche Welt der Erwachsenen ist ihm noch nicht oder noch nicht vollständig zugänglich. Es geschieht etwas affektiv Wichtiges, das es nicht einordnen und verstehen kann. Es entsteht eine Lücke des Nicht-Verstehens, wo etwas für das Kind real bleibt und nicht symbolisiert werden kann. Solche Situationen sind für die Bildungen des Unbewussten von grösster Bedeutung: In diese Lücke wird das Kind nachträglich versuchen, ein Verständnis zu tragen, d. h. es wird im Nachhinein eine Deutung für das finden wollen, was sich ihm immer schon entzieht. Das Unbewusste, hat Freud uns gesagt, verfährt mittels Deutungen.

Zu einem ähnlichen Gedanken gibt Wittgensteins folgende Aussage Anlass: «Wie *beziehen* sich Wörter auf Empfindungen? – Darin scheint kein Problem zu liegen; denn reden wir nicht täglich von Empfindungen und benennen sie? Aber wie wird die Verbindung des Namens mit dem Benannten hergestellt? Die Frage ist die gleiche wie die: wie lernt ein Mensch die Bedeutung der Namen von Empfindungen? Zum Beispiel des Wortes ‹Schmerz›. Dies ist eine Möglichkeit: Es werden Worte mit dem ursprünglichen, natürlichen, Ausdruck der Empfindung verbunden und an dessen Stelle gesetzt. Ein Kind hat sich verletzt, es schreit; und nun sprechen ihm die Erwachsenen zu und bringen ihm Ausrufe und später Sätze bei. Sie lehren das Kind ein neues Schmerzbenehmen. ‹So sagst du also, dass das Wort ‹Schmerz› eigentlich das Schreien bedeute?› – Im Gegenteil: der Wortausdruck des Schmerzes ersetzt das Schreien und beschreibt es nicht.» (PU, 244, WA 1, 357)

Die Frage ist natürlich, wie man dieses «Ersetzen» versteht und ob sich hier nicht die Möglichkeit bietet, es im Freudschen Sinne zu denken? Freud versteht Ersetzen im Sinne eines Übersetzens, so wie er in der Traumdeutung davon spricht, dass der Traum durch seine Deutung, durch den Sinn, den wir angeben können, «ersetzt» werden kann. Aber dabei kann das Ersetzte nicht restlos im Ersatz aufgehen, es gibt keine Deckungsgleichheit. Beim Traum erfahren wir das daran, dass er nie abschliessend deutbar ist. Die Ersetzung in der Deutungsarbeit bringt einen Wechsel des Mediums **(S. 24)** mit sich, nämlich den vom Bild zum Wort. Im Falle des Schmerzes spielt der Wechsel vom körperlichen Empfinden zum Wort eine zentrale Rolle. Lässt dieses «Ersetzen» nicht zwangsläufig auch einen unübersetzbaren Rest entstehen? In diese Richtung weitergedacht, liesse sich dann eine Verbindung herstellen zu Lacans Auffassung der Sprachlichkeit des menschlichen Subjekts, mit deren Entstehung zugleich ein nichtsymbolisierbarer, realer Rest entsteht, der dann im oben dargestellten Sinn eine Art Kristallisationspunkt für die Bildungen des Unbewussten abgeben könnte **(S. 96)**.

Auch *Axel Honneth* vertritt die These eines Vorrangs des Anerkennens vor dem Erkennen, wie er der empathischen Einstellung entspringt. Honneth entfaltet seinen intersubjektiven Ansatz ausgehend von Hegels Theorie der Anerkennung. Er kommt zum Schluss, es gehe um «eine Art von existentieller, ja affektiver Anteilnahme am Anderen, die es überhaupt erst ermöglicht, dessen Perspektive auf die Welt als bedeutsam zu erfahren. Das Sich-Hineinversetzen in die Perspektive der zweiten Person verlangt den Vorschuss einer Form von Anerkennung, die in kognitiven oder epistemischen Begriffen nicht vollständig zu erfassen ist, weil sie stets ein Moment der unwillkürlichen Öffnung, Hingabe oder Liebe enthält. Diese Zuwendung, oder, wie Adorno psychoanalytisch sagt, diese libidinöse Besetzung des Objekts ist es, die das Kleinkind sich in der Weise in die Perspektive des Anderen hineinversetzen lässt, dass es mit ihrer Hilfe eine erweiterte und schliesslich entpersönlichte Vorstellung von der umgebenen Wirklichkeit erwirbt.» (Honneth 2005, 51)

Und weiter: «Das Gewebe der sozialen Interaktion ist nicht, wie in der Philosophie häufig angenommen, aus dem Stoff kognitiver Akte, sondern aus dem Material anerkennender Haltungen gewebt. Der Grund, warum wir gewöhnlich keine Schwierigkeiten haben, die Empfindungssätze anderer Subjekte zu verstehen, liegt mithin darin, dass wir vorgängig eine Einstellung eingenommen haben, in der der handlungsauffordernde Gehalt solcher Äusserungen wie selbstverständlich gegeben ist.» (58) Und: «Sprachliches Verstehen ist, kurz gesagt, an die nicht-epistemische Voraussetzung der Anerkennung des Anderen gebunden.» (59)

Mit dieser Zusammenfassung bezieht sich Honneth auch auf Überlegungen von *Stanley Cavell*, der unser Verhältnis zu anderen Menschen grundlegend als anteilnehmendes Reagieren oder Anerkennen versteht. Mittels Wissen können wir die Getrenntheit vom anderen nicht überwinden, wir können uns nicht sicher sein, ob er uns zum Beispiel einen Schmerz nur vorspielt oder ob er ihn tatsächlich hat. Reduzieren wir unsern Zugang zum andern auf diese kognitive Dimension, so ist das für Cavell eine Art Analphabetismus, weil unser Verhältnis zu anderen nicht auf Wissen, sondern auf einer Haltung des Anerkennens und der darin enthaltenen Responsivität beruht.

Mit Witz hat Cavell Wittgensteins Beispiel vom Schmerzempfinden neu gelesen. Unser Schmerz ist uns nicht primär in der Form eines Wissens gegeben, sondern wir sind von ihm «durchbohrt». Wir drücken ihn aus und geben ihn damit in die Anteilnahme unserer Umgebung. Und wir erfassen den Schmerz eines andern auch nicht als ein Wissen, sondern indem wir merken, dass der andere sich an uns richtet und uns auffordert, irgendwie zu reagieren. «Aber warum wird Anteilnahme auf diese Weise ausgedrückt? Weil dein Leiden mich mit einer *Forderung* konfrontiert. Es reicht nicht, dass ich *weiss* (mir gewiss bin), dass du leidest – ich muss etwas tun oder offen legen (was immer getan werden kann). Kurz, ich muss es *anerkennen*, andernfalls weiss ich nicht, was (dein oder sein) Haben von Schmerz bedeutet.» (Cavell 2002, 70)

Wenn ich Schmerzen habe, so greife ich nicht auf ein Wissen zurück, ich zeige es. Dementsprechend ist der Satz, «Ich weiss, ich habe Schmerzen.» eine kaum sinnvolle Aussage, es sei denn in einem ganz besonderen Zusammenhang, der aber nicht mein Wissen mitteilt: «Ja, ich weiss; ich gebs ja zu; du hast ja Recht.» «Ich weiss, ich habe Schmerzen.», sagt damit nicht kognitive Gewissheit aus, sondern teilt eine zum Beispiel verärgerte Zustimmung mit (61). Gleichermassen, so Cavell, ist es kein Ausdruck von Gewissheit, wenn ich dem andern sage: «Ich weiss, du hast Schmerzen». Dieser Satz bringt etwas anderes zum Ausdruck, nämlich «eine Reaktion auf dieses Zeigen [...]; es ist ein Ausdruck von *Anteil-nahme*. ‹Ich weiss, was du durchmachst›; ‹Ich habe alles getan, was ich tun konnte›; ‹Das Serum wird mit einem Spezialflugzeug gebracht›).» (69)

Denkbar, so möchte ich in Klammern beifügen, ist allerdings auch, dass solche Sätze wie: ‹Ich weiss, du hast Schmerzen», eingesetzt werden, gerade um «Anteil-nahme» zu signalisieren, wie das in vielen Beratungsgesprächen üblich geworden ist und, häufig genug praktiziert, die «Klienten» zur Weissglut bringen kann. Warum? Weil ein solches Zurückspiegeln auf der Ebene der empathischen Responsivität wie eine Zurückweisung empfunden werden kann, als Verweigerung, sich wirklich einzulassen. Es kann zu Verwirrung und Missverstehen führen, wenn ein rein kognitives Beobachten *an Stelle* des anerkennenden Sich-Einlassens tritt.

Ein Wissenwollen, das vergisst, dass unser Verhältnis zu anderen auf Anerkennen gebaut ist, droht zum Ausdruck einer *besonderen* Haltung dem andern gegenüber zu werden, zu einer Haltung von Macht, Geständniszwang, Ausgrenzung usw. Das betrifft nicht zuletzt auch die Psychiatrie. Und um zu wissen, sind auch groteske polizeiliche Instrumente wie Lügendetektoren und vieles mehr entwickelt worden. (Was, so stellt sich die Frage, wird da eigentlich gesucht?) Und just mit der Frage, ob jemand echte Schmerzen habe oder simuliere, werden politische Auseinandersetzungen über Ausländer- und Sozialpolitik gesteuert. Gerät die Haltung des Anerkennens in Vergessenheit, so kommt dies der Verweigerung nahe, dem andern den Status eines für sich selbst sprechenden Subjektes zuzugestehen.

III. Klinische Konsequenzen: Hören

Was hier in Hinblick auf entwicklungspsychologische und philosophische Fragestellungen gesagt ist, kann uns auch eine Grundlage geben für einen Zugang zum Begriff der Einfühlung im *klinischen, psychoanalytischen Bereich*: Wir können nun für die klinische Arbeit ein Konzept von Einfühlung ins Auge fassen, das nicht primär kognitiv ausgerichtet ist, sondern dem Aspekt gerecht wird, dass es um ein Anteilnehmen und Anerkennen des anderen geht, in dessen Empfindungswelt ich mich einbinden lasse.

Das heisst zunächst zu merken, dass sich der andere mit seinem Sprechen an mich adressiert und dass ich ihn nur verstehen kann, wenn ich mich in das einrücken lasse, was er an mich richtet. Wenn es diese Anerkennung ist, die ein Hören überhaupt erst ermöglicht, dann werden wir als Analytiker auch daran gemessen. Unsere Patienten und Analysanten können unsere Reaktionen und Interventionen nur auf dem Hintergrund dieser Bezogenheit verstehen. Wie wir auch reagieren und was wir auch sagen, es wird nicht einfach als Feststellung genommen, sondern als Ausdruck davon, wie wir zu ihnen stehen. Unseren Patienten und Analysanten in einer Haltung des Anerkennens zu begegnen, heisst also, mit Cavell gesagt, ihre Aufforderung zu reagieren, anzunehmen. Unter dieser Voraussetzung ist zum Beispiel auch unser Schweigen ein Reagieren.

Anerkennen, so verstanden, ist folglich keineswegs an ein positives Aufnehmen und wohlwollendes Akzeptieren gebunden. Auch eine ablehnende Reaktion oder gar keine Reaktion werden von unseren Analysanten auf der Ebene der Frage der Anerkennung beurteilt. Um nochmals Cavell zu zitieren: «Entscheidend ist jedoch, dass der Begriff der Anerkennung in gleicher Weise durch sein Scheitern wie durch seinen Erfolg zur Geltung kommt. Es handelt sich bei ihm nicht um die Beschreibung einer gegebenen Reaktion, sondern um eine Kategorie, mit deren Hilfe eine gegebene Reaktion bewertet wird.» (70)

Diese anerkennungstheoretischen Überlegungen laufen offensichtlich in vieler Hinsicht mit dem zusammen, was ich im Kapitel *Worum es geht* (S. 31) herausgearbeitet habe: Das Sprechen in der analytischen Situation ist nicht einfach und nicht primär da, um eine Information zu übermitteln, um etwas konstatierend festzustellen. Sondern es ist ein Sprechen, bei dem sich etwas zwischen zwei Menschen *ereignet*. Diese performative Dimension zu beachten, setzt voraus, dass ich mich vom andern affizieren lasse, dass ich sein Sprechen als an mich adressiert begreife. Es in dieser Dimension gelten zu lassen, heisst, so können wir nun auch sagen, eine Haltung der Anerkennung einzunehmen.

Von hier aus lässt sich der *Unterschied von Einfühlen und Hören genauer erfassen:* Das Konzept der Einfühlung lässt sich, das ist sein Potenzial, in eine anerkennungstheoretische Richtung treiben. So verstanden, *ist Einfühlung eine notwendige Voraussetzung für psychoanalytisches Arbeiten, aber ist sie auch hinreichend?*

Wir stehen mit dem analytischen Arbeiten vor einer spezifischen Aufgabe, auf die wir auch spezifisch reagieren müssen. Konkret heisst das, dass das analytische Arbeiten uns in jedem Moment aufträgt, etwas zu tun, was unserer spontanen, unmittelbaren, «empathischen» Anerkennungsreaktion nicht entspricht: Es genügt nicht, auf eine bestimmte Aussage eines anderen anerkennend zu reagieren. Sei dies nun akzeptierend, zurückweisend, schadenfreudig, neutral oder wie auch immer. Wo es um das psychoanalytische Arbeiten geht, will etwas anerkannt sein, was sich in einer grundlegenden *Negativität* manifestiert: Es geht um ein «Un»-: *Um das Anerkennen des Un-Bewussten, des Un-Bekannten, des Un-Verstandenen.* Wir können uns nicht begnügen, unsern Mitmenschen in seiner Aussage zu anerkennen, sondern wir müssen einen Raum schaffen, um dem Geltung zu geben, was sich unbewusst in seinem Aussagen mitteilt. Und das können wir nur, indem wir es *hören*. Anders gesagt: Das analytische Feld öffnet sich erst und nur dort, wo wir auf die Forderung, die unsere Analysanten in ihrem Sprechen an uns richten, in einer ganz bestimmten, besonderen Art reagieren: Das Spezialflugzeug mit dem Serum, das wir holen, das ist unser Ohr. Dieses Spezialflugzeug können wir aber nur in Einsatz bringen und für unsere Analysanten wirksam werden lassen, wo wir auf alle andern Arten des anerkennenden Verstehens, die sich uns spontan aufdrängen, *verzichten*. Stützt man sich im konventionellen Sinn auf die Empathie, verhindert sie sogar psychoanalytisches Arbeiten. Oder anders gesagt: *Die dem analytischen Arbeiten angemessene anerkennende Responsivität ist das Hören* **(S. 46)**.

Und um hören zu können, müssen wir es schaffen, einfach nur zu hören! Das ist leicht gesagt, in der Praxis aber ziemlich schwierig. Der Züricher Psychoanalytiker Fritz Morgenthaler hat es äusserst prägnant formuliert: «Man kann nicht debil genug sein!» «Debil sein» heisst, davon absehen zu können, den Sinn zu verstehen. Es heisst, nur eins zu hören und nochmals eins, ohne daraus zwei zu machen.

Fassen wir zusammen: Es gibt keine Analyse ausserhalb eines anteilnehmenden Anerkennens. Aber allein damit gibt es noch keine Analyse. *Die Analyse ist immer im Spannungsfeld des Nebeneinander, Ineinander oder auch Entweder-Oder von anerkennendem Verstehen und Hören des Unverstandenen.*

Wir werden da, endlich, auf ein *zeitliches Moment* aufmerksam: In jedem einzelnen Moment der analytischen Arbeit können wir das Hören ergreifen oder verpassen. Hören ist nichts, das wir uns als Haltung zulegen könnten. Wir können nicht hören, so wie wir freundlich sein können. Hören oder nicht Hören, das entscheidet sich in jedem einzelnen Moment, und zwar erst *im Nachhinein*: Wir werden gehört haben oder nicht gehört haben. In jedem einzelnen Moment der analytischen Situation ist diese Alternative da und kann vom Analytiker ergriffen oder verpasst werden. Als Analytiker stecken wir stets in einem Spannungsfeld von Haltungen, die sich gegenseitig ausschliessen und die wir doch auch beide brauchen: Nur debil sein, geht auch nicht. Unsere Analysanten müssen uns auch als Analytiker anerkennen können und das tun sie nur, wenn sie uns ein Können und ein Wissen unterstellen können. Sie müssen unser debiles Hören als etwas erfassen können, das ihnen etwas sagt. Als etwas, von dem sie sich zwar nicht dort anerkannt fühlen, wo sie es erwarten, von dem sie aber merken, dass es sie *in einer andern, unbekannten Weise anerkennt*. Sonst kann unser Hören nichts bewirken.

IV. Klinische Konsequenzen: Übertragung

Das Spannungsfeld von Hören und Verstehen kommt gut zum Ausdruck in dem, was mir einmal jemand sagte:

«Ich empfinde, dass Sie und ich gute Gespräche haben. Das merke ich daran, dass sich in mir Reflexionen bilden folgender Art: Bei welchen Wörtern hat er insistiert? Wann reagiere ich teilweise allergisch oder mit heftigen Widerständen gegen das, was der Kläui mir sagt? Dazu ist mir Folgendes eingefallen: … Und wenn der Kläui etwas sagt, dann heisst das, dass etwas in mir, in meinem Lebensweg, in meinen Einstellungen dazu sich noch nicht genügend erfüllt hat. Der Kläui ist nicht so ein Trottel und so blöd, dass er nicht seinen Grund hat.»

Es geht mir nicht darum, das Material dieser Sätze zu analysieren. Es geht mir darum, etwas über das Spannungsfeld von Hören und Verstehen zu sagen. Wir können hier die Grundkonstellation der *Übertragung* fassen: Die Übertragung ist, dass «der Kläui» etwas wisse, dass er einen Grund habe; und sie kommt dadurch zu Stande, dass dieser Mensch das Blöde, Trottelige, das der Kläui sagt, als etwas auffassen kann, was ihm etwas – noch Unbekanntes, noch nicht «Erfülltes» – mitteilt. Dass er von mir hört, was ich von ihm gehört habe, gibt ihm den Raum, nach dem zu fragen, was in ihm und ihm doch unbekannt ist. Damit anerkennt er dieses Unbekannte, Unbewusste in seiner Existenz oder vielmehr in seinem Insistieren, in seinem sich Melden.

Wir befinden uns hier in einer Situation wechselseitiger Anerkennung, die aber eine ganz spezifische Ausdifferenzierung erfährt: Indem ich ihn durch mein Hören anerkenne, anerkennt er mich in meinem Hören. Oder simpler gesagt, er anerkennt mich als Analytiker – nicht als Analytiker, den man auf eine Liste ins Branchenverzeichnis setzt –, sondern als *seinen Analytiker, der ihm etwas zu sagen hat. Damit aber entsteht zugleich eine Situation, die über die Anerkennung hinausweist und eine andere Dynamik ins Spiel bringt*: Für diesen Menschen «habe» ich als Analytiker etwas, was er sucht. Für ihn habe ich seine noch ungehörte, unerfüllte, unbekannte Wahrheit. Nun ist aber dieses «Haben» nichts, was ich tatsächlich «habe», zum Beispiel in Form eines bestimmten Wissens über ihn. Sondern es ist eigentlich nur in *seinem* Sprechen da und wartet, bis es – von mir, von ihm – gehört wird. Ich als Analytiker kann es nur auflesen oder unbeachtet liegen lassen. Für ihn aber stellt sich die Situation so dar, dass er seine Wahrheit in meinem «Haben», in dem Wissen, das er bei mir vermutet, suchen muss.

Jenseits der Anerkennung ist er also gerade auf das ausgerichtet, was ich *nicht* habe, auf dieses für ihn wertvolle Wissen. Die Psychoanalyse nennt das *Übertragung*. Meine Reaktion als Analytiker kann nicht darin bestehen, dieses «Haben» zu haben: Ich bin nicht der Wissende, der Liebende, der Strafende, denn wäre ich's, müsste die Analyse sich in diesem Moment schliessen und zu einer Liebesbeziehung, zu einer Meister-Schüler-Beziehung, zu einer betreuenden Arzt-Patienten-Beziehung, zu einer Freundschaftsbeziehung werden. Was er in mir sucht, ist etwas, was ich als Analytiker nicht habe. Dem entspricht meine Haltung der *Abstinenz*. Was er finden wird, ist nur, was er selber sagt. Aber er kann das nur finden in der Schlaufe über mein Hören. Er sucht in mir das, was er sagt, ohne dass er weiss, dass er es sagt. Er will herausfinden, wo sein Sprechen herkommt. Und das will er, weil er gemerkt hat, dass sein Leiden etwas damit zu tun hat, *dass es da um die Ursache seines Leidens geht* (S. 33).

Und warum hat er das gemerkt? Nicht weil er es weiss, nicht weil er Freud gelesen hat – das vielleicht auch, aber das ist nicht entscheidend. Sondern weil er es in der Analyse erfährt, weil er die Wirkung merkt. Und das kann sich ereignen, weil der Analytiker so auf sein Leiden reagiert, dass er das Spezialflugzeug des Hörens bestellt. Weil der Analytiker sagt: «Du weisst vielleicht nicht, wie wichtig das ist, was du mir sagst, aber darin entdecke ich die Ursache deines Leidens. Dass das so ist, weiss nicht ich, sondern das kommt von dir selbst: Wäre es nämlich nicht wichtig, würdest du es mir gar nicht sagen.»

Diese Ursache wird der Analysant in mir suchen und darum wird die ganze Analyse kreisen. Die Frage, die für ihn entsteht, ist die Frage: «Wo kommt mein Leiden, wo kommt mein Wünschen, wo kommt mein Sprechen her?» Diese Frage kann er nicht mit sich allein ausmachen. Er braucht mein Hören. Er braucht dieses: «Bei welchen Wörtern insistiert der Kläui? Warum sagt er mir das?» Er braucht dieses: «Der Kläui wird einen Grund haben.» So sucht er in mir nach dem, was ihn selbst verursacht. Ich werde zum Träger dieser ihm selbst unbekannten Ursache.

Als Analytiker muss ich dies anerkennen. Ich muss wissen, dass der Analysant in mir etwas sucht, was mich transzendiert, was ich nicht bin und nicht habe. Und das heisst auch, dass ich für ihn zwangsläufig nutzlos und überflüssig werde, wenn wir die Dinge so weit treiben, dass er merken kann, dass er mich an den Platz der Ursache gesetzt hat. Und deswegen wird er mich am Ende des analytischen Weges verlassen können. Wenn die Ursache für ihn selbst hervortreten kann als das, worum sein Fragen, sein Sprechen, ja, sein Leben kreist.

Mit dieser Dynamik enthält die analytische Situation von Anfang an schon ihr Ende in sich. Dieses ist aber keineswegs in Termini intersubjektiver Symmetrie zu denken: Es ist nicht so, dass man als zwei getrennte Subjekte, die sich in ihrer Autonomie anerkennen und die sich in einer gemeinsamen Beziehung verändert haben, auseinander gehen kann, sondern es gibt hier eine *fundamentale Asymmetrie*: Der Analytiker verliert am Ende der Analyse für den Analysanten seine zentrale und eminente Bedeutung. Insofern als der Analysant anerkennen kann, dass der Analytiker nicht hat, was er bei ihm sucht, wird der Analytiker auch überflüssig. Was der Analysant in seinem Suchen umkreist, ist jetzt nicht mehr der

Analytiker. Was vom Analytiker dann bleibt, ist eine Person, die der Analysant eigentlich kaum kennt, auch wenn er ihr gegenüber vielleicht Dankbarkeit und Respekt empfindet (S. 210).

V. Klinische Konsequenzen: Zweipersonenstück mit Petroleumlampe

Fassen wir zusammen: Die Psychoanalyse spielt sich nicht einfach als intersubjektives Zweipersonenstück ab. In ihr wirkt die Dimension der Ursache des Leidens und Wünschens. Diese Ursache sucht der Analysant in seinem Analytiker. Und der Analytiker *wählt* es, auf diese Dimension der Ursache zu hören und sie zur Sprache zu bringen. Beide sind so auf ein Drittes bezogen – auf dieser Ebene hat die Analyse *nicht* die Symmetrie eines Zweipersonenstücks.

Freud hat, wie gesagt, die Terminologie der Intersubjektivität nicht zur Verfügung gehabt. Er hat die Analyse in der herkömmlichen Begrifflichkeit des Subjekt-Objekt-Dualismus konzeptualisiert. Auch der Begriff Übertragung trägt diese Spur in sich. Darum kann eine intersubjektiv gewendete Psychoanalyse versucht sein, auch das Übertragungskonzept in das intersubjektive Wechselgeschehen einer Zweipersonenpsychologie zu übersetzen. Das würde aber zu kurz greifen und vernachlässigen, dass es bei der Übertragung durchaus auch um eine Subjekt-*Objekt*-Relation geht, insofern es um ein Subjekt geht, das die *Ur-Sache* seines Wünschens im anderen sucht.

Vielleicht ist die merkwürdige Doppeldeutigkeit, die Freuds Konzept der Übertragung hat, erst durch diese Unterscheidung zwischen einem intersubjektiven Aspekt und einem Subjekt-Objekt-Aspekt zu begreifen: Freud schildert das – in *Bemerkungen über die Übertragungsliebe* – ganz schön: Es gibt eine milde, positive Übertragung, alles läuft wunderbar, wie am Schnürchen. Und dann, plötzlich, gibt es «einen völligen Wechsel der Szene». Die verliebte Übertragung bricht herein und fegt jede Bereitschaft zur Analyse weg, die Patientin «will von nichts anderem sprechen und hören als von ihrer Liebe, für die sie Entgegnung fordert». Es geht nur noch um «Suppenlogik mit Knödelargumenten». Freud gibt dafür ein sehr interessantes Bild. Es ist, «wie wenn ein Spiel durch eine plötzlich hereinbrechende Wirklichkeit abgelöst würde, etwa wie wenn sich während einer Theatervorstellung Feuerlärm erhebt.» (1915 a, 310)

Ins schönste «Theater» des Zweipersonenstücks bricht eine fremde «Wirklichkeit» herein. Etwas, das wirkt und das seine Ursache im «Feuer» hat. Die Liebe ist dann, so würde ich es sagen, die quasi panikartige Reaktion auf das Auftauchen dieses ursächlich Wirkenden. Der Versuch, sozusagen, das Zweipersonenstück weiterspielen zu können. Oder anders gesagt: Der Versuch, die Analyse in diesem Moment in der Liebesbeziehung zu schliessen.

Übrigens – und das stützt auch diese Interpretation – kommt das Feuerbild bei Freud nochmals vor: Am Anfang von *Die endliche und die unendliche Analyse* kritisiert er Ranks Versuche, die Analyse abzukürzen, indem man einfach das «Urtrauma» analytisch erledige. Das käme der Leistung einer Feuerwehr gleich, meint Freud, die aus dem brennenden Haus einfach die umgestürzte Petroleumlampe herausholen wollte, die den Brand ausgelöst hat (1937 c, 59 f).

Die Ursache kann nicht direkt angegangen werden, sagt uns Freud, die analytische Arbeit erfolgt an ihren Wirkungen. Aber wir befinden uns mit der Ursache auf der Ebene eines traumatischen Geschehens, auf der Ebene einer umgekippten Petroleumlampe. Sie ist, auch wenn sie vollkommen verbrannt ist, das ursächliche Objekt, um das herum, Schicht für Schicht, der Brand entfacht wurde, den wir in der Analyse löschen sollen. Sie ist sozusagen *das verlorene Objekt, das seine Bedeutung nur aus den Wirkungen erhält.* Welche Geschichte erzählt sie uns? Warum ist die Petroleumlampe überhaupt umgestürzt? Die Spur von welchem Missgeschick oder Drama ist sie? **(S. 121 f)**

Wenn die genannten zwei Dimensionen – der Intersubjektivität und des ursächlichen Objekts – bei Freud in der Doppeldeutigkeit des Übertragungsbegriffs eher implizit als terminologisch gefasst zum Vorschein kommen, so finde ich bei Lacan eine begriffliche Ausarbeitung davon. Jedenfalls interpretiere ich das so. Lacan geht mit dem intersubjektiven Argument insofern einig, als er nicht mehr von «Objekt» spricht, wo es um den Mitmenschen geht. Er spricht vom «anderen», wenn er alle unsere Vorstellungen über und unsere emotionalen Verbindungen – Liebe und Hass – mit den Mitmenschen (und uns selbst) hervorheben will **(S. 186 f)**. Oder vom «Anderen», wenn er all das unterstreichen will, was auf uns, die wir in eine immer schon sprechende und durch Sprache organisierte Welt geboren werden, durch das Sprechen und die Sprache einwirkt.

Das Objekt hingegen ist für Lacan etwas anderes: Das Objekt hat mit dem zu tun, was unser Wünschen und Leiden entfacht. *Es steht für ihn am Platz der Ursache.* Einer Ursache, die, so Lacan, letztlich nie fassbar ist. Dieses Objekt, Lacan nennt es «Objekt a» **(S. 108 ff u. 186 ff)**, repräsentiert im Psychischen diese Ursache, und zwar indem unser Triebleben darum herum kreist.

Kleiner Einschub: Die Ursache ist aus zwei Gründen nicht fassbar; einesteils, weil wir Sprachwesen sind und andernteils, weil wir Geschlechtswesen sind (vgl. Lacan 1963–1964, 215). *Sprachwesen* zu sein, heisst, dem Übersetzungsproblem ausgesetzt zu sein, dass etwas real Körperliches seinen sprachlichen Ausdruck finden muss, was nicht restlos möglich ist. Und es heisst, dass wir uns in der Sprache mit

Signifikanten identifizieren, die erst im Verweis auf andere zu Sinn gelangen und dadurch einen uneinholbaren Mangel schaffen. *Geschlechtswesen* zu sein, heisst, die Möglichkeit des andern Geschlechts immer schon verloren zu haben und sich in die Generationenfolge einzureihen und damit ein *sterbliches Wesen* zu sein, das letztlich, wie Freud sagt, «nur ein Anhängsel an sein Keimplasma ist, dem es seine Kräfte gegen eine Lustprämie zu Verfügung stellt» (1914c, 144). Mehr dazu im Kapitel «Verlust» **(S. 105 ff)**.

Das Objekt, so wie Lacan es versteht, repräsentiert also dieses «Reale», Unfassbare, dort wo es psychisch wirksam wird. Es ist für Lacan eigentlich die Petroleumlampe unseres Seelenlebens. Das Objekt ist für Lacan also keineswegs der Mitmensch. Aber der Mitmensch mir gegenüber oder auch ich selbst in meinem Bezug auf Mitmenschen können in bestimmten Situationen den Platz dieses Objekts einnehmen. So wird in der Analyse in der Übertragung der Analytiker an den Platz dieses Objekts gestellt. Weil der Analysant im Analytiker das immer schon verlorene Objekt zu finden hofft, kann eine Bewegung andauernden Suchens entstehen, die die Analyse weitertreibt. Und weil der Analysant den Analytiker zum Träger dieser ihm selbst unbekannten Ursache macht, ist die Analyse nicht einfach ein Zweipersonenstück, sondern ein Zweipersonenstück mit Petroleumlampe – mit Petroleumlampe als Ursache, in der Hauptrolle.

8 Zusammenhang

Beispiel:

Frau D kommt bedrückt zu einer der ersten Sitzungen der kaum begonnenen
Analyse. Sie habe gar keinen Grund für ihre deprimierte Stimmung, das komme
für sie wie aus dem Nichts. Sie wisse einfach nicht, warum es immer wieder zu solchen depressiven Phasen komme, ob das vielleicht doch organisch bedingt sei? Ob
die Analyse der richtige Weg sei? Das viele Schweigen sei für sie unerträglich und
sie wisse gar nicht, was sagen. In dieser Sitzung schweigt sie tatsächlich viel und
das Wenige, was sie erzählt, bezeichnet sie als unwichtig. So erwähnt sie, dass sie
den Austrittsbericht gelesen habe, den die Therapeutin der Psychotherapiestation,
auf der sie mehrere Wochen war, über sie verfasst habe. Die Therapeutin schreibe,
sie habe sich von Frau D zurückgewiesen gefühlt, sie sei ablehnend und fordernd
aufgetreten und habe sich beklagt, zu wenig Beachtung zu erhalten. Habe sie aber
Beachtung gefunden, so sei es auch nicht recht gewesen. So habe sie den Eindruck
hinterlassen, ständig unzufrieden zu sein. Frau D stellt diese Aussagen, die für
mich gut nachvollziehbar sind, einfach dahin, ohne sie zu kommentieren.

Ich sage dann: «Vielleicht sind Sie so niedergeschlagen wegen dem, was da
steht: Dass die Gespräche ausweglos in eine Sackgasse führen. Dann ist es vielleicht leichter zu denken, es sei organisch. Vielleicht möchten Sie aber, dass wir
miteinander nicht in diese Sackgasse geraten?»

Ja, meint sie, für sie sei es anders gewesen: Sie habe in der Klinik einen Weg
gesucht, sich zu öffnen, was ihr immer schwer falle. Es sei wohl so, dass sie dann,
wenn sie Mühe habe, sich zu öffnen, ablehnend und arrogant wirke. Sie sei enttäuscht, dass die Therapeutin das nicht gemerkt und sie missverstanden habe.
Halte man sie für negativ eingestellt, so entstehe ein Teufelskreis und sie habe
keinen Ausweg mehr, aus ihrer Verschlossenheit herauszukommen.

Darauf sage ich, dass es ihr wohl wichtig sei, gleich am Anfang der Analyse
hörbar zu machen, dass es ihr *Wunsch ist, sich öffnen zu können*. Gerade auch, weil

sie befürchte, dass sich der gleiche Teufelskreis auch hier einstellen könnte. Für mich ist es dabei wichtig, auch die Formulierung «sich öffnen» zu beachten und in meiner Intervention zu übernehmen. Denn diese birgt eine Mehrdeutigkeit, die auch einen körperlichen, sexuellen Klang haben kann.

Die nächste Sitzung eröffnet sie mit der Mitteilung, dass sich ihre Beklemmung und Niedergeschlagenheit nach der letzten Sitzung aufgelöst hätten. Das sei für sie überraschend gewesen: Sie habe nicht gedacht, dass sie aufgrund des Austrittsberichtes so niedergeschlagen sein könnte. Erst durch die Wirkung der letzten Sitzung, die das depressive Gefühl zum Verschwinden gebracht habe, sei ihr klar geworden, dass es da einen Zusammenhang geben müsse.

Kommentar I:

Für Frau D gibt es zunächst ein Symptom, ihre niedergeschlagene, depressive Verstimmung, und es gibt ein Problem, das sie beschäftigt, die Beobachtungen, die ihre Therapeutin im Austrittsbericht festhält. Es gibt für sie zunächst keinen erkennbaren Zusammenhang zwischen beidem. Auf der Ebene ihres Wissens und ihres Verstehens sind Symptom und Problem unabhängig voneinander. Aber sie kommen in der Sitzung in eine Beziehung zueinander, und zwar in eine *Beziehung der Gleichzeitigkeit*: Frau D ist deprimiert, jetzt – und sie spricht vom Austrittsbericht, jetzt. Einen Zusammenhang gibt es vorerst nur durch die gleichzeitige Anwesenheit der beiden Elemente. Es ist ein Zusammenhang, der als solcher von Frau D nicht bewusst hergestellt – sondern nur *dargestellt* – wird.

Als benennbarer Zusammenhang entsteht er erst in unserem Gespräch. Wir können ihn ungefähr so beschreiben: Dass Frau D bedrückt ist, hat damit zu tun, dass im Austrittsbericht – einmal mehr – ihr Wunsch, «sich öffnen» zu können, missdeutet worden ist und dass sie befürchtet, dies wiederhole sich auch in der Analyse.

In unserem Gespräch können wir diesen Zusammenhang nicht einfach konstatieren, sondern *er entsteht in unserem Gespräch*: Ihre Aussagen über ihre Niedergeschlagenheit und über den Austrittsbericht sind nicht einfach Informationen, sondern es sind *ratlose Aussagen in der Analyse*. Ich kann den Zusammenhang nur hören, wenn ich mich und unser Gespräch mit einbeziehe. Mein Beitrag ist streng genommen der, dass ich mich in das «man» – «man halte sie für negativ eingestellt» – eingeschlossen habe. Was ich zu Frau D sagte, war daher ein Antworten, ein Antworten auf eine implizit an mich gerichtete Frage: Halte ich sie auch für negativ eingestellt? Oder werde ich ihren Wunsch, sich öffnen zu können, hören?

Dies formulieren zu können, brachte die depressive Verstimmung zum Verschwinden. Für Frau D war das überraschend: Über ihr Symptom, die Depression, die sie weg haben wollte, hatten wir doch gar nicht gesprochen. Aber indem wir über etwas anderes sprachen, verschwand dieses Symptom.

Ich glaube nicht, dass Frau D damit mehr Wissen über ihre Depression erworben hat, aber sie hat sicher die Überzeugung gewonnen: Da gibt es eine innere Verbindung. *Damit verändert sich auch der Status des Symptoms*: Es ist nicht mehr isoliert, unbeeinflussbar, einfach da, ohne dass man wüsste, warum. Es ist nicht mehr ein erratischer, quasi organischer Steinblock in ihrer psychischen Landschaft. Sondern es ist erkennbar geworden als Reaktion auf etwas, was Frau D beschäftigt. Es ist erkennbar geworden *in seinem Zusammenhang mit einem bestimmten, gewiss mehrdeutigen Wunsch*, beachtet zu werden, wenn sie sich öffnet. Und auch das, was Frau D «beschäftigt» – die Beobachtungen der Therapeutin im Austrittsbericht –, gewinnt dadurch einen neuen Status: Sie merkt, dass sie ihren Wunsch so mitteilt, dass sie missverstanden wird, wovon der Austrittsbericht Zeugnis ablegt.

Immer wieder kann man hören, eine Psychoanalyse sei ein intellektuelles Unternehmen, das auf Selbsterkenntnis und Wissen über sich selbst ausgerichtet sei. Natürlich ist es unvermeidlich, dass ein solches Wissen entsteht, aber *dieses Wissen ist weder das Ziel der psychoanalytischen Behandlung noch ist es das, was in ihr wirkt*. Am Beispiel von Frau D können wir sehr gut beobachten, dass das, was wirkt, weder Verständnis noch Wissen über sich selbst voraussetzt, sondern dass die Wirkung darauf beruht, dass die Elemente, die im Spiel sind, in eine andere Position zueinander kommen können. Die Einsicht, die Frau D gewinnt, ist nicht ein intellektuelles Selbstverständnis, vielmehr wird sie überrascht von etwas, das sich ereignet.

Nun, Frau D war wohl nicht ganz unvorbereitet auf diese Einsicht. Sie kommt in die Sitzung und erzählt darüber, was die Lektüre des Austrittsberichts bei ihr ausgelöst hat. Vielleicht schon in der Vorahnung, dass da mehr sein könnte, als sie wahrhaben möchte. Sie hat diese Vorahnung vielleicht, weil sie schon ein gewisses Vertrauen in die analytische Methode gewonnen hat, weil sie möglicherweise hofft, ihr Analytiker werde schon etwas damit anfangen können. (Wäre das nicht so, hätte es wohl gar keine Analyse geben können.)

Das ist nicht immer so. Es hätte sich auch folgendermassen zutragen können:

Beispiel:

Frau D' teilt mit, dass sie wieder sehr niedergeschlagen sei. Sie wisse nicht, warum das so sei, es gebe keinen Grund. Nach einer längeren Schweigepause erwähnt sie, dass sie jetzt den Austrittsbericht der Klinik erhalten habe. Wieder schweigt sie. Nach einer gewissen Zeit frage ich sie, was ihr denn jetzt so durch den Kopf gehe. Ach, antwortet Frau D', nichts besonderes, es beschäftige sie, dass sie immer wieder so grundlos depressiv werde, sie komme da einfach nicht weiter, das sei wohl organisch. Sie wisse gar nicht, was sie sagen solle.

Darauf frage ich sie, was denn mit dem Austrittsbericht sei. Der sei nicht so ergiebig, meint sie, das meiste habe die Psychologin treffend beobachtet. Gestört habe sie, dass diese sie als ablehnend erlebt habe. Und wieder schweigt sie. Ich: «Heisst das, dass es da auch etwas anderes als Ablehnung gab, was Sie sich wünschen, dass man es hören könnte?» Und so weiter.

Ich kann diese Variante so konstruieren, weil ich viele analoge Situationen erlebt habe. Situationen, in denen es schwierig wird, Zusammenhänge zu finden, weil uns die Patienten von sich aus nichts darüber mitteilen: Frau D' erwähnt nur, dass sie den Austrittsbericht erhalten habe; was sie daran emotional beschäftigt, lässt sie unbeachtet und unerwähnt. Erst das Nachfragen des Therapeuten bringt das relevante Material zum Vorschein. Der Therapeut muss in einer solchen Situation sehr subtil hören, wo vielleicht das Gespräch einhaken könnte. Die Frage, was denn mit dem Austrittsbericht sei, ist eine Frage, die einen emotional bedeutungsvollen Ort anpeilt. Sie ist so gestellt, dass sie nichts vorwegnimmt und nichts behauptet.

Der Therapeut hätte auch Folgendes sagen können: «Ich habe gehört, dass Sie den Austrittsbericht erwähnen. Sie tun dies, nachdem Sie mir mitgeteilt haben, dass Sie wieder grundlos depressiv sind. Ich nehme nun an, dass es kein Zufall ist, dass Sie beide Aussagen so zusammenrücken, sondern dass es da einen Zusammenhang gibt, über den wir allerdings noch nichts wissen, weil Sie mir auch noch gar nicht erzählt haben, was denn in diesem Bericht steht und was das für Sie bedeutet.» Das ist richtig und macht vieles explizit, was in der simplen Frage, was denn mit dem Austrittsbericht sei, angelegt ist. Dennoch vermeide ich solche Formulierungen, weil sie viel zu sehr damit beschäftigt sind, logisch überzeugend und kohärent daherzukommen. Ich glaube nicht nur, dass es das nicht braucht, sondern ich habe auch die Erfahrung gemacht, dass solche Erklärungen einladen, sich auf nebensächlichen Schauplätzen zu verlieren und in nutzlose Erwägungen abzuleiten. So könnte Frau D' etwa replizieren: «Warum soll denn das kein Zufall sein, kann ich denn etwas dafür, dass das heute mit der Post gekommen ist?» und so weiter.

Kommentar II:

Das Beispiel von Frau D zeigt uns eine Situation, die ein simples Ergebnis bringt: Die Einsicht von Frau D, dass ihr Symptom und ihr psychisches Erleben miteinander in einem Zusammenhang stehen. Das ist eine Erkenntnis, die nicht intellektuell gewonnen, sondern *erfahren* wird. Erfahren aus der Wirkung der Sitzung, von der Frau D überrascht wird.

Wie konzeptualisieren wir einen solchen Zusammenhang?

Klassischerweise würde man sagen, dass es darum gehe, quasi *rückwärts gerichtet* einen Zusammenhang aufzudecken, den «es» im Unbewussten «gibt», der aber bewusst nicht fassbar ist. Wir erkennen bei Frau D eine Tendenz, Zusammenhänge auseinander zu reissen, indem sie dem, was sie am Austrittsbericht affektiv belastet, die Bedeutung für ihr seelisches Befinden abspricht. Daraus ergibt sich eine diffuse depressive Niedergeschlagenheit, die psychisch nicht mehr zu verorten ist. Diese scheint leichter zu ertragen zu sein als das, worüber zu sprechen sie vermeidet. In den dafür sehr geeigneten Begriffen Freuds könnten wir etwa Folgendes feststellen: Frau D *isoliert* das affektiv wichtige Material und es findet eine *Verschiebung* statt, insofern sie den Bericht erwähnt, nicht aber, was er für sie bedeutet. Diese Verschiebung funktioniert wie eine *Anspielung* auf das *verdrängte*, eigentlich wichtige Thema, nämlich den *Wunsch*, sich – auch in der Analyse – zu «öffnen» und (damit) Beachtung zu finden.

Diese Konzeptualisierung geht davon aus, dass der determinierende unbewusste Wunsch nur in *entstellter Form* ins Bewusstsein dringen kann, nachdem er einige rhetorische Umarbeitungen – Abspaltung des Affekts, Isolierung, Verschiebung – erfahren hat. Die zugrunde liegende Hypothese ist, dass diese Entstellungen notwendig sind, weil am unbewussten Gedanken etwas anstössig ist und *zensuriert* wird, und das dürfte wohl die sexuelle Konnotation von «öffnen» und «Beachtung finden» sein. Die Analyse hätte demzufolge die Aufgabe, die Umarbeitungen rückgängig zu machen, um – via Wiederholung, Übertragung, Widerstand – die Erinnerung wiederherzustellen. Das ist im Kern das *Modell, das Freud seit der Traumdeutung entworfen hat.*

Dieses klassische Modell bereitet immer wieder Schwierigkeiten, weil es dem Analytiker eine grosse Wissenslast auferlegt. Es setzt ja voraus, dass man eigentlich erst dann deuten kann, wenn man all das verstanden hat. Meines Erachtens ist das eine grosse Schwierigkeit, die vielen, insbesondere jüngeren Analytikern und Therapeuten Mühe macht, weil sie dann gar nicht wissen, wie sie ihre Praxis mit den Konzepten der Theorie verbinden könnten. Sie fühlen sich überfordert, haben das Gefühl, sie würden zu wenig verstehen und was sie in ihren analytischen Gesprächen machten, genüge den Anforderungen nicht und sie würden nur «wursteln». Sie ziehen sich dann gern auf ein Konzept zurück, das ihnen leichter zugänglich scheint und das sie demzufolge eher operativ einzusetzen verstehen: auf das Konzept der Gegenübertragung. Wenn ich in dem, was ich selbst fühle, eine Richtschnur für das finden kann, was den Analysanten bewegt, dann, so hoffen sie, habe ich eine Instrument, um Boden unter die Füsse zu bekommen. Sie neigen dann dazu, Gegenübertragung ganz verkürzt als eine Art symmetrisches affektives Geschehen von actio und reactio zu verstehen. Die Folge davon ist dann, dass das, was die Analysanten erzählen, hauptsächlich danach beurteilt wird, was es im Analytiker oder Therapeuten gefühlsmässig auslöst. Dadurch sind Tür und Tor für projektive Missverständnisse geöffnet.

Fairerweise muss man sagen, dass diese Schwierigkeit darauf beruht, dass die dargestellte klassische, Freudsche Konzeptualisierung nicht dem entspricht, was in der Stunde selbst geschieht. Sie ordnet das Geschehen nur *als Geschehenes, im Nachhinein, rückblickend*. Aber sie kann nicht abbilden, was sich während der Sitzungen selbst ereignet. In der Sitzung geht es nicht einfach um die Interpretation einer Erzählung, sondern es geht um *den konkreten, performativen Moment des Erzählens*, in dem jemand an mich gerichtet und von mir etwas erwartend spricht.

Betrachten wir auch das am Beispiel von Frau D: Mit dem Blick auf das Geschehen selbst, nach *vorwärts gerichtet*, lässt sich einfach sagen, dass in der analytischen Sitzung ein Zusammenhang entsteht, den es vorher so nicht gab. Dieser Zusammenhang entsteht in der Sitzung nicht als Aufdecken von etwas Verdrängtem, sondern weil Sprechen und Hören eine Dimension erschliessen, die aus dem Teufelskreis des Missverstandenwerdens hinausweist. Ihr Wunsch, sich zu öffnen, wurde in der Stunde nicht hörbar, weil ich an das Konzept eines verdrängten sexuellen, zum Beispiel exhibitorischen Wunsches gedacht hätte. Ich war weit davon entfernt, ein solches Wissen oder einen solchen Deutungsvorschlag zu haben. Im Gegenteil, diese Idee konnte erst entstehen, nachdem und weil ihr Wunsch, sich zu öffnen, hörbar geworden war. Diese Reihenfolge ist nicht umkehrbar. Dass der Wunsch, sich zu öffnen, überhaupt hörbar wurde, hat damit zu tun, dass Frau D in der Sitzung selbst diese Formulierung gebraucht hat. Oder, anders gesagt, dass der Verlauf der Sitzung Frau D ermöglichte, diese Worte auszusprechen. Die Deutung bestand nicht darin, ihren Wunsch zu konstruieren oder zu rekonstruieren, sondern lediglich darin, ihn zu hören und aufzunehmen in seiner Bezogenheit auf den Kontext des analytischen Geschehens.

So können wir nun feststellen, dass die depressive Verstimmung von Frau D nicht allein in Zusammenhang mit dem steht, was sie am Austrittsbericht beschäftigt hat, sie ist nicht nur eine Reaktion auf das, was war. Ihre Niedergeschlagenheit ist auch das Ergebnis einer *Antizipation,* einer Vorstellung von dem, was in der Sitzung sein wird oder sein könnte. Es gibt etwas Vorweggenommenes, was die analytische Sitzung selbst betrifft und sich etwa so anhört: «Eigentlich wünschte ich mir, dass es mit meinem Analytiker anders laufen könnte, als es immer läuft, aber ich bin wieder genauso blockiert und kann nicht sprechen, da verliere ich jede Hoffnung, dass ich je aus dem Teufelskreis herauskommen könnte.» Diese antizipierte Befürchtung wirkt in der analytischen Sitzung und weil es gelingt, sie zu Wort kommen zu lassen, kann sich etwas ändern und kann sich die Niedergeschlagenheit auflösen. Das setzt allerdings voraus, dass ich die Aussagen von Frau D als etwas vernehme, das sie *hier und mir* sagt.

In der Analyse, so wie ich sie verstehe, müssen diese beiden Konzeptualisierungen zusammenfinden: Der Blick nach rückwärts der klassischen Konzeptualisierung und der Blick nach vorwärts, der erfasst, was sich zwischen Analysant und Analytiker in der Sitzung selbst ereignet. Dadurch verliert das Vergangene auch seine Macht als etwas starr Determinierendes und findet Anschluss an den Möglichkeitsraum des Veränderbaren.

Lacan hat auf die einfache Tatsache hingewiesen, dass wir in einer Gesprächssituation, wie es die analytische Sitzung ist, *die Aussage, die jemand macht, unterscheiden können vom Akt des Aussagens.* Die Aussage, das Gemeinte, der Inhalt, präsentiert sich im Akt des Aussagens, in der Art und Weise, wie jemand zu uns spricht, notwendigerweise in einer Form, die mehr anklingen lässt als lediglich das Gemeinte. Im Akt des Aussagens klingen semantische Felder an, die im intendierten Inhalt nicht gemeint sind, die aber unbewusst mitschwingen und gehört und entfaltet oder aber überhört werden können. So entstehen Brücken zu neuem Material, zu Erinnerungen, Phantasien usw. Ein Beispiel dafür findet sich im Kapitel «Zeiten» **(S. 147 ff)**. *Es gibt so im Aussagen ein Mehr an Bedeutung, das die Aussage übersteigt und Neues auftauchen lässt.*

Kommentar III:

Können wir, als Therapeuten, etwas lernen aus dem Missverständnis, das Frau D im Austrittsbericht erschüttert? Die Therapeutin, so wie Frau D uns das mitteilt, hat ein bestimmtes Verhalten von Frau D beobachtet und dem eine bestimmte Bedeutung – Frau D ist ablehnend und kann nicht zufrieden gestellt werden – beigemessen. Das ist nicht absurd, auch ich kann aus meinen Erfahrungen mit Frau D diese Beobachtung gut nachvollziehen. Und auch Frau D selbst kennt das, sie hat immer wieder die Erfahrung gemacht, dass ihre Schwierigkeit, sich zu öffnen, als Arroganz ausgelegt wird. Es ist also durchaus denkbar, dass es tatsächlich eine gewisse Arroganz gibt, mit der Frau D das, worunter sie leidet, überdeckt oder mit der sie sich in ihrer Schwierigkeit zu sprechen einrichtet. Das liesse sich auch in der Analyse beobachten, vielleicht würde Frau D das auch nicht in Abrede stellen. Aber worauf weist uns Frau D hin? Sie mahnt uns, nicht zu schnell zu verstehen, nicht zu schnell aus unseren Beobachtungen Schlüsse zu ziehen und nicht zu schnell zu meinen, es sei klar, was wir beobachten.

Wir müssen uns kritisch fragen, woraus ziehen wir unsere Schlüsse? Was macht die Therapeutin? Sie zieht ihre Schlüsse *letztlich aus ihrem eigenen Empfinden*: Sie, die Therapeutin, fühlt sich von Frau D zurückgewiesen und sie, die Therapeutin, hat den Eindruck, dass sie es nie recht machen kann. Diese Beobachtungen kann man nicht in Frage stellen, sie treffen etwas. Und offensichtlich treffen sie etwas, das nicht einfach das persönliche Problem der Therapeutin ist, denn Frau D sagt uns ja, dass es andern Leuten mit ihr immer wieder ebenso ergehe. Wir müssen uns aber hüten zu meinen, wir könnten wissen, was solche Beobachtungen bedeuten. Sonst stülpen wir ein psychologisches Wissen über unsere Patienten. Das Problem ist, dass dabei etwas überhört worden ist: Ein Wunsch, der eine ganz andere Sprache spricht, als es die Beobachtungen annehmen lassen. Was wir Therapeuten lernen können, ist also, wie wichtig es ist, genau und aufmerksam zu hören, was unsere Patienten uns sagen. Wir müssen lernen auszuhalten, einer Beobachtung nicht zu schnell eine Interpretation zu geben und zu glauben, dass wir ihre Bedeutung kennten. Und müssen wir nicht noch einen Schritt weiter gehen und uns fragen: Könnte es sogar sein, dass unsere Beobachtungen uns daran hindern, wirklich hinzuhören, was unsere Patienten uns sagen? Wenn ich jemanden als ablehnend empfinde, kann ich dann noch hören, dass sich in seinem Sprechen ein Wunsch, sich mir gegenüber zu öffnen, mitteilt? Frau D befürchtet da einen Teufelskreis, wie sie sagt. Müssen wir das nicht sehr ernst nehmen?

Teil III

Verlieren und Erfinden

9 Hans im Glück

Wo das Glück im Spiel ist, geht es offenbar um eine Begegnung, die anders funktioniert als eine mathematische Gleichung. In sehr merkwürdiger Weise finden wir dies in einem Märchen der Brüder Grimm, das *Hans im Glück* heisst: Hans hat seine Lehrjahre hinter sich und wird vom Meister mit einem Klumpen Gold – so gross wie sein Kopf – als Dank entlassen. Auf seiner Wanderschaft trifft er nun verschiedene Leute an, mit denen er Tauschgeschäfte macht. Das Gold gegen ein Pferd, das Pferd gegen eine Kuh, diese gegen ein Schwein usw. Am Schluss hat er für sein Gold einen schadhaften Wetzstein, der ihm so schwer wird, dass er ihn in einen Brunnen fallen lässt und unbeschwert, glücklich weiterzieht – nach Hause, zu Muttern. Die Gleichungen, die Hans bei seinen Tauschgeschäften vornimmt, gehen nicht auf, es sind Verlustgeschäfte, wie jeder Kaufmann messerscharf feststellen kann. So dumm kann man doch nicht sein, wird sich jeder Leser irritiert sagen müssen. So dumm indes kann auch Hans nicht sein, sonst hätte er sich den dicken Lohn des Meisters nicht verdient. Das Eigenartige ist: Gerade im Verlust produziert sich etwas, das für Hans Glück ist. Und wohin weist dieses Glück: heim zur Mutter.

Man muss es zugeben: Als Leser will man dieses Märchen und seinen Hans nicht ganz ernst nehmen oder dann erträgt man seine Version vom Glück schlecht. Das Grundschema jeden Entwicklungsromans wird da auf den Kopf gestellt und das wird als Glück bezeichnet.

Ich stelle mir vor: Hans ist mein Patient und erzählt mir im Laufe der Sitzungen, wie das so läuft mit seinen verlustreichen Tauschgeschäften. Muss ich ihn nicht abbringen von seinem «selbstschädigenden Verhalten»? Er konfrontiert mich mit etwas, was ich nicht verstehen und was mir nicht anders als dumm und irrational erscheinen kann. Wenn ich ihn aber nicht bevor-munden, sondern hören will, was er mir sagt, so zwingt er mich, sein paradoxes Zwillingspaar von Verlust und Glück hinzunehmen: Ohne Verlust kein Glück. Und umgekehrt: Glück ist es, das wiederzufinden, was wir immer schon verloren haben, das Vereintsein mit der Mutter.

Wie – fast – jede Liebesgeschichte natürlich dort aufhört (wie wörtlich ist das zu nehmen?), wo sich die beiden endlich gefunden haben, hört auch das Märchen bei der Rückkehr auf. Wie es Hans und seinem Glück bei der Mutter ergehen wird, erfahren wir nicht. Vielleicht wird er zum Hans Tannhäuser, der sein Paradies nicht mehr ertragen kann, der raus muss, will er nicht in Depression ersticken. Oder zum Hans Oblomow, der auf der Sozialfürsorge landet und seine Zukunft hinter sich gelassen hat.

Ich kann mir also denken, es ist wie bei Heraklit: Man kann nicht zweimal in den gleichen Fluss, ins gleiche, gemachte Bett steigen. Hansens Wunsch und die (wieder) gefundene Realität werden, auch wieder daheim, kaum verlustlos ineinander zu übersetzen sein. Ist also, werde ich mich weiter fragen können, Hansens Geschichte die Geschichte einer unmöglichen Wunscherfüllung? Und besteht demzufolge ihr Glück vielleicht darin, dass sie in der Form des Märchens eine gelungene Übersetzung gefunden hat? Haben wir es auch auf dieser Ebene mit einem Tausch zu tun, der keine Äquivalenz schafft, bei dem aber aus dem Verlust, aus dem immer schon Verlorenen etwas entsteht, das glückt: das Märchen in seiner gelungenen Form? So betrachtet wiederholte dann die Übersetzung von Hansens Geschichte in ein Märchen diese Geschichte selbst *als* eine Geschichte, die es überhaupt nur geben kann auf Grund des Verlustes.

Wo der Tausch misslingt, glückt die Übersetzung. Der Tausch gelingt oder misslingt; er gelingt, wo er verlustfrei vonstatten geht. Die Übersetzung glückt oder missglückt; sie glückt, wo sie einem Verlust eine Geschichte abgewinnt oder wo sie verlieren kann, weil sie eine Metapher gefunden hat.

Schauen wir nochmals hin, was Hans auf seinem Weg wiederholt: Es sind Begegnungen, die als Tauschgeschäfte misslingen – und gerade das ist ihr Glücken, insofern als sie Hans auf dem Weg seines Wunsches halten. Wir können das vielleicht so verstehen, es sind zwei Paradigmen im Spiel: Das eine ist die *Logik des Anspruchs*, des «fair trade»: Wenn ich dir einen Goldklumpen im Wert von zwei Pferden gebe, habe ich Anspruch auf zwei Pferde, wenn ich dir ein Pferd im Wert von zwei Ochsen gebe, habe ich Anspruch auf zwei Ochsen usw. Das andere ist die *Logik des Wunsches*: Ich will mich nicht mit den Ha(e)ndeln des Lebens beschweren, ich will heim zu Muttern, ins Paradies. Nehmen wir Hansens Verhalten auf der Ebene des Anspruchs, so ist es irrational und dumm. Nehmen wir es auf der Ebene des Wunsches, so kann man offenbar «nicht genug debil sein».

Diese Ebene des Wunsches bleibt in der Geschichte aber unausgesprochen, unbewusst. Wir müssen sie als impliziert unterstellen, um die Geschichte verstehen zu können. So wird uns die Geschichte indes nicht erzählt. Erzählt wird, dass Hans Tauschgeschäfte – ein Schwein gegen eine Gans usw. – eingeht, die er als durchaus in Ordnung und geglückt empfindet. Dass aus seinem Goldklumpen nach einer langen Reihe von Verschiebungen von einem Objekt zum andern am Schluss nichts geworden ist, das geschieht (ihm) einfach. Hans verlässt die Logik des Anspruchs und des Tauschens nicht, doch wirkt, ohne dass er es zu wissen und sich darum zu kümmern scheint, etwas – in ihr, über sie hinaus – in eine andere Richtung. «Etwas», dem ich den Namen «Wunsch» gegeben habe. Ein offenbar von Hans selbst nicht gewusster, oder psychoanalytischer gesagt, ein unbewusster Wunsch.

Indem das Märchen die Inkommensurabilität der Logik der Bauern und Hansens akzeptiert, schafft es aus der unüberbrückbaren Kluft etwas Neues: die Begegnung mit dem Wunsch. Wo Anspruch war, ist jetzt Wunsch nach anspruchslosem Glück. Und so zeigt es uns, wie gerade in diesem Misslingen ein Suchen zugegen ist, das die eigentliche Botschaft des Textes trägt.

Es ist eines der grundlegenden Themen in Psychoanalyse und psychoanalytischen Therapien, dass die Menschen, die zu uns kommen, ihren Anspruch auf faire Behandlung, auf fairen Handel, auf Gerechtigkeit anmelden und einfordern. Was uns Psychoanalytikern dabei immer wieder auffallen kann, ist, dass mit diesem Anspruch für jeden Menschen auf unterschiedliche, je besondere Art eine Verstrickung einhergeht, die dazu führt, dass der Anspruch nie ganz eingelöst werden kann, und die sich in immer ähnlicher Weise in unterschiedlichen Umständen der Lebensgeschichte wiederholt. Die Menschen verfangen sich in Konflikte, die sich nie glücklich lösen lassen und die für sie immer mit dem Gefühl verbunden sind, in ihrem Anspruch verletzt und nicht gerecht und angemessen behandelt zu werden. Das Charakteristische dabei ist, dass die andern Menschen häufig das Problem gar nicht richtig nachvollziehen können und dem Anspruch, der an sie gerichtet wird, etwas hilflos gegenüber stehen, weil sie gar nicht recht wissen, wie sie ihn erfüllen könnten. Und das zweite Charakteristikum ist, dass derlei Verstrickungen mit verschiedenen Menschen und in unterschiedlichen Kontexten immer ähnlich entstehen. Sie dringen dann häufig auch in Therapien und Analysen ein, so dass sich der Analytiker plötzlich unter Druck sieht, dass nun er seinen Patienten endlich die immer vorenthaltene Gerechtigkeit widerfahren lassen müsste (S. 39).

Was sind das für Situationen? Ich denke, es sind Situationen, die im Paradigma des Tauschens, des fairen Handels daherkommen, in denen aber etwas wirkt, das, wie bei Hans, in eine andere Richtung weist und im Handel nicht übersetzt werden kann und diesen darum immer misslingen lässt.

Wenn ich als Analytiker die Lage so verstehen kann, so eröffnet sich mir auch eine Möglichkeit, mit ihr umzugehen: Ich kann mich dann lösen vom unmöglichen Versuch, dem Anspruch auf eine faire Behandlung gerecht werden zu wollen und merken, dass es vielmehr meine Aufgabe ist, für das, was in eine andere

Richtung weist, eine Übersetzung zu finden. So wird es bestenfalls glücken, aus der Reihe missratener Tauschgeschäfte herauszufinden und ihr nicht noch ein mehr oder weniger misslungenes hinzuzufügen, sondern stattdessen daraus – zusammen mit meinen Analysanten – die Geschichte eines Wunsches werden zu lassen.

«Alles, was ich wünsche, trifft mir ein wie einem Sonntagskind», hören wir unsern Hans vergnügt ausrufen. Alles trifft ein, doch kaum ist es da, ist es nicht Erfüllung – und flugs hüpft der Wunsch weiter. So macht er seinen Weg durch die Welt der Objekte, bis alles ausgetauscht ist und nichts mehr bleibt. Und da taucht die Mutter auf. Ist bei ihr nun die Erfüllung? Oder wird es mit ihr gleich weitergehen?

Das Märchen lässt es offen. Die Psychoanalyse hat ihre Vorstellungen, ihre eigenen Geschichten dazu: Freud erzählt sie als diejenige von Hans Ödipus. Der Ödipuskomplex macht aus der Mutter das ultimative Objekt der Erfüllung, das uns verboten werden muss und von dem wir uns unter dem Zwang der Kastrationsdrohung abwenden müssen, soll es nicht verheerende Wirkungen haben.

Lacan lässt diesen Ödipuskomplex selbst Mythos sein, der erzählt, was anders nicht zu erfassen ist: Nämlich die Geschichte einer strukturellen Unmöglichkeit, zu uns selbst und zum Andern zu finden, weil uns immer schon die Tatsache im Weg steht, dass die Sprache, die uns auferlegt ist, uns nichts anderes zur Verfügung stellt als Signifikanten, die, um Bedeutung zu bekommen, sich nur auf andere Signifikanten beziehen können, die sich wiederum nur auf andere Signifikanten beziehen und immer so weiter – ohne je heim zu Muttern zu finden. Was also, «nicht debil genug», in Hansens Geschichte wirkt, wäre, so betrachtet, nichts anderes als die Wirkung der Sprache selbst. Das ödipale Verbot ist daher für Lacan nicht die letzte Barriere, die uns als Subjekte zusammenhält und von der tödlichen Verschmelzung trennt, sondern die Sprachlichkeit ist selbst ein Trennstrich, der uns mit uns selbst uneins macht. Darum kürzt Lacan formelhaft das Subjekt nicht einfach als S ab, sondern als S, das von einem Strich durchquert ist: $. Das heisst, das Subjekt kann für sich keinen Ort finden, von wo aus es mit sich selbst identisch sein und sich der Logik der Signifikanten, die immer auf andere Signifikanten verweisen, entziehen könnte. Es ist ihm immer schon ein Strich durch die Rechnung gemacht. Das Unbewusste ist daher für Lacan auch nichts anderes als der Preis, den wir dafür bezahlen, sprachliche, mit uns selber zerfallene Wesen zu sein: Dort, wo wir die Zerfallenheit am eigenen Leib zu spüren bekommen – Geburt, Verlust der Mutterbrust, Trennung vom Darminhalt, das Auseinanderfallen von einem Blick, der uns erfassen kann, und unserem Auge, in das wir nur als Spiegelbild zurückkommen usw. –, an all diesen Orten der Trennung setzen die Geschichten an, die sich unbewusst in uns fortspinnen, den Wegen der Verschiebungen und Verdichtungen und Verbildlichungen folgend. Die zurück wollen ins Ungetrennte und doch nichts anderes schaffen als fortlaufende Erneuerungen der Trennung. Lacan erzählt uns die Geschichte also als diejenige von Hans Unbewusst.

Vielleicht könnte man sagen, dass die Geschichte, wie sie Freud mit Hans Ödipus eingefangen hat, eine *Geschichte unserer Verdrängungen* ist. Diejenige, die Lacan herausarbeitet, wäre indes eher die des Verdrängens selbst. Mit Hans Unbewusst zeigt er uns die *Sogkraft der Urverdrängung*.

Hans ist der Strich durch die Rechnung der bürgerlichen Ökonomie und der familiären Tauschaffären: Er zeigt uns, was dabei auf dem Spiel steht. Lucien Israël hat die ödipale Liebe des Kindes ganz eigentlich als Tauschhandel beschrieben. Aus diesem Tauschhandel kann sich das Kind bestenfalls im «Untergang des Ödipuskomplexes» lösen, um eine eigene Sprache und eine eigene Geschichte finden zu können. Dazu Israël:

«Schauen Sie, was passiert, wenn ein Elternteil, vor allem die Mutter, etwas von ihrem Kind bekommen will. Man sagt ihm: ‹Tu das (oder tu das nicht), mach deiner Mutter die Freude, sonst wird sie traurig sein.› Man kann das nicht anders nennen als Erpressung durch Gefühle. Aber zeigen Sie mir die Kinder, die nie solche Sätze gehört haben. Der Ödipus[-komplex] ist also gekennzeichnet von einem Austausch, im Sinne des Tauschhandels. Das heisst auch: ‹Ich mache einen schönen Kothaufen und du gibst mir eine Tafel Schokolade›, um auf der Ebene vergleichbarer Dinge zu bleiben. *Do ut des*, heisst das lateinisch. Darin bestand die Beziehung zwischen den Römern und ihren Göttern. So verkauft und kauft Ödipus: die wirklich käufliche Liebe ist die ödipale Liebe. Das ‹Wenn du brav bist, hat dich Mama gern› befördert tatsächlich das Ganze dessen, was man den Anspruch nennen könnte. Wenn der Ödipus die Welt des Austauschs und des Tauschhandels ist, die des Anspruchs, so erlaubt uns das, den ‹Postödipus› zu definieren, der im Gegensatz zu ersterem die Welt der Unentgeltlichkeit, des Fehlens einer Garantie, des Begehrens und nicht mehr des Liebens-Hassens ist. Zwischen dem Anspruch und dem Begehren hat also eine Phase der Aneignung oder Enteignung stattgefunden, der Distanzierung von den elterlichen Objekten, die so die Welt, in der wir leben, nicht mehr überschatten.» (Israël 1990, 148)

Wenn wir die Blickrichtung umkehren, so können wir vielleicht folgenden Schluss ziehen: Wir müssen an nie einlösbaren Ansprüchen festhalten und unsere Verstrickungen zäh wiederholen, wo wir diese Tauschaffären nicht auflösen können. Wo es misslingt, eine Übersetzung für unser eigenes Wünschen und Sprechen zu finden. Wo ein Wunsch, wie im Beispiel von Hans, nur wirken, nicht aber verstanden werden kann. Die Aufgabe der Psychoanalyse wäre es demzufolge nicht, in der Logik des Anspruchs faire, verlustfreie Verhältnisse zu finden, sondern für den Verlust, der im Wunsch am Werk ist, eine neue, bisher unerhörte Übersetzung zu finden.

10 Verlust

Beispiel:

Herr E macht sich in der Sitzung, aus der das folgende Material stammt, Gedanken über eine wiederkehrende Merkwürdigkeit in seinem Liebesleben, dass er nämlich, zum Teil auf flagrante Weise, dazu neige zu übersehen, wenn eine Frau sich für ihn interessiere. Er erinnert verschiedene Situationen, in denen er das nicht oder erst zu spät bemerkt habe. Und kommt dann auf eine Pubertätserfahrung zu sprechen, auf seine erste Verliebtheit:

Als etwa 14, 15 jähriger Junge habe er – aus heutiger Sicht müsse er sagen, jedes Mal, wenn er einem bestimmten Mädchen begegnet sei – eine Reihe von Veränderungen an seinem Körper bemerkt: Eine Art Zusammenziehen in der Herzgegend, eine Beschleunigung des Pulsschlags, eine Hitze im Kopf. Er habe gar nicht recht gewusst, was los ist, bis ihm der Gedanke gekommen sei, ob er wohl verliebt sei. Aber woher sollte er das wissen, was heisst überhaupt «verliebt sein»? Irgendwie habe er ein Wort gehabt, an das sich verschiedene Vorstellungen knüpften, die er wohl aus der Lektüre vieler Bücher, aus dem Fernsehen, aus Gesprächen und aus den Sprüchen der Grösseren zusammengesammelt habe – und dann sei da etwas gewesen, was er mehr oder weniger diffus in seinem Körper wahrgenommen habe. Es sei für ihn irgendwie die Situation eines Entscheids gewesen: zu entscheiden, dass das, was er erlebte, eine Verliebtheit sei. Es habe ihn etwas gekostet, etwas so Wichtiges, so Intimes und Bedeutungsvolles einfach in einem allgemeingültigen, abgegriffenen Begriff unterzubringen.

Eigenartig, er habe jahrelang nicht mehr an diese Geschichte oder besser an diese Situation gedacht, und später habe er sich einfach verliebt, ohne die Diskrepanz von Körper und Wort noch zu empfinden.

Kommentar:

Herr E schildert eine Erfahrung, die wohl viele Menschen in ihrer eigenen Geschichte in vergleichbarer Weise erleben – vielleicht ohne das so deutlich und beinahe schmerzhaft zu empfinden.

Wir alle müssen in einer Sprache, die vor und ausser uns da ist, anerkennen, dass das, was uns das Wichtigste und Intimste ist, in die allgemeine Münze der konventionellen Begrifflichkeit übersetzt und damit auch zu etwas wird, das in der Sprache Platz hat – oder vielleicht müsste man richtiger sagen: zu so etwas geworden sein wird.

Für Herrn E – für wen nicht? – ist die Möglichkeit, seinen Zustand als «Verliebtheit» *bezeichnen* zu können, von elementarer Bedeutung. Denn das heisst ja erst, sich als «verliebt» *erfahren* zu können. In vor- oder aussersprachlicher Form gibt es sie nicht, die «Verliebtheit», es gibt nur ein namenloses Empfinden. Die Körpersensationen, die Herr E schildert, werden erst zur «Verliebtheit», insofern als die Sprache *da* ist, ihn getroffen hat. Anders gesagt: Sie werden erst im Nachhinein, durch die Sprache, als Zeichen einer Verliebtheit *deutbar*. Damit wird ihm diese Erfahrung auch erst verfügbar und zu etwas, das er leben und mit dem er in der einen oder andern Weise umgehen kann. Wie wichtig das ist, muss kaum betont werden.

Andrerseits verlieren die ursprünglichen Empfindungen damit auch etwas von ihrem Geheimnis und ihrer Einzigartigkeit. Oder präziser gesagt: Rückwirkend können wir den vorhandenen Körpersensationen eine Aura der Einmaligkeit geben, die das aufzufangen versucht, was im konventionellen, allgemeingültigen Wort auf der Strecke bleibt. Deswegen ist es uns so wichtig, an den «Bauch», an die «Gefühle» zu appellieren, in denen wir unsere eigentliche Authentizität zu finden hoffen. Wir vergessen dann leicht und gern die «Entscheidung», von der Herr E spricht: Wir müssen den Graben zwischen merkwürdigen physiologischen Sensationen und dem Wort, das uns von irgendwoher zufällt, überspringen, um etwas überhaupt als «Gefühl» wahrnehmen zu können. Tun wir das nicht, so müssen wir die Sprache aufgeben und können nicht mehr normal funktionieren. Und ist dieser Graben einmal übersprungen, so vergessen wir ihn sehr leicht. Wenn wir später wieder verliebt sind, werden wir das direkt als «Verliebtheit» – immer schon im sprachlichen Gewand – wahrnehmen, als wäre das die ursprünglichste Erfahrung und als hätte es nie etwas anderes gegeben.

Es ist nicht dasselbe, ob man eine körperliche Reaktion, zum Beispiel der Ermattung, der Verlangsamung, der gedanklichen Blockierung bemerkt oder ob man sagt: «Ich bin traurig» Sobald die Empfindungen einmal als «Traurigkeit» benannt sind, ist das Empfinden auch geringfügig ein anderes. Denn das Wort «traurig» empfängt seinen Gehalt nicht aus den Tiefen des Körpers, sondern aus dem differentiellen Zusammenspiel mit den andern Wörtern der Sprache, von denen es sich unterscheidet und durch die es definiert wird *in all den Kontexten, in denen wir es schon kennen gelernt haben.* Es gibt hier eine unüberbrückbare Spaltung: *Das Benennen trifft nie ganz genau und umfassend das, was vom Körper her der Fall ist.* Es bleibt ein meist nicht spürbares, in besonderen Momenten aber wohl den meisten bekanntes Empfinden des Auseinanderklaffens. Etwas fällt heraus, das wir nicht weiter verstehen und fassen können und das sich gemeinhin auch nicht bemerkbar macht – es sei denn eben im Empfinden des Auseinanderklaffens. Hier, so vermute ich, kommt auch her, dass in Therapien und Analysen so oft beklagt wird, dass es nicht gelingen will, ganz zutreffend reden zu können.

Wir können nie ganz sicher in der Sprache sein, es besteht immer die Möglichkeit, dass das, was wir so bezeichnen, auch gerade ein bisschen anders sein könnte. Ich denke, das hat damit zu tun, dass die Sprache nicht isoliert für sich funktionierende Signifikate zur Verfügung stellt («Schmerz», «Verliebtheit», «Angst» etc.), sondern nur Signifikanten, die sich immer auf andere Signifikanten beziehen, und damit in ganz andrer Art aufgebaut und strukturiert ist als das, was vom Körper kommt.

Theoretisches I:

Man kann mit dieser unausweichlichen Erfahrung einer Kluft, die unser psychisches Leben durchwirkt, gegensätzlich umgehen:

Man kann sie, wie das die Psychoanalyse tut, als Ausgangspunkt einer nie abschliessbaren Reise verstehen, die uns zwingt, aber auch ermöglicht, uns selbst und unsere Welt *immer wieder neu zu deuten und immer wieder neue, andere Worte zu finden für das, was uns rückwirkend als Verlorenes erscheint,* als etwas, das wir nie ganz zu fassen und immer nur zu umkreisen und zu übersetzen vermögen.

Man kann dann sagen, dass es angemessen ist, da, wo wir es mit diesem unfassbaren Rest zu tun haben, *deutend* vorzugehen. Denn, wo es eine letztlich sichere Antwort oder Auslegung nicht gibt, sind wir gezwungen, Interpretationen vorzunehmen, die nie abschliessend auf den Punkt zu bringen sind. Alles, was unsere Gefühle sind – Verliebtheit, Trauer usw. –, enthält ein Gran Deutung. Und jede Deutung lässt einen unübersetzbaren Rest zurück, der nicht zu bewältigen ist, aber wieder in Deutung verwandelt werden kann.

Es gibt eine Inkommensurabilität von Körperlichkeit und Wort. Und wo das Fehlen des gemeinsamen Massstabs spürbar wird, kann darum – wie bei Herrn E – das Gefühl da sein, entscheiden zu müssen, einen Graben überspringen zu müssen. Und damit einher geht ein Gefühl des Verlusts, etwas zurücklassen zu müssen, ohne es ganz aneignen zu können.

Vor die gleiche Problematik der Inkommensurabilität stellt uns auch *Freuds Triebbegriff*: Man könnte meinen, dass Trieb einfach ein Synonym für «Instinkt» wäre, wie das auch gewisse, vor allem ältere Freudübersetzungen ins Französische und Englische handhaben. Aber Trieb meint nicht einfach ein körperliches, physiologisches Drängen, wie ich im nächsten Kapitel zeigen möchte. Freud siedelt den Trieb präzise *an der Schnittstelle von Körperlichem und Psychischem* an. Sein Begriff des Triebes ist nicht einfach auf der biologischen Ebene zu erfassen, sondern er ist ein Versuch, dem nie restlos Identischen von biologischem Drängen und psychischer, sprachlicher «Triebrepräsentanz» eine Formulierung zu geben. Darum ist dieser Begriff auch so umstritten und es gibt, auch innerhalb der Psychoanalyse, Versuche, ihn abzuschaffen. Wo man ihn aber durch eine biologisch, endokrinologisch oder ähnlich argumentierende Motivationstheorie oder Instinkttheorie ersetzen will, verpasst man genau die Schnittstellenproblematik, um die es Freud gegangen ist. Im Freudschen Trieb verschränken sich in komplexer Weise Biologie und die grammatischen Gegebenheiten der (deutschen, Freudschen) Sprache. So sind etwa Sadismus und Masochismus immer schon ein Paar, weil sie dies in der Sprache sind, einfach durch den Wechsel von Subjekt und Objekt (ich quäle dich, du quälst mich) und von aktiv und passiv (ich quäle, ich werde gequält) im Satz (Lacan 1963–1964, 178 u 186 ff). *Das Entscheidende an Freuds Triebbegriff ist, dass er diese Formung des Biologischen durch das Sprachliche zugänglich macht.* Hält man den Trieb nur für ein überholtes biologisches Konstrukt, das den neueren Erkenntnissen der Intersubjektivitätstheorie nicht standhält, so verpasst man das Wesentliche an ihm **(S. 64 f)**. Der Trieb kennzeichnet keinen Naturzustand, sondern gerade den unaufhebbaren Abstand davon.

Das ist meiner Ansicht nach auch der Grund, warum Freud in letzter Konsequenz seiner Triebtheorie den *Todestrieb* eingeführt hat. Die Todestriebhypothese findet ihre Pointe darin, dass jede Aneignung der Welt – für Freud ist sie immer triebhaft als Abkömmling der infantilen Sexualforschung motiviert – und jedes Zugehen auf einen andern Menschen durchdrungen wären von einem «Hindurchgehen» durch die Welt und die Mitmenschen auf der Suche nach der Wiedervereinigung mit dem verlorenen Rest. Wo diese Wiedervereinigung indes gelingt, findet auch das Leben ein Ende: Freud spricht von «Wiederherstellung eines früheren Zustandes» (1920 g, 38), von der Rückkehr zum Leblosen der anorganischen Welt und vom Schweigen. Ein Beispiel eines solchen, in die Tat umgesetzten Hindurchgehens gibt Lacan, der den Suizid der Melancholiker, die sich aus dem Fenster stürzen, als ein Durchqueren des Rahmens auffasst, mit dem wir uns im Leben halten und der unsere Beziehungen zur Welt und zu den Objekten strukturiert (Lacan 1962–1963, Bd. 2, 183). Und umgekehrt wäre das Leben – als Werk des Freudschen «Eros» – nur aus der *Ablenkung von diesem letzten Triebziel* zu bestimmen, als all das, *was aus dem Nicht-Erreichen des Ziels an produktiver*

Neuschöpfung möglich wird, ganz auf der Linie von dem, was ich vorhin als *Deutung, Übersetzung und Verwandlung* bestimmt habe **(S. 171)**.

In dieser Lesart ist das Feld des Psychischen gerade dadurch ausgezeichnet, dass der unfassbare Rest nicht – im Tod – wieder angeeignet wird, sondern in seiner Widerständigkeit uns dazu bringt, uns immer wieder an ihm abzuarbeiten und unsere Lebensbahn in all den «Ablenkungen», die der Eros schafft, um ihn herumzuführen. Diese lebensnotwendige Kluft im Psychischen ist für die Psychoanalyse folglich auch der Ort, wo wir uns immer neu befragen und deuten müssen, weil – ultima latet – die letzte Antwort offen bleibt. Und weil das das eigentliche Feld des Psychischen ist, kommt hier auch das Material her, das in einer Psychoanalyse oder in einer psychoanalytischen Therapie zur Sprache kommt. So betrachtet, kann es eigentlich nicht erstaunen, dass mit der *Psychoanalyse ein deutendes Verfahren* geschaffen wurde. Das ist kein Zufall, sondern eine *angemessene Antwort darauf, dass die Psyche selbst mittels Deutung verfährt* **(S. 149)**.

Nicht nur unsere Sicht auf uns selbst, auch unsere Sicht auf die Welt ist von Deutungen geschaffen. Wir sind hineingeboren in die Welt der andeutungsreichen Worte der Erwachsenen, die wir nie ganz zu verstehen vermögen. Wir leben nicht nur in einer Welt, die sich wissenschaftlich entschlüsseln liesse, sondern wir leben immer auch in einer Welt, die uns rätselhaft ist und für deren Deutungen – nicht zuletzt in der Literatur und in der Kunst – wir uns lebhaft interessieren. Wenn wir fragen – und immer wieder fragen –, was ist das Leben, wer sind wir, so meinen wir damit nicht die wissenschaftlichen, heute bio- und gentechnologischen Antworten, sondern wir meinen unser Dasein als Suchende, in dem wir, um ein Wort von Joseph Beuys abzuwandeln, alle Dichter sind, insofern als wir alle unsere Lebensgeschichten, unsere Weltanschauungen, unsere Diskurse erfinden. Wir meinen das Fehlen einer letzten, gültigen Antwort. Als Fragende umkreisen wir mit unseren Deutungen immer eine Leerstelle, die die Religion mit Gott füllt und die bei Freud von der Urverdrängung an das unaufhebbare Wirken des Unbewussten hervorruft.

Die zweite Art, mit der Kluft im Psychischen umzugehen, besteht nun darin, die angeführte, ganze Komplexität über Bord zu werfen und eine direkte Zugänglichkeit zum Ursprünglichen zu behaupten. Das ist der Weg, den neuerdings die Evolutionspsychologie geht, die aus bestimmten Verhaltensstereotypien der heutigen Männchen und Weibchen evolutionär angelegte und durchgesetzte Muster lesen will, die der Erhaltung der Art und der Verbesserung ihrer Überlebenschancen unter Jäger- und Sammler-Bedingungen entsprechen. Ob es die besondere Neigung der Damen, sich zur Zeit des Eisprungs einem Seitensprung hinzugeben, oder die männliche Vorliebe für sportliche Autos sei – immer kann man instinktgesteuertes Verhalten zur Verbesserung der Überlebenschancen feststellen, das, in der Urzeit der Menschheit angelegt, bis heute prägend wirke. Als wären die kulturspezifischen Faktoren nur ein müder Zuckerguss darüber.

Interessant daran ist, dass hier Beobachtungen mit etwas kurzgeschlossen werden, was sich der Beobachtung grundsätzlich entzieht, mit einer prähistorischen Vorzeit nämlich. Und dass dabei die gesamte Kulturentwicklung und Menschheitsgeschichte der letzten paar tausend Jahre schlicht übergangen wird. Alles, was auch mit dem sprachlichen Universum der Menschen zu tun hat, wird mit einer Geste grossartiger Naivität als irrelevant beiseite geschoben (S. 113). Weiter interessant ist, dass dabei die krudesten psychologischen Vorurteile über Männchen und Weibchen Urstände feiern – und zwar ausgerechnet in einer Zeit, in der die Genderforschung und die gesellschaftliche Realität derlei Zuschreibungen unhaltbar gemacht haben müssten, weil sie zeigen, dass die Geschlechtsidentitäten viel weniger eindeutig und viel wandelbarer sind, als das die biologische Opposition von Mann und Frau denken liesse.

Auch in der Affektforschung kann man teilweise eine ähnliche Sehnsucht finden, einen natürlichen Urzustand aus den kulturellen Kleidern schälen zu können. Es lässt sich da eine Abkehr von all dem beobachten, was nur im Geringsten an die Sprachverliebtheit der so genannten Postmoderne erinnern könnte, als eine von vielen Spielarten und wechselnden Moden des Versuchs, die Kluft, die ich am einfachen Beispiel der Verliebtheit angezeigt habe, zu schliessen und verlustfrei zu überbrücken.

Die beiden geschilderten gegensätzlichen Möglichkeiten, mit dieser Kluft umzugehen, lassen sich meines Erachtens auf ein grundlegendes Schema zurückführen, das in der Sprache angelegt ist in der *Unterscheidung von einer mehrdeutigen metaphorischen und einer eindeutig zuordnenden, z. B. symbolischen oder allegorischen Rede*: Die Metapher ist immer mehrdeutig und lebt von der Spannung, dass sie das, was sie ersetzt, zugleich verpasst: Durch den Neuzuwachs an Bedeutung, den sie schafft, muss sie die Identität mit der ersetzten, ursprünglichen Bedeutung verpassen. Und noch mehr: Sie lebt auch von der Spannung, auf gar keine ursprüngliche Bedeutung zurückgreifen zu können, denn es gibt – ausser teilweise in der Mathematik – gar keine metaphernfreien Sprachen, wie allein schon das Wort «ursprünglich» zeigt, das ja selbst eine Metapher ist. Demgegenüber funktioniert die eindeutige Zuordnung wie eine mathematische Formel: Kennt man die Transformationsregel, so entschlüsselt sich das Eigentliche, Gemeinte. Die irreduzible Mehrdeutigkeit der Metapher steht also der eindeutigen Lösung gegenüber, wie wir sie etwa in der Allegorie finden, die eine «Gleichsetzung bis ins Detail möglich» macht.[4]

Hier können wir uns nochmals an Hans im Glück erinnern, der die Logik der Gleichsetzung im Tauschgeschäft behandelt, als ginge es um eine Metapher, und der uns darum so seltsam irritierend berührt.

Eines der kommerziell erfolgreichsten Bücher der letzten Jahre, Dan Browns *Da Vinci Code*, spielt genau mit dieser Sehnsucht nach Eindeutigkeit und makel- und mangelloser Lösbarkeit. In einer Art gigantischer pfadfinderischer Schnitzeljagd werden die Protagonisten von Rätsel zu Rätsel gehetzt, die alle von einem symbolkundigen Menschen restlos aufgelöst werden können mit eindeutigen Lösungen, die nach dem Schlüssel und Schloss-Prinzip gebaut sind. Auch die These, um die es dabei geht, dass nämlich Jesus beweibt gewesen sein soll und es ein von ihm abstammendes Geschlecht gebe (dem die weibliche Hauptfigur, ohne es zu wissen natürlich, angehört), ist auf dieser Linie: Matrilinearität, die Ursprung und Abstammung in ein eindeutig verifizierbares, sinnlich bezeugbares Verhältnis setzt, tritt an die Stelle der christlichen Gemeinschaft, die durch die Taufe und damit durch das nie ganz sichere und täuschungsfreie Wort verbürgt ist.

Was Freud in *Der Mann Moses und die monotheistische Religion* (1939 a) als Kulturfortschritt ansah, der Übergang nämlich vom Matriarchat zum Patriarchat und damit vom sinnlichen Zeugnis zum Wort, wird bei Dan Brown zurückbuchstabiert. Interessanterweise funktioniert sein Roman also im Kern nach dem gleichen Bautypus wie die Evolutionspsychologie. Indes hat der Roman das Raffinement, am Schluss den alles klärenden und beweisenden Text – doch wieder das Wort! – verborgen zu halten. Vielleicht ja auch nur, um die Option eines zweiten Bandes nicht zu torpedieren.

Demgegenüber behauptet das Freudsche Denken die «Kastration» des Menschen, der, welchen Geschlechts er auch sei, nichts anderes sein kann als ein Mangelwesen. Und die Psychoanalyse betont die Spaltung des Subjekts, dessen Denken, Handeln und Fühlen durchquert ist durch das Wirken des Unbewussten. Identität ist dabei, dem Metaphernparadigma entsprechend, nie herstellbar. Denn zu uns selbst zu finden oder zurück zu finden, würde heissen, ein «Eigentliches» diesseits der Sprache vorauszusetzen. Diesseits der Sprache, in die wir hineingeboren werden und die uns vorausgeht und uns in den Worten der Andern, in den Vorstellungen, Wünschen und Gedanken der Eltern, in deren Namengebung usw. immer schon umfasst hält. Die Psychoanalyse setzt an diese Stelle eines Mangels an eigentlichem «Sein» und wesentlichem Substrat kein Substitut, sondern sie mutet uns zu, die Kluft in unserer Identität auszuhalten – ganz im Gegensatz zur Evolutionspsychologie, die Jägergene sammelt und nach Sammlergenen jagt, die alles erklären sollen.

Indes finden sich auch bei Freud Stellen, die dem Wunsch, eindeutige Zuordnungen finden zu können, nachgeben. Deutlich wird dies etwa beim Übertragungsbegriff, wenn Freud darunter die Wiederholung eines identifizierbaren und als solches fassbaren, infantilen «Klischees» versteht. Allerdings lässt es Freud dabei nicht bewenden, sondern er schwankt zwischen einem solchen Übertragungsbegriff und einem andern, der in der Übertragung eine «Neubearbeitung» am Werk sieht, die die Klammern einer starren Determinierung zugunsten eines metaphorischen und interpretatorischen Spielraums sprengt **(S. 173 ff)**.

Zwischen Eindeutigkeit postulierender Lesart und metaphorischer Lesart gibt es einen Widerstreit der Schulen – und auch unserer Wünsche: Wir suchen immer wieder das, was aufgeht, was sich eindeutig lösen lässt, aber wir suchen es eben *immer wieder*, weil jede gelingende Begegnung sich als illusionär und vorübergehend herausstellt.

Das Insistieren auf dem unfassbaren Kern ist Freud auch immer wieder zum Vorwurf gemacht worden, insbesondere wurde ihm vorgeworfen, dass er das, was fassbar ist, die Verführung, habe fallen lassen. Ich möchte darauf kurz eingehen, weil es exemplarisch zeigt, wie Freud vorgeht und wie er dabei das Wirken des Wunsches entdeckt: Im Herbst 1897 ist Freud – wir wissen das aus seinen Briefen an den Freund Wilhelm Fliess – in Nöten: Er kommt mit seinem theoretischen Verständnis der Neurosen, insbesondere mit der «Verdrängung» nicht weiter. Er weiss nicht mehr, woran er ist. (Freud 1986, 284) Das Problem, das er nicht lösen kann, betrifft den Vater. Sind die Väter, sein eigener eingeschlossen, denn alle Übeltäter, perverse Lüstlinge, die ihre Töchter verführen, wie ihm das seine hysterischen Patientinnen erzählen? (283)

Freud kann an diese Lösung des Problems nicht glauben, denn er hat die «sichere Einsicht», dass das Unbewusste zwischen Wahrheit und Fiktion nicht unterscheidet. (284) Der Weg aus Zögern und Zweifeln, bei dem er sich wie Hamlet fühlt (285), führt nur wenige Tage später über die Entdeckung seiner eigenen kindlichen Verliebtheit in die Mutter (288) zur Entdeckung des Ödipuskomplexes.

«Ich habe nichts völlig Neues bis jetzt gefunden», sagt er, den wahren Wert seiner Entdeckung noch verkennend. «Ein einziger Gedanke von allgemeinem Wert ist mir aufgegangen. Ich habe die Verliebtheit in die Mutter und die Eifersucht gegen den Vater auch bei mir gefunden und halte sie jetzt für ein allgemeines Ereignis früher Kindheit…Wenn das so ist, so versteht man die packende Macht des Königs Ödipus… Jeder der Hörer [des antiken Dramas] war einmal im Keime und in der Phantasie ein solcher Ödipus, und vor der hier in die Realität gezogenen Traumerfüllung schaudert jeder zurück mit dem ganzen Betrag der Verdrängung, der seinen infantilen Zustand von seinem heutigen trennt.» (293)

Über diese Krise Freuds ist viel diskutiert und gestritten worden. Die einen sehen hier den Anfang der Psychoanalyse. Für andere – Jeffrey Masson, Alice Miller – verlässt mit ihr Freud den Weg der Wissenschaftlichkeit, wenn er die Verführungshypothese aufgibt. Ich denke, beides ist richtig: Denn aus dieser Krise entsteht die von den übrigen Wissenschaften verschiedene Wissenschaftlichkeit der Psychoanalyse.

Was geschieht in dieser Krise? Freuds Auffassung des Vaters erfährt eine grosse Erschütterung. Zunächst erscheint der Vater als nahezu allmächtig und hemmungslos in seinem Geniessen. So sagen es die Hysterikerinnen. Und was tut Freud? Er beseitigt diesen übermächtigen, grausamen Vater. Nicht nur «wissenschaftlich», indem er ihn «falsifiziert», indem er sagt, das entspricht nicht den Tatsachen, so sind die Väter nicht. Sondern indem er sagt: *Ich beseitige ihn, weil ich bei mir den Wunsch entdecke, ihn zu beseitigen,* (weil er meine «libido gegen matrem» stört).

Diese Einsicht befreit Freud aus seiner Krise. Er sieht sich in Hamlet, aber er findet eine andere Lösung: Er schafft die Psychoanalyse, d. h. seine eigene Krise findet ihre Lösung in einer neuen theoretischen Formulierung, d. h. zugleich als Lösung der theoretischen Krise. Und das heisst für Freud auch: Er bringt es weiter als sein Vater. Er wird das Buch über die Traumdeutung herausbringen können, das für ihn diese Bedeutung hat. Er musste die übermächtige Präsenz des Vaters beseitigen, um Platz zu bekommen für sein eigenes Sprechen, für sein eigenes Werk.

Aber er musste sich auch selbst dieser Entmachtung unterziehen, im Verzicht darauf, als Analytiker ein allwissender Meister zu sein. Denn: Wo ein übermächtiger Vater – oder ein besserwisserischer oder guruhafter Therapeut – alles in Beschlag nimmt, da fehlt der Platz, damit jemand in seinem Sprechen seine Wunsch- und Phantasiewelt entfalten kann.

Die *These* Freuds, der Ödipuskomplex, ist nicht lösbar vom *Wunsch* Freuds, der sie entdeckt und durch diese Entdeckung zugleich auch ins Werk setzt. Den Ödipuskomplex entdecken, *ist* die Befreiung aus der Macht des Vaters – und die Gründung der Psychoanalyse als der *Wissenschaft, die genau dieses Ineinander von Wunsch und Erkenntnis thematisiert.*

Kommentar:

Gewiss ist die pubertäre Erfahrung, die Herr E fein wahrnimmt, nicht das, was am Anfang steht. Sie hat, wie schon angedeutet, ihre Vorläufer in der infantilen Zeit, in der grundlegenden Erfahrung der Kluft, die angelegt ist in der Tatsache, dass wir Menschen Sprechwesen sind, d. h. dass wir unsere Bestimmungen, unsere Eigenschaften, unsere Identifizierungen, unsere Namen sprachlich vermittelt vorfinden. Die fein gesponnenen Netze der Sprache positionieren uns in der Geschlechtlichkeit, in der Familie, im sozialen Umfeld usw. Was wir in den sprachlichen Zuschreibungen sind, legt auch fest, was wir nicht sind oder besser: was wir nicht gewesen sein werden. Ein einfaches Beispiel mag diese Verlusterfahrung verdeutlichen: In Familien mit mehreren Kindern trifft man häufig auf Konstellationen, in denen sich die einzelnen Kinder sehr unterschiedlich spezialisieren: Das eine ist der grosse Leser, das andere der typische Bastler und das dritte zeichnet sich durch hohe Sozialkompetenz aus. So hat jedes seinen Platz. Das heisst aber auch, auf das, was vom andern schon besetzt ist, verzichten zu müssen. Obwohl der Leser vielleicht gerade so geschickte Hände und der Bastler eine nicht minder hohe Sprachsensibilität haben könnten.

Die Bestimmung, die wir durch und in der Sprache erfahren, geschieht immer als eine *geschlechtliche*. Dass dies ein Feld ständiger Schwierigkeiten und Ungereimtheiten ist, wissen wir alle und belegt auch die Genderforschung eindrücklich. Biologisch ist die Binarität meist eindeutig und so vernehmen wir noch vor dem ersten Schrei: «Es» ist ein Bub, «es» ist ein Mädchen. Ist «es» ein Bub/Mädchen, so ist es nicht mehr «Es»: etwas, es-was, ist unwiederbringlich verloren. Dies kann schon in die Namengebung hinein wirken, in die vielerlei phantasmatische Einflüsse der Eltern hineinspielen. So etwa wenn die Heldin der *Sommerdiebe* von Truman Capote mit dem Männernamen Grady das vernichtende Urteil der Mutter mittragen muss, die sich einen Sohn gewünscht hat. Wie schwierig es sein kann, die eigene Identität mit dem Männchen-Weibchen-Schema in Übereinstimmung zu bringen, zeigt die folgende Liebeständelei: Andrea geht mit Simon, wechselt dann zu Dominique und, zweiter Wechsel, von Dominique zu Dominique. Hörte man dies nur und gäbe nicht wenigstens die Schreibweise von Simon einen Hinweis, wir wüssten überhaupt nicht, wer welchen Geschlechts ist.

Die darin angelegte Problematik kann auch böser ausgehen: Herr F ist der dritte von drei Söhnen, er ist ein Nachzügler, der nicht geplant war. Was von der Mutter so formuliert wurde: «Dich hätte es eigentlich gar nicht geben sollen.» Das ist ein Satz von unauflösbarer Mehrdeutigkeit, der sich tief eingekerbt hat. Als Herr F etwa acht Jahre alt war, zog ein Unglück über die Familie: Die Mutter erkrankte schwer und fiel über ein Jahr lang aus. Es wurde die Zeit der «Männerwirtschaft», Vater und Söhne mussten den Haushalt schmeissen. Herr F, als Kleinster, fasste den undankbaren Job, Geschirr waschen zu müssen. Wie gern hätte er gekocht, allein, die Älteren liessen ihn nicht. Und der Vater war zu überfordert, um für den Konflikt eine gütliche Regelung zu finden. So entstand bei Herrn F der Wunsch, später, wenn er – auch – gross sein werde, sich zum Koch ausbilden zu lassen. Nun, was geschah: Der älteste Bruder wusste nach dem Schulabschluss nicht recht, was aus ihm werden sollte und so beschloss man, ihn in eine Kochlehre zu schicken! Für Herrn F war das eine psychische Katastrophe: Man nahm ihm den Platz weg, nun gab es ihn tatsächlich nicht mehr. Er erholte sich nur schwer davon, wurde selbst auch Koch und beschloss, eine «Wirtschaft» zu eröffnen. Als dieses Projekt scheiterte – und er damit also auch diesen Platz für sich nicht finden konnte –, unternahm er einen schweren Suizidversuch.

Theoretisches II:

Hervorzuheben, dass die Menschen Sprechwesen sind und dass ihre Konstituierung als Subjekte nicht anders als in der Sprache erfolgen kann, heisst nicht, dem «Nonverbalen» und dem «Präverbalen» die Bedeutung absprechen zu wollen **(S. 126 ff)**. Allein, wie im Englischen «indoor» und «outdoor» immer schon auf den Türrahmen, den man in die eine oder andere Richtung durchschreiten kann, bezogen sind, so sind das Non- und das Präverbale immer schon auf das Verbum bezogen. Man sollte nicht das eine gegen das andere aus- oder hochspielen und zum «Eigentlichen», zum Träger der wahren – verborgenen, unbewussten – Botschaft machen. Sondern es geht um das implizierte Spannungsverhältnis, um die *nie verlustfreie Übersetzung vom einen Register ins andere.* Das Problem, das wir mit unserer Sprachlichkeit haben, ist ja gerade, dass sie das, was von anderswoher kommt – aus den Regungen des Körpers, aus den Wallungen des Affekts, aus dem Bild des Traums, aus dem Ausdrucksverhalten, aus der Musikalität der Stimme, aus dem szenischen Gestus –, dass sie all das nicht eindeutig und umfassend ins Wort bringen kann. Und dass wir doch nichts anderes als Worte haben, um es zu denken, fühlen und mitzuteilen. An diesen Schnittstellen ist die Übersetzung nie eindeutig und immer ein Verlustgeschäft, allerdings ein Verlustgeschäft, das glücken kann, weil es zur Übersetzung, zur Metapher nötigt und damit Neues schafft **(S. 98)**.

Das Präverbale als solches in die Kenntlichkeit bringen zu wollen, ohne zu berücksichtigen, dass es nur als retrogrades Konstrukt aus der Sprachlichkeit verstanden werden kann, wäre also wiederum zu begreifen als eine Variante des Wunsches, den Graben, den die Sprachlichkeit auftut, schliessen zu können. Genauso wie die Vorstellung, es könnte möglich sein, z. B. im Tanz oder im Gefühlsausdruck eine Ursprünglichkeit zu finden, die nicht immer schon von den Mäandern der Sprache durchzogen ist. So etwas steht, wie Kleist in seinem Aufsatz *Über das Marionettentheater* sagt, nur der Marionette oder dem Gott zu: Wir andern müssen anerkennen, «welche Unordnungen, in der natürlichen Grazie des Menschen, das Bewusstsein anrichtet» (343). Und wir müssen uns in die Unvermeidlichkeit schicken, dass wir die Spontaneität und die Unschuld verloren haben, «seitdem wir von dem Baum der Erkenntnis gegessen haben. Doch das Paradies ist verriegelt und der Cherub hinter uns; wir müssen die Reise um die Welt machen, und sehen, ob es vielleicht von hinten irgendwo wieder offen ist.» Solches lässt Kleist, wohlgemerkt, einen Tänzer sagen (342).

Das «*Bedürfnis nach Wiederherstellung eines früheren Zustandes*», wie Freud es nennt, schickt uns also auf die «Reise um die Welt». Das ist das Schöne daran. (Und das ist auch mein ganz persönlicher Grund, gegen so etwas wie die Evolutionspsychologie zu polemisieren: Da wird die Welt einfach zu klein.) Das «Bedürfnis nach Wiederherstellung eines früheren Zustandes» ist für Freud, ich habe schon darauf hingewiesen, vom Todestrieb abgeleitet. Freud bringt es – in *Jenseits des Lustprinzips* (1920 g) – *in Zusammenhang mit der «Entstehung der Geschlechtlichkeit»*. Damit ist nicht die spezifische männliche oder weibliche Entwicklung gemeint, sondern die Frage, wie es überhaupt zu einer Geschlechtlichkeit oder allgemeiner zu einer Sexuierung kommt. Die Wissenschaft, schreibt er, habe in dieses Problem wenig Licht bringen können. Einen Ansatz findet er hingegen in einem Mythos, der die Entstehung der Geschlechtlichkeit auch von einem Bedürfnis nach Wiederherstellung eines früheren Zustandes ableitet: «Ich meine natürlich die Theorie, die Plato im *Symposion* durch Aristophanes entwickeln lässt und die nicht nur die Herkunft des Geschlechtstriebes, sondern auch seiner wichtigsten Variation in bezug auf das Objekt behandelt.» (1920 g, 62)

Freud zitiert Aristophanes folgendermassen:

‹‹Unser Leib war nämlich zuerst gar nicht ebenso gebildet wie jetzt; er war ganz anders. Erstens gab es drei Geschlechter, nicht bloss wie jetzt männlich und weiblich, sondern noch ein drittes, das die beiden vereinigte … das Mannweibliche…› Alles an diesen Menschen war aber doppelt, sie hatten also vier Hände und vier Füsse, zwei Gesichter, doppelte Schamteile usw. Da liess sich Zeus bewegen, jeden Menschen in zwei Teile zu teilen, ‹wie man Quitten zum Einmachen durchschneidet … Weil nun das ganze Wesen entzweigeschnitten war, trieb die Sehnsucht die beiden Hälften zusammen: sie umschlangen sich mit den Händen, verflochten sich ineinander *im Verlangen, zusammenzuwachsen …*›.» (62)

So aber kann es natürlich nicht funktionieren: Im nächsten Satz, den Freud nicht mehr zitiert, sagt Aristophanes: «So starben sie durch Hunger und Untätigkeit, weil sie keine Lust hatten, irgendetwas getrennt voneinander zu tun». Da braucht es Zeus, der in der Tat eine «Verschiebung» vornimmt: «Da erbarmte sich Zeus und schuf auf andere Weise Abhilfe, indem er die Schamteile nach vorne versetzte». (Platon 1981, 53)

Wichtig ist mir die Denkfigur, die hier vorgestellt wird: Das Leben geschieht in der Sehnsucht, im Wunsch nach der Wiederherstellung eines Urzustandes. Indes, damit es überhaupt Leben sein kann, muss zwischen den Urzustand und seine Wiederkehr eine *Verschiebung* treten, die ein tödliches Kollabieren verhindert. Und in dieser Verschiebung findet auch die Geschlechtlichkeit erst ihren Platz, die nun nicht mehr eine Wiedervereinigung ist, die zu kläglichem Verhungern führen muss, sondern eine Vereinigung, die mit der Trennung rhythmisiert ist, weil es kein Zusammenwachsen mehr gibt. Und weil dieses Zusammenwachsen in wieder gefundener Identität nicht mehr möglich ist, perpetuiert die Verschiebung zugleich die Suchbewegung des Lebens, die Reise um die Welt, die nun nicht mehr zu einem – tödlichen – Abschluss führen muss: Was spricht dafür, dass das «Paradies von hinten» auch dasjenige von Adam und Eva sein sollte?

Theoretisches III:

Lacan nimmt in seinem elften Seminar, *Die vier Grundbegriffe der Psychoanalyse* (1963–1964), die Geschichte, die Aristophanes erzählt, ebenfalls auf, aber er will nichts Geringeres, als an Stelle des viel gedeuteten Platonischen Mythos einen neuen Mythos treten lassen, der seine eigene Erfindung ist. Warum schafft Lacan einen Mythos? Warum greift Freud auf einen Mythos zurück? Warum verlassen beide das Feld der wissenschaftlichen Kausalität?

Lacan gibt folgende Erklärung: Wo es um das Auftauchen von etwas Realem, sprachlich nicht Symbolisierbaren geht, kann dieses nicht direkt gefasst, sondern nur in einer mythischen Erzählung umkreist und dargestellt werden. Lacan führt seinen neuen Mythos ein, wo es um den verlorenen Rest geht, auf den Freuds Todestrieb zielt und der sich uns, insofern wir sprechende, geschlechtliche Wesen sind, immer entzieht (216). Im Mythos[5] kann er eine metaphorische Darstellung finden, die dem nie festmachbaren Realen eine Deutung gibt. Das Besondere an Lacans Mythos ist, dass er das strukturelle Problem, dass angesichts des Realen eine mythische Erzählform notwendig ist, selbst in einer Geschichte darstellen will.

Was also setzt Lacan der Rede des Aristophanes entgegen: Es ist der Mythos von der «Lamelle»: Mit dieser Geschichte versucht Lacan, die durch die Sprachlichkeit verursachte Verlusterfahrung mit der Tatsache, dass wir sexuelle und damit auch sterbliche Wesen sind, zusammenzudenken. So kommt er zu einer genaueren Bestimmung davon, was eigentlich das durch die Sprachlichkeit ausgeschlossene Reale ist, das wir nachträglich als Verlorenes auffassen, nachdem wir von dem Baum der Erkenntnis gegessen haben. Auf dieses Verlorene, so Lacan weiter, beziehen wir uns immer wieder und schaffen unsere Phantasiewelt darum herum. So kommen wir zu unseren eigenen Geschichten – nicht zu denen, die wir gerne erzählen, sondern zu denen, die unser Leben, mehr unbewusst als bewusst, strukturieren. Lacans Geschichte wird also zur Geschichte, die erzählt, wie wir zu unserer je eigenen Geschichte kommen.

Die Bezüge zum biblischen Paradiesmythos, der ebenfalls die Dimensionen der menschlichen Bewusstwerdung und der Geschlechtlichkeit in eins verdichtet, sind unverkennbar, auch wenn Lacan darauf nicht eingeht. Ihm geht es um den griechischen Mythos des Aristophanes und seine Geschichte, so meine ich wenigstens, spielt auch auf die griechische Mythologie an, nämlich auf die von Hesiod erzählte Geschichte vom Ursprung der Götterwelt: Nyx, die Nacht, gebiert ein Ei, aus dem zuerst Eros schlüpft (!), der dann die andern Götter daraus hervor holt.

Was also ist das Ei des Lacan, mit dem er uns verspricht, etwas Licht in die grossen Fragen, wer wir sind und wo wir herkommen, zu bringen? Lassen wir ihn selbst zu Wort kommen:

«Ich will Ihnen von der Lamelle erzählen.

Nennen Sie diese Lamelle, wenn es Ihnen auf ihre scherzhafte Seite ankommt, einfach *hommelette…*

Stellen Sie sich einen Augenblick lang vor, dass, immer wenn die Membrane des Eies brechen, woraus der Fötus, im Begriff ein Neugeborenes zu werden, hervorgeht, auch etwas ausfliegt, was mit einem Ei ebensogut herzustellen ist wie ein Mensch: die *hommelette* oder eben die Lamelle.

Diese Lamelle ist etwas Extraflaches, das sich fortbewegt, fortschiebt wie eine Amöbe. Nur ein wenig komplizierter. Sie kommt überall durch. Und da es etwas ist – warum werde ich Ihnen gleich sagen – das sich auf das bezieht, was ein geschlechtliches Wesen in der Geschlechtlichkeit verliert, ist es, nicht anders als die Amöbe im Vergleich zu den geschlechtlichen Wesen, unsterblich. Es überlebt jede Spaltung und jeden teilenden Eingriff. Und es läuft.»* (1963–1964, 206 f)

Diese Lamelle, sagt Lacan auch, und das wird Freud-Kenner aufhorchen lassen, das ist die Libido.

Man täte Lacan Unrecht, wollte man diese Aussagen nicht auch auf ihren Witz, auf «ihre scherzhafte Seite» hin prüfen. «Hommelette» ist ein Neologismus, der die bekannte französische Speise, die man aus dem Ei macht, wenn daraus kein Huhn und kein Hahn schlüpft, zusammenbringt mit dem «homme», dem Menschen und – im Französischen – auch dem Mann. Dem Mann allerdings mit einer femininen Endung («ette»).

Worum es also geht, ist, dass die Geschlechtlichkeit und mit ihr die Sterblichkeit uns Menschen immer schon in einen Verlust stellt, Verlust der – geschlechtslosen – Unsterblichkeit. Das Mannweibliche – hommelette – ist weg. Und es wird zur Libido, die sich fortbewegt, fortschiebt, verschiebt. Die Libido nimmt in Lacans Geschichte den Platz ein, den beim Ei der Nyx Eros innehatte. Eros, der zweigeschlechtliche Gott, der uns bewegt, uns treibt, unsere Geschichten und Affären bestimmt. Wir Geschlechtswesen sind, was dann noch bleibt, eine Art um den Finger des Eros gewickelte Abfallprodukte, die sich fortpflanzen und sterben müssen, damit der Eros – «Sieger immer»[6] – von Generation zu Generation weiterziehen kann.

Freud hat in seiner Arbeit *Zur Einführung des Narzissmus* einen ähnlichen Gedanken ausgesprochen: «Das Individuum führt wirklich eine Doppelexistenz als sein Selbstzweck und als Glied in einer Kette, der es gegen, jedenfalls ohne seinen Willen dienstbar ist. Es hält selbst die Sexualität für eine seiner Absichten, während eine andere Betrachtung zeigt, dass es nur ein Anhängsel an sein Keimplasma ist, dem es seine Kräfte gegen eine Lustprämie zur Verfügung stellt, der sterbliche Träger einer – vielleicht – unsterblichen Substanz» (1914 c, 144).

Wo das Ei, um es weiter zu treiben, nun mal befruchtet ist, die Spaltungen und Teilungen erfolgt sind, die uns, geschlechtliche Menschen, hervorbringen, da bleibt – nächste Verschiebung – von der «hommelette» das nährende Milieu übrig, die Plazenta, die «den Teil seiner selbst repräsentiert, den das Individuum bei seiner Geburt verliert und der zutiefst ein Symbol für das verlorene Objekt ist» (Lacan 1963–1964, 207).

Und Lacans witzige Verdichtung führt uns auch weiter auf dem Weg der verlorenen Objekte: Lamelle – la mamelle: Die Brustwarze, an der wir Säugetiere hängen und die wir preisgeben müssen. So schiebt uns Lacans Mythos fort auf dem Weg einer Substitutionsreihe von verlorenen Objekten (die auch in Freuds Partialtrieben angelegt sind): Plazenta, Brust, Kot, Blick, Stimme. Diese Objekte sind die Repräsentanten für die Libido, die uns geschlechtlichen Menschen als «Instinkt des unsterblichen, nicht unterdrückbaren Lebens, … des unzerstörbaren Lebens» entzogen ist (207). Die Objekte, die die ausgeflogene Libido – oder den goldbeflügelten Eros – repräsentieren, nennt Lacan, um sie von allen anderen Objekten zu unterscheiden, «Objekte *a*».

Lacan erfindet, ich möchte es nochmals wiederholen, eine Geschichte, die darstellt, was wir umkreisen, weil es sich uns entzieht. Es ist die Geschichte einer Verschiebungsreihe, in der das Unzugängliche als Verlorenes verschiedene Namen bekommt: Eros, Libido, Objekt *a*. Diese Verschiebung weg vom verlorenen Naturzustand, um noch einmal auf den bei Freud und Platon angelegten Gedanken zurückzukommen, ermöglicht uns erst das Leben. Lacans Mythos ist also eine Neuschöpfung, die auf das für uns Menschen unzugänglich Gewordene reagiert und von ihm angetrieben ist, im Wunsch, es zur Darstellung bringen zu können. So wird das Reale in einer Metapher dargestellt und damit in einen neuen, verschobenen Kontext gestellt. Damit erfüllt der Mythos eigentlich eine doppelte Funktion: Einesteils bringt er das Unfassbare *als Verlorenes* zur Darstellung. Und andernteils bannt er, durch die Reihe der Verschiebungen, die tödliche Bedrohung seiner tatsächlichen Rückkehr.

Zwei kleine Beispiele mögen andeuten, wie fatal es sein könnte, wenn diese Metaphorisierung nicht funktioniert und es zu einer Wiedervereinigung im Realen kommt: Das erste ist das Beispiel der tödlich erstickenden Atmosphäre, die wir bei schwersten Melancholikern beobachten können, die nichts mehr verlieren können und buchstäblich im Bett in ihrem eigenen Kot siechen. Das zweite Beispiel ist das einer psychotischen Mutter, die ihr Kind in dem Moment tötet, wo es Stuhl produziert, der nicht nur von Muttermilch stammt und damit ein deutliches Zeichen schafft, dass ein geschlossener Kreislauf zwischen Mutter und Kind unmöglich ist, dass da etwas heraus fällt und es eine Trennung gibt, die sie nicht ertragen kann.

So können wir nun folgenden Schluss ziehen: Lacans Mythos ist genau nach dem Muster gestrickt, nach dem wir auch psychisch unsern Umgang mit dem verlorenen Objekt regeln können: *Wir geben ihm einen Rahmen in einer Geschichte, mit der wir es umkreisen und metaphorisieren.* Das ist es, was Lacan als *Phantasma* bezeichnet hat.

Mit dem Phantasma strukturiert sich das psychische Leben. Mit ihm strukturieren sich die Trennungsschritte, die die notwendigen Etappen unserer Entwicklung sind: Geburt, Entwöhnung von der Brust, Sphinkterkontrolle, Trennung von den Eltern. In ihm kommen die Bezüge zu dem, was verloren ist, zur Darstellung. Das Phantasma ist eine Art unbewusste Deutung dieser Bezüge in Form eines Privatmythos. Es regelt so den Abstand zum Verlorenen, das wir in unserer Triebhaftigkeit umkreisen. Es gibt uns einen Rahmen, der uns im Leben hält und vor der Tendenz des Todestriebes schützt, durch unsere Liebesbeziehungen hindurch zur Wiedervereinigung mit dem verlorenen Rest und «Wiederherstellung eines früheren Zustandes» getrieben zu sein. Es ist unsere Reiseroute um die Welt. Und letztlich ist es eine Barriere gegen eine Rückkehr in einen sprachlosen Naturzustand.

Die Evolutionspsychologie, die unter Auslassung aller kulturellen Gewordenheiten genau den Kurzschluss mit diesem Naturzustand wissenschaftlich zu erweisen sucht, dürfte man aus dieser Perspektive heraus getrost als phantasmatische Bildung bezeichnen: Sie ist nicht die Kurzschliessung mit dem Naturzustand, sie spricht ja nur davon: Sie erzählt, in recht naiver Weise, eine Geschichte von der Wiederkehr des verlorenen Urzustandes.

In Klammern sei angemerkt, dass Lacan ein ganzes Seminar der Angst gewidmet und dabei im Wesentlichen herausgearbeitet hat, dass das Angstsignal da sich meldet, wo etwas vom verlorenen Objekt auftaucht – unerwartet, plötzlich – und den schützenden Rahmen des Phantasmas ausser Kraft setzt (vgl. Lacan 1962–1963). Das ist eine Ausarbeitung des Angstthemas, die nah ist bei den Ausführungen Freuds zum Unheimlichen, das in allen Lücken und Poren des Heim und des Heimlichen sitzt.

Damit stellt sich uns nochmals die Frage, wie dieses Objekt *a* – Objekt der Angst, des Phantasmas, des Triebs – zu dem steht, was wir in der Psychoanalyse gewohnt sind als Liebesobjekt zu bezeichnen, zum andern Mitmenschen also, dem wir unsere Liebe schenken – und der bekanntlich auch der Analytiker sein kann. **(S. 77 u. 186 ff)**

Nun, wenn wir daran denken, wie eigenartig die Wege des Liebeslebens verlaufen, und wenn wir daran denken, dass es kaum die Schönheit, die «gute Gestalt» des anderen im körperlichen und im seelisch-geistigen Sinn sind, was uns magisch und unausweichlich anzieht, sondern dass wir uns aus anderen, kaum fassbaren, merkwürdig partiellen Gründen verlieben, so ist es nahe liegend anzunehmen, dass *das, was wir im geliebten Mitmenschen suchen, etwas ist, was mit unserem Phantasma in Einklang zu bringen ist.* Wir verlieben uns in den andern, wenn wir in ihm in irgendeiner Weise das – verlorene – Objekt vermuten können, um das sich unser Phantasma dreht. Wir suchen es im geliebten Menschen und wir suchen es quasi durch ihn hindurch. Die Liebe ist dann wie ein Schirm, der das Objekt *a* gebannt hält. Die Liebe birgt die Begegnung mit diesem Objekt und verbirgt sie zugleich.

Um es mit einem Bild darzustellen: Wir können uns die Liebesbeziehungen, in denen sich unser Phantasma realisiert, wie eine Art Plateau vorstellen, das wir auf unserer Wanderschaft erreichen und wo wir uns niederlassen, uns verpflegen, die Aussicht geniessen, uns zärtlich näher kommen und so weiter. Indes wird dieses Plateau wie von einem Pfeil vom Wanderweg durchstossen, der uns durch es hindurch treiben will, zum immer schon Verlorenen – oder einfach zum nächsten Plateau – hin.

Vielleicht finden wir soviel Gelassenheit, dass wir hinter unseren Projektionen den geliebten Menschen in seiner Andersheit erkennen und annehmen können und dass wir anerkennen können, dass er nicht in die Fussstapfen des Verlorenen treten kann. Vielleicht gelingt es uns zu merken, dass er anders ist, als es unser Phantasma will, und dass wir in ihm nie finden werden, was wir suchen. Vielleicht müsste der geliebte Mensch uns dann nichts mehr ersetzen, sondern könnte für uns einfach er selber sein, als etwas Anderes, Neues, Besonderes und bei aller Liebe immer auch Fremdes. Dann wohl könnte sich die Liebe erst davon emanzipieren, eine Funktion im Rahmen des Phantasmas zu sein und Eigenständigkeit gewinnen.

Meist jedoch, wir wissen es, gelingt es der Liebe nicht, das Phantasma abzuschütteln, sondern das Phantasma nimmt die Liebe in Dienst. Wenn wir dann Glück haben, finden unsere Phantasieblicke, die wir über den Geliebten, über die Geliebte wandern lassen, auf unserm Liebesplateau soviel Erfüllung und soviel Raum, dass es uns hält. Andernfalls ziehen wir fremd wieder aus mit der Melodie auf den Lippen: «Die Liebe liebt das Wandern, Gott hat sie so gemacht, von dem einen zu dem andern.» Höchstens würden wir in der Strophe Gott ersetzen wollen und sagen: Die Libido, das Objekt *a* hat sie so gemacht.

Doch nicht die melancholische Winterreise ist das Schlimme, sondern elend wird es dann, wenn unser Suchen nach dem Verlorenen uns die Pfeile durch den geliebten Menschen hindurch bis zu seiner Zerstörung und Zersetzung treiben lässt.

11 Wünschen und Instinkt

Herr E sagt: «Der Mensch hat eine Tendenz, die Dinge so zu sehen, wie er sie sehen möchte.» Damit ist er, ohne Nietzscheleser zu sein, zum gleichen Schluss gekommen wie der Philosoph: «‹Das habe ich gethan› sagt mein Gedächtnis. Das kann ich nicht gethan haben – sagt mein Stolz und bleibt unerbittlich. Endlich – giebt das Gedächtniss nach.» (Nietzsche 1988, Bd. 5, 86)

Die Psychoanalyse ist von derselben Grunderfahrung überzeugt: Der Mensch ist ein Wunschwesen. Wir schätzen die Realität nach Massgabe unserer Wünsche ein. Die Psychoanalyse ist eine Theorie des Menschen als eines wünschenden. Das mag banal klingen, man muss es sich aber immer wieder vor Augen führen, wenn man verstehen will, um was es in der Psychoanalyse geht. Die Theorie des Unbewussten hat nur einen Sinn, wenn man sie auf dem Hintergrund einer Theorie des Wünschens versteht.

Das Denken, das ist Freuds so pessimistische wie enorm wichtige Botschaft, *das Denken ist immer verführbar*. Intelligenz, Bildung, Kultiviertheit – alles schützt uns nicht davor, uns in der Politik, in der Liebe, in der Weltanschauung in fatale Richtungen zu bewegen. Ein Verständnis davon, warum das so ist, können wir nur gewinnen, wenn wir herausfinden, welche Wünsche dabei im Spiel sind.

Was aber ist bei Freud gemeint, wenn er die Menschen Wunschwesen sein lässt?

Die schnellste und vielleicht auch geläufigste Annahme ist, dass es dabei darum gehe, dass wir triebhafte Wesen seien, dass unsere Instinkte unsere Bedürfnisse und Wünsche antreiben würden. Die Menschen, so sagt man dann, seien animalischer Herkunft und wie bei den Tieren wirkten auch bei uns Instinkte, die stärker und weniger kontrollierbar als das Denken seien. Unsere animalische Natur gerate immer wieder in Konflikt mit den Anforderungen der Kultur und des gemeinsamen Zusammenlebens, die uns Verzichte und Verdrängungsleistungen abverlangten. Man übernimmt dabei ein Motiv, das sicher keine Erfindung der Psychoanalyse ist. Wenn die Portalpfeiler romanischer und gotischer Kirchen auf

Löwen oder Basilisken ruhen, so ist damit ausgedrückt, dass die Kirche ihre Kraft aus der tierischen Natur zieht, die sie unterjocht und sich dienstbar macht. Wenn in der spanischen Corrida der Stier vom Matador zu Tode gebracht wird, so metaphorisiert das die Überwindung der tierischen Kraft durch den Menschen, der sie sich zugleich in einer ästhetisierten und ritualisierten Form zueigen macht. Auch die Verhaltensforschung und die Neurowissenschaften geben der Vorstellung von instinkthaften, genetisch determinierten Verhaltensformen, die unsern freien Willen untergraben und uns antreiben und unser Verhalten unbewusst steuern, grossen Erklärungswert.

Aber ist das auch die Vorstellung der Psychoanalyse? Ist das gemeint, wenn sie von Wünschen spricht, die im Unbewussten wirken und, der Verdrängung trotzend, immer wieder in mehr oder weniger entstellter Form durchbrechen und unser Treiben determinieren? Meines Erachtens geht es da um etwas anderes.

Das Freudsche Modell von Trieb und Wunsch und das Instinkt-Modell der Verhaltensforschung stimmen in einem Punkt ihrer Fragestellung überein: Sie versuchen beide Aussagen zu machen über eine Vorzeit, die vorgeschichtlich ist und von der uns darum kontrollierbare Zeugnisse fehlen. Aber sie unterscheiden sich grundsätzlich in der Methode:

Die Verhaltensforschung nimmt sich ein biologisches Schema zum Vorbild. Einer linearen Kausalität folgend, geht sie von genetisch verankerten Instinktstrukturen aus, die sich nach den Gesetzen von Mutation und Selektion durchgesetzt und erhalten haben, weil sie die Überlebenswahrscheinlichkeit der Gesamtpopulation vergrössern. Sie geht davon aus, dass das entwicklungsgeschichtlich früher Angelegte im Späteren aufgehoben sei und dass es daher möglich sei, durch die Jahrtausende der Kulturgeschichte hindurch Invarianzen in unserem Verhalten festzustellen. So macht es den Vertretern dieser Wissenschaft keine Schwierigkeiten, Verhaltensschemata, die sie anhand der rekonstruierten Verhältnisse in Urgesellschaften plausibel machen, auf heutige kulturelle Verhältnisse zu übertragen und unser alltägliches Benehmen als eines zu diagnostizieren, das unter diesem atavistischen Diktat steht. Damit setzen sie sich aber auch dem Verdacht aus, Werte und Begriffe unserer Zeit auf das fremde, vergangene Phänomen zu projizieren.

Freuds Denken demgegenüber ist dezidiert ein anderes und macht es gerade möglich, solche Projektionen zu verstehen: *Freud nimmt sich ein geschichtliches Schema zum Vorbild.* In der Individualgeschichte gibt es, ebenso wie in der Menschheitsgeschichte, eine Vorzeit, die sich der Erinnerung entzieht. Wie die prähistorische Zeit der Menschheit durchlaufen wir alle eine infantile Vorzeit, die der Sprachbeherrschung und der Erinnerbarkeit vorangeht. In diese Zeit können wir nur rückwirkend Späteres hineinprojizieren. Individualgeschichtlich tun wir dies, so Freud, in Form von unbewussten Phantasien. Und kulturgeschichtlich haben die Menschen dafür einen riesigen Schatz von mythologischen Geschichten geschaffen. Seien dies etwa die griechischen Sagen zum Ursprung der Menschheit oder sei dies etwa die biblische Paradieserzählung.

Freud geht sogar an manchen Stellen seines Werkes soweit zu spekulieren oder zu phantasieren, dass ursprünglich individualgeschichtliche Erfahrungen ins Erbgut der Menschheit übernommen werden können. So leitet er etwa die Angst aus traumatischen Erfahrungen der Geburtssituation ab und postuliert, dass diese ursprünglich individuelle Erfahrung ins phylogenetische Erbe der Menschheit eingegangen sei (Freud 1933 a, 87 u 1926 d, 120 u 163). Diese Spekulationen – im Stile des Naturphilosophen Lamarck – sind biologisch nicht haltbar, aber sie ermöglichen einen Gedanken, der Freud wichtig ist. Sie ermöglichen ihm, in die umgekehrte Richtung zu denken, als es die biologische Entwicklungslinie vorgibt: Nämlich denken zu können, dass spätere Erfahrungen rückwirkend das Frühere beeinflussen. So ist für Freud die prähistorische Vorzeit – menschheits- und individualgeschichtlich – nicht einfach etwas Gewesenes, das sich unserer Erkenntnis entzieht, sondern sie ist immer zugleich in einer Rückkoppelungsschlaufe das Ergebnis späterer Erfahrungen, die wir rückwirkend auf sie projizieren.

Erst wenn man diese Gedankenbewegung kennt, kann man auch verstehen, was die Psychoanalyse meint, wenn sie den Menschen als Wunschwesen nimmt: Das Wünschen hat seinen Ursprung in der Unerkennbarkeit der Vorzeit. Aus der unergründlichen Fremdheit dieser Zeit und aus den vielen Trennungen, die sie uns auferlegt (S. 108), entsteht der Wunsch, das Unzugängliche, Verlorene wiederzufinden, wiederzuholen. Und ein Wunschwesen sind wir, weil wir dies nur immerfort wünschen, nie aber realisieren können. Die herausragende Bedeutung des Wunsches bei uns Menschen hat ihren Ursprung darin, dass wir Sprechwesen sind und dadurch bedingt das Gefühl entwickeln können und müssen, immer schon etwas verloren zu haben (S. 95 ff).

Was die Psychoanalyse als Wunsch versteht, erhellt also erst, wenn man die Perspektive umkehren kann, die die biologisch argumentierende Verhaltensforschung vorgibt: Das Wünschen kommt nicht aus einer ursprünglichen, aus dunkler Tiefe wirkenden Instinktkraft, sondern es ist ein immerwährendes Suchen, das rückwirkend einen verlorenen Ursprung, einen unaufhebbaren Mangel betrifft.

Die psychoanalytische Annahme, dass der Mensch ein Wunschwesen sei, beruht nicht auf der Annahme eines triebhaften, instinkthaften Reservoirs, das in uns wirkt und unserem Denken, Handeln und Fühlen seinen Stempel aufdrückt. Sondern es ist eine Annahme, bei der das, was uns treibt, gedacht ist als die Kraft, die uns dazu führt, rückwirkende, mythische Deutungen zu schaffen, die wir an die Stelle von etwas Unzugänglichem, Vorgeschichtlichen treten lassen. Wenn Freud vom Wunsch, vom unbewussten Wunsch spricht, so ist das demzufolge zu unterscheiden von Instinktprogrammen, die möglicherweise gewisse Anteile unseres Verhaltens steuern. Wir sind Wunschwesen, weil wir so verfasst sind, dass wir uns nie ganz selber einholen können, weil in uns eine Vorzeit wirkt, die wir nicht erfassen können. Wünschend sind wir, weil das Unerfassbare uns ständig zu suchen drängt (S. 150).

Natürlich hat Freud immer wieder betont, dass die unbewussten Wünsche, mit denen wir nicht fertig werden können, sexuelle Wünsche sind. Es sind Wünsche, die aus der infantilen Vorzeit stammen und, dem Vergessen entzogen, verdrängt im Unbewussten weiter wirken. Sie tragen das Unzugängliche der prähistorischen, vorsprachlichen, infantilen Vorzeit in sich, das auch die nachfolgenden, eigentlichen Verdrängungen sogartig an sich zieht. Die verdrängten sexuellen Wünsche, so wie wir sie in der Psychoanalyse als ödipale Wünsche kennen lernen, sind rückwirkende Konstruktionen, die das Unerkennbare umkreisen. Die Verdrängungen sind aktive Umarbeitungsvorgänge, so dass das, was wir dann in den Psychoanalysen zu hören bekommen, die jedes Mal besonderen Umwandlungen und Ausarbeitungen jedes einzelnen Analysanten sind.

Weil unsere Wünsche diesen geschichtlichen und vorgeschichtlichen Hintergrund haben, manifestiert sich in ihnen auch nicht einfach das Allgemeine eines instinkmässig festgelegten Programms, sondern sie erfahren eine je spezifische individuelle Ausformung auf Grund der je besonderen Umstände der individuellen Lebensgeschichte. Damit soll nicht gesagt sein, dass es keine instinkthaft festgelegten Programme gibt, die beim Menschen wirken. Die Evidenzen, dass es genetisch festgelegte, imaginäre Kokettierprogramme und ähnliches geben könnte, sind meines Erachtens stark genug, um einer solchen Annahme zuzustimmen. Indes ist es nicht das, womit wir es in Psychoanalysen und Psychotherapien zu tun bekommen. Diese Programme laufen wie geschmiert. Was uns in der analytischen Arbeit begegnet, ist demgegenüber all das, wo es hapert (S. 54): die Symptome und Hemmungen, all unser Scheitern und Leiden, unser nicht mehr weiter Wissen, unsere Unzufriedenheiten, dass es immer gleich schief läuft und so weiter. Und überall da sind unsere Wünsche mit im Spiel.

12 Schicksal – Zufall

«Als Einzelkind hatte ich lange Zeit einen Bruder.» Das ist der rätselhafte und provokative Eröffnungssatz von Philippe Grimberts Roman *Ein Geheimnis*. Grimbert führt uns in die autobiographische Welt eines Pariser Jungen, der als Einzelkind aufwächst und sich in seiner Phantasie einen Bruder zulegt, dem er all die Eigenschaften zuschreibt, die sein Vater bei ihm offenbar vermisst. Subtil rekonstruiert Grimbert, wie aus dieser Phantasiewelt langsam ein Indiz für ein Familiengeheimnis wird, mit dem sich der Protagonist in einem schwierigen und langwierigen Prozess auseinandersetzen muss. Bis sich schliesslich herausstellt, dass es tatsächlich einen Halbbruder gegeben hat, der aber vor seiner Geburt gestorben ist. Eine Schlüsselszene des Romans ist die folgende: In einer Dachkammer der elterlichen Wohnung entdeckt der Junge unter allerlei altem Gerümpel einen Plüschhund. Er nimmt ihn zu sich und gibt ihm den Namen «Sim». Zu seiner Überraschung löst das bei den Eltern eine merkwürdige Betretenheit aus, die er nicht versteht: Offenbar hat er da etwas getan, was die Eltern aus irgendeinem Grund nicht ertragen. Aber er bleibt mit diesem unauflösbaren Rätsel allein. Erst viele Jahre später wird er erfahren, dass sein Halbbruder, von dessen Existenz er damals noch nichts wusste, den Namen Simon trug und dass der Hund natürlich sein Spielzeug war. Der Junge, so zeigt uns Grimbert, ist in dieser Szene konfrontiert mit etwas, das er nicht einordnen kann. Ein Kinderspielzeug in den Sachen der Eltern zu finden, es Sim zu nennen, das, muss er merken, ist offenbar nichts Belangloses: Es führt zu einer heftigen affektiven Reaktion der Eltern.

Hat unser Held den Plüschhund Sim getauft, weil er, ohne es wirklich begreifen zu können, etwas ahnte vom Familiengeheimnis? Oder hat er den Namen des Verstorbenen nur zufällig getroffen? – Im Buch bleibt es offen.[7] Es ist wohl auch nicht so entscheidend. Wichtig ist, dass durch die Reaktion der Eltern die unbefangene Handlung des Kindes für dieses zu etwas Rätselhaftem wird. *Die Begegnung von Kind und Eltern lässt hier zwei Koordinatensysteme aufeinander stossen, die sich verfehlen. Es ist ein Treffen, das sich nicht trifft. Das aber Spuren hinterlässt* und Wirkungen hat. Wirkungen, von denen der Roman handelt – und deren Ergebnis er selbst auch ist.

Es ist eine verfehlte Begegnung, aber auch eine Begegnung: Dass es «Sim» nun gibt, kann wie eine Art Kristallisationskern wirken, um den herum die rätselhafte Familiengeschichte, die auch ohne Plüschhund da war, für den Protagonisten nach und nach Form und Formulierung gewinnen kann.

Auch in Therapien und Analysen begegnen wir vielen ähnlichen Geschichten von gescheiterten Begegnungen. Mit dem grossen Unterschied allerdings, dass wir in der analytischen Situation nicht von Anfang an mit dabei sind und nicht wie im Roman mitverfolgen können, wie eine solche Erfahrung ihre Wirkung erzielt. Wir sehen erst im Nachhinein die Resultate davon und müssen das Geschehene wieder herausfinden, sofern es sich denn überhaupt fassen lässt. Denn zwischen die Zeit der gescheiterten Begegnung und die Zeit der Analyse haben sich viele Umarbeitungsvorgänge geschoben, die die Spuren so sehr verlegen wie in verwandelter Form erhalten.

Wo – meist – Eltern und Kinder sich in einer Art treffen, die sich nicht trifft, da setzt sich beim Kind etwas fest, das es innerlich beschäftigt und veranlasst, eine Antwort auf und für das Rätselhafte zu finden. Das ist der traumatische Kern vieler psychischer Bildungen. Traumatisch nicht, weil verpasste Begegnung besonders schlimm sein muss, sondern weil sie sich nie ganz psychisch fassen und einbinden lässt. Denn das Verpassen generiert Antworten, die nie ganz genügen können, die immer nur mögliche Antworten sind, nie aber, solange das Rätsel nicht aufgelöst ist, überzeugende und abschliessende. Und solange kann der Fall nicht abgeschlossen werden, er kann weder vergessen noch als Erinnerung in einem Archiv abgelegt werden. In den Therapien und Analysen müssen wir seine Spuren wieder suchen. Wir müssen die Wege zurückverfolgen, die all die Umarbeitungen genommen haben, die die rätselhafte Begegnung im Lauf der Zeit erfahren hat in den Antworten und Antworten auf die Antworten und in all den Verwirrungen und Verstrickungen, die diese wiederum nach sich ziehen und gezogen haben.

Für den Jungen unseres Romans ist dies die imaginäre Geschichte eines Bruders, mit dem er sich in seinen Phantasien und Träumen anlegt, auseinander setzt und misst. Und an dem er die Frage abarbeitet, warum er selber nicht so sein kann, wie sich sein Vater offenbar einen Sohn wünscht.

In den Therapien und Analysen müssen wir die zufälligen Geschehnisse zuerst wieder finden, die eine so tiefe, verstörende Wirkung haben können wie das unschuldige, ins Blaue gesprochene «Sim», das so genau ins Schwarze trifft. Es sind zufällige Geschehnisse, die nichts Brutales oder Schreckliches an sich haben und auch nicht auf ein verborgenes Geheimnis verweisen müssen. Die aber durch ihre Wirkung zu etwas werden, das sie in der Seele festschreibt wie eine unheilbare Wunde, wie eine Kerbe, die ohne Sinn und doch bedeutsam ist. Fassungsloses Verpassen, das uns immer wieder einholt – gerade da, wo wir nicht gewappnet sind –, bis in die scheinbaren Zufälle in den Analysen und Therapien, bis zu den «dämonisch» wiederkehrenden Schicksalsschlägen, die Freud nicht müde wurde als *Wiederholungen* zu kennzeichnen. Es sind zufällige Geschehnisse, die signifikante Spuren hinterlassen, die – wie «Sim» – als Kristallisationskerne da sind und einen ganzen Kreis von Versuchen nach sich ziehen, dem Unfassbaren, Sinnlosen eine Bedeutung zu geben und es so zu heilen.

Wenden wir uns nun einem klinischen Beispiel zu:

Beispiel:

Frau G, eine Molekularbiologin wird – scheinbar zufällig – von ihrem Chef, den sie sehr schätzt und von dem sie geschätzt werden möchte, bei einem Brechanfall, wie er zu ihrem regelmässigen bulimischen Programm gehört, erwischt. Als ein «Häuflein Elend» steht sie, die Gescheite, Schöne nun vor ihm, der sich Sorgen macht und sie veranlasst, sich in Behandlung zu begeben. Zu mir zu kommen, kostet sie Überwindung: Erstmals schildert sie jemandem das ganze Ausmass ihrer Bulimie, mit stundenlangen Vorbereitungen, mit genau geplanten Essmustern und Brechritualen. In der Analyse, die wir nun beginnen, merkt sie, dass ihr dieses Verhalten eine grosse Befriedigung verschafft und dass sie es gar nicht aufgeben will.

Der Analytiker hört das und besteht nicht, wie sie es von Eltern und Freunden gewohnt ist, sofort auf der Eliminierung des Symptoms. Dass von ihr nicht sogleich eine Verhaltensänderung gefordert wird, ermöglicht ihr, die Analyse nicht abzubrechen, wie sie es sonst gern mit Beziehungen tut. So kann ihr Dilemma in der Analyse langsam Kontur bekommen: Sie möchte die Sorge der Menschen wecken, die ihr wichtig sind. Denn nur wo jemand in Sorge um sie ist, kann sie erfahren, dass sie dem andern etwas bedeutet und nicht gleichgültig ist. Aber diese Sorge erlebt sie auch als Kontrolle, als einen unerträglichen Anspruch, gesund zu sein und sich normal zu verhalten. Als Anspruch, dass das «Häuflein Elend» – als das sie sich doch immer wieder, scheinbar unabsichtlich, erfahren muss – nicht sein darf.

Was aber ist dieses «Häuflein Elend»? Warum ist es so wichtig? Ist sie es, wenn sie sich dem Brechen hingibt? Ist es das Formlose, Zerstückelte, das aus ihr herausbricht? Oder ist es noch etwas anderes? – Wir werden sehen.

Sie ist in ihrer Familie das letzte von vier Kindern, eine Nachzüglerin, fünf Jahre jünger als das Zweitjüngste. Aber sie ist, was sie zu Beginn der Analyse noch gar nicht weiss, nicht die Vierte, sondern die Fünfte. Vor ihr kam noch ein Bruder zur

Welt, der nach zwei Tagen starb. Die Eltern, so erfuhr sie erst im Verlauf der Analyse von ihrer Mutter, wollten nach diesem Sohn eigentlich kein weiteres Kind. Die Mutter war erschöpft, mit den drei andern überfordert und hatte Angst, es könnte, angesichts ihres fortgeschrittenen Alters, bei einer weiteren Schwangerschaft wieder etwas schief gehen. Als sie dann überraschend und ungewollt doch noch einmal schwanger wurde, stand für die Eltern offenbar eine Abtreibung zur Diskussion. Sie entschieden sich schliesslich aber, das Kind, das meine Analysantin werden sollte, zu behalten.

Frau G indes, ohne diese Hintergründe zu kennen, erlebte ihre Mutter während ihrer Kinderzeit als hin und her gerissen zwischen der Freude an diesem späten, so hellen und schönen Kind und dem Gefühl, in ihrem eigenen Leben eingeschränkt und unfrei zu sein durch dieses Kind.

Zu Beginn der Analyse gibt es bei Frau G nur eine dunkle Ahnung, dass vor ihrer Geburt noch etwas gewesen sein muss; was, entzieht sich aber ihrem Wissen. Die Geschichte lässt sich nun Stück um Stück auffinden, in dem Masse, wie es Frau G auch möglich wird, ein Gespräch mit ihrer Mutter zu finden, d. h. in dem Masse, wie sie ihre Einstellung zur Mutter ändern kann und in ihr nicht nur eine Person sieht, die sie – aus Sorge – manipulieren und kontrollieren will.

Doch was hat diese Geschichte mit ihrem Symptom, mit der Bulimie, zu tun? Was macht aus dieser Geschichte mehr als einfach etwas, das Frau G nicht gewusst hat?

In der Analyse verknüpfen sich die zusammengehörigen Elemente zu einer Kette, deren Tragweite wir zuerst überhaupt nicht absehen können, die sich indes im Nachhinein als bedeutungsvoll erweist. Zunächst ist uns aufgefallen, dass Frau G das Häuflein Erbrochenes als «totes Material», als «Produkt meiner Zerstückelungsmaschine» bezeichnet. Wir hören diese Ausdrücke, noch ohne ihnen eine bestimmte Bedeutung zuordnen zu können. Als Frau G dann anlässlich einer Abtreibung, die eine ihrer Freundinnen vornehmen lassen muss, über die «zerstückelten, toten Körperteile» spricht, die da aus dem Bauch herausgeholt werden, können wir festhalten, dass die gleichen Worte ihr Erbrechen und diese Abtreibung meinen können. Damit ist noch nicht viel verstanden, bei Frau G indes entsteht das deutliche Gefühl, «da muss etwas sein».

Der Signifikant «tot» taucht später erneut auf in Form einer Erinnerung: Frau G, so fällt ihr nun ein, hat in der Primarschulzeit ein Gedicht geschrieben, das vom Tod einer Katze handelte. Das Gedicht gefiel ihrer Lehrerin sehr, doch bei ihrer Mutter fand es offenbar gar keine Resonanz, was Frau G als irritierend im Gedächtnis blieb. Denn gemeinhin feierte die Mutter solche Hervorbringungen des Mädchens sehr. Warum war es diesmal so anders? Es fällt ihr nun ein, dass sie wohl kurze Zeit später eine Phase gehabt habe, während der sie sich stark mit dem eigenen Tod beschäftigt und auch der Mutter gegenüber den Wunsch, tot zu sein, geäussert habe. Darauf habe die Mutter erschrocken und heftig reagiert und ihr, entgegen der sonstigen Offenheit in der Familie, verboten, so etwas zu sagen.

Die Mutter, sagt Frau G nun, sei in diesem Moment wie ein «Häuflein Elend» gewesen. «Häuflein Elend» wiederhole ich, und erst jetzt merkt Frau G, was sie da sagt.

Es zeigt sich hier etwas, das eine Art «Sim»-Moment ist: Ein treffendes Sich-nicht-Treffen. Hier ist es das Wort «tot», das durch die unerwartete und unverstehbare Reaktion der Mutter zu etwas wird, von dem Frau G ganz unfassbar getroffen wird.

Mit diesem neuen Material können wir in der Analyse begreifen, dass der Diskurs von Tod und Verstückelung, den Frau G in Bezug auf ihr Symptom führt, («totes, zerstückeltes Material», sagt sie), nun zu einer Geschichte geworden ist, die mit der Mutter zu tun hat. Dass die Mutter nun plötzlich selbst zum «Häuflein Elend» geworden ist, überrascht Frau G sehr. Und jetzt tauchen bei ihr ganz neue Fragen auf: «Ich hab das vorher noch nie so gedacht. Dieses Häuflein Elend, das bin ich. Bin ich das? Oder ist das meine Mutter? Oder ist das Häuflein Elend das, was ich erbreche? Kann ich nur so das Tote, Zerstückelte aussprechen, indem ich es aus meinem Mund herauslasse? Versuche ich so, mich davon zu trennen, frei zu machen? Es meiner Mutter zurückzugeben, die mich sowieso immer füttern will? Mit Essen mich sättigen. Mich nähren, damit ich lebe – oder damit ich satt und still und tot bin? Will ich das meiner Mutter zurückgeben? Ist das gar nicht mein Problem, ist es ihres? Aber was dann hat das alles mit meiner Mutter zu tun?»

Kommentar I:

Die Geschichte von Sim und die Geschichte von Frau G zeigen uns, wie Unerledigtes, affektiv nicht zu Bewältigendes von einer Generation zur andern weiter getragen werden kann. Die Schnittstelle ist akzidentell: Das Kind bringt etwas hervor, tut etwas, sagt etwas, das bei der Mutter, beim Vater, bei den Eltern an etwas rührt, das eine ganz andere, auf jeden Fall affektiv hoch besetzte Bedeutung hat. Durch dieses zufällige Zusammentreffen wird das Kind aus seiner eigenen Bedeutungswelt herausgerissen und merkt, dass es etwas getan hat, was nicht «gut» ist, womit es seinen Eltern weh tut, ihnen Sorgen macht, sie erschreckt oder vielleicht auch sexuell erregt. Das Kind kann sich aber keinen Reim darauf machen, es weiss gar nicht, was es sich zu Schulden hat kommen lassen. Es wollte nichts Böses und hat doch offenbar etwas Schlechtes getan. Nichts fügt sich, das Zusammentreffen ist ein Verpassen. Und es hinterlässt ein diffuses Schuldgefühl. Ein Schuldgefühl, das seine Schuld nicht finden kann.

Wenn sich Frau G als Kind mit dem Tod beschäftigt, Gedichte schreibt, tot zu sein wünscht – was wird sie sich wohl darunter vorstellen? –, so trifft das natürlich auf die Thematik der Mutter: das Kind abtreiben oder leben lassen. Dass das der Grund für die merkwürdige affektive Aufgeladenheit und die unbegreifliche, aussergewöhnliche Reaktion der Mutter war, hat sich im Nachhinein durch das, was Frau G von ihrer Mutter selbst erfahren hat, bestätigt. Frau G's Mutter hat sich selbst schuldig gefühlt, gequält von der Vorstellung, dieses Kind wolle jetzt sterben, weil sie es ursprünglich nicht haben und abtreiben wollte. Sie meinte, ihr Kind spüre ihre innere Ambivalenz und bemühte sich umso mehr, es zu lieben, zu schützen und immer für es da zu sein. So wird sie die Wünsche der Tochter, Abstand von ihr zu gewinnen und sich trennen zu können, mit liebevoller Überfürsorge erschwert haben. In ihrer allumfassenden Sorge wird sie das Kind geschützt und zugleich erstickt haben. (Und aus hier nicht erwähnten Teilen des Materials wissen wir auch, dass die Mutter sadistischen, zerstückelnden Impulsen des Mädchens, die in einer bestimmten Phase wichtig waren, nicht mit Gelassenheit, sondern mit Schrecken begegnete und diese daher für das Kind zu etwas so Beunruhigendem wie Spannendem werden liess.)

Es ist für die analytische Arbeit nicht notwendig, solche Bestätigungen der historischen Wahrheit zu bekommen. Wichtig ist in der analytischen Arbeit, dass Frau G von all dem, während es geschah, nichts hat verstehen können. Sie hat nicht begreifen können, warum ihre kindliche Beschäftigung mit dem Tod, die alles Mögliche bedeuten kann, bei der Mutter solchen Aufruhr verursacht hat. Aber es ist ihr nicht entgangen. Sie hat gemerkt: Damit belaste ich meine Mutter, damit darf ich nicht kommen. «Tot» ist zu etwas geworden, was sich in ihr festgesetzt hat, was ihr eingeschrieben ist als ein sie ganz merkwürdig auszeichnendes Wort. Etwas, das sie nicht mehr loswerden kann und das alles, was in seinen Umkreis gerät, magisch anzieht und in ihr weiter wirkt. Etwas aber auch, das tabuisiert worden ist, worüber man nicht sprechen darf. Etwas, das der Mutter weh tut, unbegreiflicherweise, und weswegen sich Frau G schuldig fühlt. Und das sie deswegen auf sich beruhen lassen will, das sie verdrängt, wie Freud sagen würde.

In ihr rumort es, in ihr sind Fragen: Warum ist das für meine Mutter so schlimm? Was habe ich falsch gemacht? Liebt sie mich nicht mehr? Wie muss ich sein, damit sie mich liebt?

In ihr ist Schweigen: Nur sich nicht mehr damit beschäftigen. Einfach diejenige sein, an der die Mutter Gefallen finden kann, die Schöne, die Witzige, die Kluge.

Aus ihr bricht es heraus: Das Unterdrückte, das Häuflein Elend.

In der Analyse können wir meistens nur Hypothesen überlegen, welche familiären Konstellationen in solchen affektiv bedeutungsvollen, gescheiterten Begegnungen, undurchschaubar für das Kind, ihre Wirkung getan haben. Vielleicht finden wir die «Petroleumlampe», die den Brand ausgelöst hat (**S. 77**), vielleicht ist sie zur Gänze verbrannt. Das ist aber gar nicht so entscheidend. Die Arbeit, die wir in der Analyse zu tun haben, dreht sich um etwas anderes; sie dreht sich um die vielen und verschlungenen Umarbeitungen und Verschiebungen, die die ursprüngliche, nicht fassbare, nicht assimilierbare Erfahrung durchlaufen hat. Und sie dreht sich um die Wiederholungen, die uns das Unfassbare der gescheiterten Begegnung wie eine Last, die wir nicht loswerden, mitschleppen lassen. Was vom Zufall arrangiert ist, was als Zufall erscheinen mag, trägt die Spur der misslungenen Begegnung. Dieser Spur versuchen wir in der Analyse ihre Stummheit zu nehmen.

Kommentar II:

Die Konzepte, die Theorien, die wir zur Verfügung haben, sind wie Bekannte und Freunde, die wir auf unsern Bummeln durch die Stadt irgendwo antreffen, unerwartet, wir unterhalten uns ein bisschen und gehen wieder auseinander. So geht es uns, wenn wir als Analytiker auf unsern Sesseln sitzen und mit jemandem sprechen: Plötzlich taucht ein Begriff auf, eine theoretische Überlegung. Manchmal ist es wie die Begegnung mit einem Freund in der Buchhandlung, der uns auf einen Titel aufmerksam macht, der uns sofort anspricht. Das Stück Theorie, das uns eingefallen ist, hat etwas Erhellendes, es leuchtet uns unmittelbar ein, es zeigt uns eine Dimension des Gesprochenen, die wir nun neu, anders, reicher zu hören vermögen. Manchmal ist es aber auch wie beim Cafétrinken, wir merken irgendwann, dass wir schon viel zu lange sitzen geblieben und die Zeit verplaudert haben, wir merken, dass wir unsere Einkäufe verpasst haben und dass es ins Hörgeschäft nicht mehr reicht. So kann uns die Beschäftigung mit einem theoretischen Gedanken auch abhalten zu hören und unsere Aufmerksamkeit einschränken auf den Wunsch, das, was wir gerade uns gedacht haben, im Hören bestätigt zu finden.

Was uns unsere Patienten sagen, geht seinen eigenen Bahnen nach. Die Begegnung mit der Theorie ist flüchtig, manchmal ein Gelingen, manchmal ein Verpassen.

So geht es mir auch beim Aufnotieren der Fallbeispiele für den vorliegenden Text. Sie führen nicht immer dorthin, wo mein Interesse an der Darlegung konzeptueller Ideen hinzielen möchte. Sie gehen ihre eigenen Wege – und plötzlich steht etwas da, das zu dem, was ich erklären wollte, gar nicht mehr passt. So ist es mir jetzt mit Frau G gegangen. Das Aufschreiben ihrer Geschichte hat an einen Ort geführt, der mich selbst überrascht hat: An den Ort einer historischen, durch die Aussagen der Mutter beglaubigten Wahrheit. Das ist deswegen überraschend, weil sich darin ein Wunsch durchzusetzen scheint (ist es mein Wunsch?): Der Wunsch, dass «letztlich» doch ein Ausweg aus dem Verkennen und Verpassen möglich wäre, dass Mutter und Tochter sich in einer gemeinsamen Wahrheit finden könnten, die sie aus dem gegenseitigen Verfehlen hinausführte.

Allein, eine solche Wahrheit, wenn es sie denn gibt, kommt zu spät. Sie ist so wirkungslos wie die anatomischen Kenntnisse der Mediziner, die diese überhaupt nicht daran hindern, in ihrem Phantasieleben die eigenartigsten, aus dem kindlichen Denken stammenden Körper- und Sexualvorstellungen zu haben, die durch die spät erworbenen fachlichen Kenntnisse mitnichten korrigiert werden.

Meistens allerdings bleibt eine solche verspätete Bestätigung überhaupt aus. Das Gespräch zwischen Eltern und Kindern kann auch im Nachhinein nicht zu einer gemeinsamen Wahrheit führen oder es ist gar nicht mehr möglich.

So etwa bei Frau H, die eine Tochter aus der zweiten Ehe des Vaters war, dessen erste Frau sich suizidiert hatte. Ich hatte zu dieser Geschichte die Bemerkung gemacht, dass es meines Wissens gar keine Bezeichnung gebe für die Relation zwischen ihr und der ersten Frau des Vaters. Umgekehrt gebe es den Begriff Stiefmutter, aber für diese Relation habe die Sprache kein Wort. Offenbar, meinte Frau H, gebe es eine «Verwandtschaft» zwischen ihr und der ersten Frau des Vaters, nicht im Sinne einer Blutsverwandtschaft, aber in dem Sinne, dass sie sie etwas angehe. Der Vater indes habe immer geschwiegen und ihre Fragen zu dieser Frau nicht beantwortet. Warum hat sich diese Frau umgebracht? Wie war die Beziehung des Vaters zu ihr? Gibt es eine Schuld des Vaters an ihrem Suizid? Was bedeutete das Ganze für die Beziehung des Vaters zu seiner zweiten Frau, zur Mutter von Frau H? Konnte ihr Vater sie, die ihn sehr liebte, überhaupt lieben? Gibt es (auch) da eine Schuld des Vaters?

Als Frau H in der Analyse begann, sich diese Fragen zu stellen, war ihr Vater schon tot – unwiederbringlicher Verlust.

Für Frau H sind die Wege versperrt, ihre eigene Vorgeschichte objektiv zu rekonstruieren, sie wird nie eine historische, «wahre» Antwort auf ihre Fragen bekommen. Sie ist allein mit ihren eigenen Interpretationen, die ihr Leben prägen und dazu führen, dass sie, als hätte sie ein Erbe auszutragen, immer vor der Frage steht, ob sie sich in ihren eigenen Beziehungen Schuld aufgeladen habe. Interpretationen, die wir in der Analyse kennen lernen können, unbewusste Phantasien, deren Wirkung wir erfahren können. Interpretationen aber auch, die gerade dort, wo sie sich ihren Partnern am nächsten fühlt, das Wirken einer Frage hervortreten lassen, die von anderswoher kommt, unbeantwortbar, die nicht aus der Geschichte ihrer Beziehungen stammt, sondern von einer Geschichte, in die sie hineingeboren wurde und der sie, ohne eine Wahl zu haben, «verwandt» ist.

13 Zu sehen gegeben

Das psychoanalytische Arbeiten beruht auf einer Haltung des Hörens, die immer prekär ist. Wir können etwas hören und mit unserer Intervention dem Analysanten wieder zu Gehör bringen oder wir können es verpassen. Die besondere Art des psychoanalytischen Zugangs ist nicht teilbar, sie kann nur in jedem konkreten, einzelnen Moment entweder da sein oder nicht, entweder sich ereignen oder ausbleiben. Die Frage des Settings – klassische Psychoanalyse oder so genannte psychoanalytische Therapie im Gegenübersitzen – ändert daran nichts.

Mindestens vom Grundsatz her. In der konkreten Praxis gibt es aber Unterschiede, die mehr oder weniger gewichtig sind: Die *höhere Frequenz und Intensität der Analyse* hebt diese mehr aus dem Alltag heraus, lässt sie mehr Eigenleben gewinnen. Dadurch sind die Voraussetzungen für das spezifisch psychoanalytische Hören optimal. Andererseits kann das auch umso leichter dazu führen, dass die Übertragungsbeziehung für die Analysanten so bedeutungsvoll wird und so viel Platz im Alltag beansprucht, dass der Wunsch, diese zu geniessen und auszuleben, mit dem psychoanalytischen Arbeiten in Konkurrenz gerät. Die *psychoanalytische Therapie umgekehrt* bleibt der Tendenz nach näher am Alltag und auch am medizinisch-therapeutischen Anspruch, besonders dann, wenn sie über die Krankenversicherung entschädigt wird. Das kann es den Therapeuten schwieriger machen, eine analytische Haltung zu finden **(S. 17)**.

Wer erlebt hat, als Analytiker oder als Analysant, was es bedeutet, von einem niederfrequenten Setting zur Analyse zu wechseln oder wer eine Therapie *und* eine Analyse gemacht hat, wird auch festgestellt haben, dass die klassische Analyse viel leichter ein Reden frei setzt, das sich dem inneren Monolog, den Einfällen und Phantasien öffnet und den Zwang zu Kohärenz und verständlicher Mitteilung hinter sich lässt, als das für das Sprechen in der Therapie möglich ist.

Der wesentliche Unterschied von Analyse und Therapie liegt aber im verschiedenen Bezug zum *Gesichtssinn*. Die Analyse schliesst durch ihr Setting den Sichtkontakt weitestgehend aus. Der Analysant, der auf der Couch liegt, sieht den Analytiker nicht. Was mit Sehen, Bild und Blick zu tun hat, fliesst daher in die Analyse vor allem durch das *Sprechen* ein: als Phantasie, Vorstellung, Beschreibung usw. In Therapien hingegen gibt es auch eine Wirklichkeit der visuellen Begegnung und alles, was dabei auf dem visuellen Feld an Kontakt vorhanden ist und als Information übermittelt wird, geschieht ausserhalb des Sprechens oder findet erst sekundär Eingang in die Sprache. Die Frage nach dem Stellenwert des Visuellen und der nonverbalen, paraverbalen und extraverbalen Elemente stellt sich daher im Therapiesetting immer, im Analysesetting dagegen in besonderen Momenten. Ich werde darauf zurückkommen. Die Arbeit in der Therapie ist darum, umgekehrt als man es gemeinhin annimmt, in dieser Hinsicht anforderungsreicher als die Arbeit in der Analyse!

Wie kann die Psychoanalyse umgehen mit den Problemen, die uns das Nebeneinander von Sehen und Hören, von Bild und Wort stellen? Die Psychoanalyse ist eine Kur des Sprechens, sie verpflichtet, was auch immer sich gerade einstellt, möglichst ungefiltert zu sagen. Dennoch, unvermeidlicherweise tauchen nonverbale und andere, vor allem visuell, aber auch olfaktorisch usw. vermittelte Elemente auf. Wie geht die Psychoanalyse damit um? Vernachlässigt sie diese Elemente einfach? Oder muss sie sich hier auf die problematische Ebene des Einfühlens beschränken, wo das, was wir zu sehen bekommen, in uns Analytikern Gefühle und Phantasien auslöst, die wir als Informationen über unsere Analysanten verwerten **(S. 56 ff u. 198 ff)**? Geht es also um ein Sprechen ohne Visuelles oder um ein Visuelles ohne Sprache? Um es vorwegzunehmen: Beides wäre eine Auflösung der Problematik, die das, was gerade das Potenzial und die eigentliche Fragestellung der Psychoanalyse ist, missversteht. *Denn es geht in der Psychoanalyse weder einfach um das Sprechen noch einfach um das Visuelle, sondern es geht um den spezifischen Moment des Auftauchens des einen im andern. Es geht um die Schnittstellen der beiden Medien.* Wort und Bild, das ist eine der vielen Schnittstellen, mit denen wir es im psychoanalytischen Arbeiten zu tun haben und an denen ein Wechsel von einem Medium ins andere und damit eine Problematik der Übersetzung entsteht **(S. 97)**. Und dies ist Material für die Psychoanalyse.

Auch historisch setzt die Psychoanalyse ganz eigentlich an der Schnittstelle von Wort und Bild ein, wenn sie in ihren Anfängen *Traumdeutung* ist und aus dieser hervorgeht. Denn die Träume sind etwas, das unsere Analysanten uns wohl erzählen, was aber weitgehend als Bilder empfunden wird. Eigentlicher Text kommt im Traum selten vor. So ist die Interpretationsarbeit an den Träumen immer schon Interpretation in zweiter Potenz: Sie interpretiert die *Traumerzählung*, die selbst schon Interpretation des *geträumten Bildes* ist. Wollen wir einen Traum aufbewahren und erinnern für unser Tagebuch, für unsere Freunde, für den Analytiker, so haben wir gar keine andere Möglichkeit als die Versprachlichung in der Traumerzählung. Die beiden Ebenen oder Medien von Sprache und Bild lassen sich nicht trennen, auch wenn sie nicht restlos ineinander übergeführt werden können.

Die Psychoanalyse, die im Medium des Sprechens und Hörens stattfindet, vernachlässigt nicht Sehen, Blick und Bild und andere extraverbale Aspekte, sondern ihr spezifisches Interesse ist auf all das gerichtet, was an den vielen Schnittstellen der beiden Medien geschieht. Das möchte ich nun an einigen, auch für die Technik des psychoanalytischen Arbeitens besonders wichtigen und heiklen Aspekten näher erläutern.

I. Zu sehen gegebenes Verhalten

Nicht nur in den therapeutischen, auch in den analytischen Sitzungen gibt es Elemente, die ihren Ausdruck nicht im Sprechen, sondern allein im Verhalten finden, zum Beispiel wenn jemand in jede Sitzung einen Packen Bücher mitbringt und neben sich hinlegt – unkommentiert. Oder wenn jemand immer wieder, gerade wenn die Sitzung beginnen sollte, noch schnell einen Telefonanruf beenden muss. Wie sollen wir auf solches Verhalten, das uns visuell erreicht, reagieren? Da gibt es etwas, das nicht für unsere Ohren bestimmt ist, sondern uns *zu sehen gegeben* wird. Es ist nicht in der Analyse gesprochen und gehört doch zur Analyse, denn es geschieht im Rahmen der analytischen Sitzungen oder mindestens in diese hineinwirkend. Wir nehmen es zur Kenntnis, ohne dass wir in der Lage wären, es zu verstehen. Aus sich selbst heraus können wir non- und extraverbales Verhalten nicht verstehen. Sein Verständnis hängt ganz vom Kontext ab. (Sogar eine scheinbar leicht verständliche Tafel mit einem aufgesperrten Krokodilmaul drauf ist ja nicht das gleiche Zeichen, wenn wir ihm am Nilufer begegnen oder auf einem Kinderspielplatz). Das dargebotene Bild ist kein eindeutiges Piktogramm, es kann täuschen. Wir können auch nicht einfach von den Gefühlen, die es bei uns auslöst, auf das dargebotene Verhalten zurückschliessen, wollen wir nicht Gefahr laufen, es projektiv misszuverstehen.

Solches Verhalten wirkt häufig ganz unabsichtlich dahin geworfen mit dem Charme des Peripheren und Unbemerkten: Zu sehen gegeben, ohne Absicht zu zeigen. Wie indes von den Malern unbeachtete Kleinigkeiten uns viel über Bilder verraten und wie gering geschätzte Nebensächlichkeiten in der Ausdrucksweise uns Spuren geben, so sind die unbemerkten visuell dargereichten Kleinigkeiten Indizien, die uns zeigen: Da ist was.

Wie nun mit aussersprachlichem Verhalten umgehen? Wie und wann auf es hinweisen oder es deuten? Zunächst gilt hier ganz besonders: *Deuten und Verstehen ist nicht das Gleiche.* Im Gegenteil, wir müssen uns dem Druck, zu verstehen, nicht unterziehen. Wir können solches Verhalten erst in die Deutung einbeziehen, wenn es sich in irgendeiner Art in den Diskurs eingefügt hat: *Dass und wie es sich mit dem Diskurs verbindet, das deuten wir.* Wir müssen dafür seine Bedeutung nicht kennen.

Es kann sein, dass es vom Analysanten selbst angesprochen wird, weil es ihm auffällt oder ihn irritiert. Es kann auch sein, dass im Diskurs, vom Analysanten unbemerkt, Elemente auftauchen, die sich mit seinem non- und extraverbalen Verhalten in Verbindung setzen lassen. Etwa, wenn der Analysant mit den Büchern nun auch einen Traum mitbringt von einem Loch in der Erde, in dem lauter Bücher liegen. Und so ist es auch wichtig, dass uns auffällt, dass die Analysantin, die seit ein paar Sitzungen regelmässig während der Stunde aufs Klo muss, gerade daran ist, uns zu erzählen, dass es mit ihr jetzt endlich «vorwärts gehen» müsse, dass sie «unter Druck» sei, endlich etwas «zu machen», dass es aber einfach «nicht weiter gehe» und dass bei all ihren Anstrengungen «nichts herauskomme». Da gibt es eine ganze Reihe von Wörtern, die doppel- oder mehrdeutig sind und auch Ausscheidungsvorgänge bezeichnen können. Das Thema dieser Frau ist eine berufliche Orientierungskrise, in ihrem Sprechen wird diese zur Verstopfung – und dies können wir mit ihren Toilettengängen in Zusammenhang bringen. Ja, wir müssen sogar, denn anders können wir dieses merkwürdige Symptom nicht als Teil der Analyse in diese einbeziehen. Und umgekehrt hilft uns die Präsenz, die sie der WC-Schüssel in jeder Sitzung einräumt, auch, die Bezüge hören zu können, die ihre beruflichen Probleme und Konflikte auf der Ebene der unbewussten Phantasien und inneren Bilder zu Ausscheidungsvorgängen haben.

Bringen wir hingegen visuell präsentiertes Verhalten zu früh, willkürlich zur Sprache, ohne dass eine Verknüpfung mit dem Diskurs gegeben ist, so droht, dass dies als pädagogische Intervention verstanden wird, durch die sich der Analysant zu irgendeiner Norm aufgerufen fühlt, und die einfach dazu führt, dass er sein Verhalten verändern wird, sprich, dass das Verhalten verschwindet, ohne in den Diskurs einbezogen werden zu können. Der Analysant interpretiert es natürlich, wenn der Analytiker sein Verhalten kommentiert: Bin ich ihm lästig? Stört es ihn, wenn ich so oder so mich verhalte? – Folglich wird er sein Verhalten ändern. Damit ist aber nichts gewonnen – ausser, dass der Analysant nun eine Information über seinen Analytiker hat, die dazu führen kann, dass er sich in Zukunft hüten wird, sich ähnlich zu verhalten. So entsteht eine Tabuisierung, mit dem Risiko, dass etwas aus dem analytischen Gespräch ausgeschlossen bleibt. Das Ergebnis wird sein, dass der Analytiker als eine Art elterliches Über-Ich oder als kontrollative Überwachungsinstanz erlebt wird.

II. Zu sehen Gegebenes und der Blick

Wo aussersprachliches Verhalten ins analytische Arbeiten eingreift, kann es unterschiedlich motiviert sein und ist sicher nichts Einheitliches. Ferenczi hat es als eine Art symptomatische Kompromissbildung verstanden, die eine gewisse Befriedigung ermöglicht. Er beobachtete, dass in solchem Verhalten eine bestimmte Art von *Geniessen* nisten kann, das unbeschadet der Analyse entgehen will. So hat er etwa einer Analysantin, die auf der Couch immer die Beine übereinander geschlagen hatte, mitgeteilt, dass es sich dabei um eine larvierte Form der Onanie handle, und hat ihr, die diese Erklärung weit von sich wies, verboten, die Beine weiterhin gekreuzt zu halten. Mit «foudroyantem» Effekt, wie er bemerkt: Die unruhig und rastlos gewordene Analysantin erinnerte nun Material, das ursächlich ihr Leiden betraf (1984, III, 120 f). *Ferenczis «aktive Technik»* hat eine grosse Debatte ausgelöst, auf die ich hier nicht weiter eingehe. Sicher ist, dass Ferenczi mit seiner «aktiven Technik» die Grundregel der analytischen Arbeit nicht ausser Kraft setzen, sondern ihr besser zur Wirkung verhelfen wollte. Dennoch ist auch ihm selbst nicht entgangen, dass sein aktives Eingreifen einen paradoxen Effekt erzeugen und dazu führen kann, dass der Analytiker als kontrollative, normierende Instanz verstanden wird, was sich natürlich gegen die Grundregel, einfach mitzuteilen, was einem einfällt, auswirken muss.

Wollen wir diese Problematik besser verstehen, so müssen wir uns der *Interaktion* von Analytiker und Analysant zuwenden. Ferenczis Überlegungen machen uns ja eins ganz deutlich: Wir können als Analytiker und Therapeuten nicht immer darauf vertrauen, dass es irgendwann gelingen wird, ein bestimmtes ausserverbales Verhalten zu deuten. Dieses kann auch ein Reservat des Geniessens sein, das in der Analyse da ist und sich doch der analytischen Arbeit entzieht. Es kann die Analyse untergraben und uns zwingen, ihm einen Riegel zu schieben und einen Schnitt vorzunehmen, um es überhaupt der Analyse zugänglich zu machen. Es gibt Situationen, wo wir nicht darum herum kommen, entscheiden zu müssen, sollen wir weiter zuwarten im Vertrauen darauf, dass solches Verhalten irgendwann in seinen Verbindungen zum Sprechen fassbar wird oder müssen wir einen andern Weg finden, um den «toten Punkt der analytischen Arbeit» (Ferenczi, 127) zu überwinden und das darin enthaltene und dem analytischen Arbeiten entzogene Geniessen einzudämmen? Wir müssen uns entscheiden und können doch nicht wissen, welche Folgen unsere Entscheidung haben wird. So etwa bei Zwangsneurotikern, deren Zwangsrituale die analytische Arbeit überwuchern[8]; bei gefährlich entgleisenden Anorexien, die hospitalisiert werden müssen; bei wild agierenden, so genannten Borderline-Patienten oder bei phobischem Vermeidungsverhalten, das das Wirken der analytischen Arbeit verunmöglicht. Immer stehen wir Analytiker vor einer Entscheidung, die uns aufgezwungen wird und uns nötigt, die Beschränkung unseres Verfahrens und unserer Möglichkeiten anzuerkennen.

Ich betone dies, weil ich meine, dass wir solche Entscheidungen nur angemessen fällen können aus einer Einsicht in die Beschränkung: Überschätzen wir die Macht des Wortes, so können wir schlimmstenfalls bis zu Abbruch, Invalidisierung oder Tod eine Dynamik tolerieren, die sich mit deutenden Worten nicht mehr beeinflussen lässt. Machen wir uns umgekehrt zu Könnern eines aktiven Eingreifens, so riskieren wir, die eigentliche analytische Aufgabe zu vernachlässigen und überall, wo Schwierigkeiten auftauchen, aus einer andern Position als derjenigen der Abstinenz heraus zu intervenieren (S. 43 ff). Das führt dann eben dazu, dass wir als Über-Ich-Figuren erlebt werden.

Die Entscheidungen, die wir fällen müssen, sind etwas anderes. *Sie müssen sich aus dem herleiten, dem auch unsere Abstinenz gilt: Nämlich aus der Frage, wie das Sprechen in der analytischen Arbeit auf dem Weg zu all dem, was seine unbewussten Verursachungen sind, weiterkommen kann.* Eine Intervention im Sinne eines Schnittes vorzunehmen, ist folglich nur angebracht, wenn sie das Sprechen auf diesem Weg hält. Oder genauer gesagt, da es um die Wirkung solcher Interventionen geht: wenn sie das Sprechen auf diesem Weg gehalten haben wird.

Die besprochenen Schwierigkeiten sind auch der Grund, warum es immer wieder Versuche gab und gibt, das analytische Verfahren zu «ergänzen» und, «wenn es nicht mehr weitergeht», zu andern Eingriffstechnologien zu greifen: Vor zwanzig Jahren waren das zum Beispiel bioenergetische Elemente, heute sind es eher verhaltensorientierte Module, die zum Einsatz kommen. Ein solches Wechseln oder Beiziehen anderer therapeutischer Methoden verstehe ich als ein Symptom davon, dass wir Analytiker in der betreffenden Situation an einen Ort gekommen sind, wo unsere Wahl, analytisch zu arbeiten (S. 32) unklar oder unsicher geworden ist. Statt einfach dem Druck nachzugeben, ein mehr medizinisch-fürsorgliches, mehr korrektiv-direktives, mehr körperbezogenes usw. Verfahren anzubieten oder vorzuschlagen, wäre es vielleicht angemessener, diesen Druck zunächst einfach als Indiz zu verstehen, dass unsere Wahl, Analytiker zu sein, für uns zum Problem geworden ist. Daran könnte sich dann die Frage anschliessen, was es uns in der aktuellen Situation verunmöglicht, analytisch zu hören. So könnten wir vielleicht, auch in sehr schwierigen Situationen, einen Weg finden, wie die analytische Arbeit weitergehen kann, oder eine rationale Entscheidung treffen, ob die Wahl, analytisch zu arbeiten noch gerechtfertigt ist oder nicht. Ohne diesen Hintergrund führen solche Methodenwechsel und ergänzende Zusätze einfach dazu, dass dem analytischen Gespräch entzogene Tabuzonen entstehen. Statt einen Weg zu finden, ein bestimmtes Verhalten zu begreifen und zu begreifen, warum es in einer bestimmten Situation der analytischen Arbeit auftaucht, hat man es dann aus diesem Kontext isoliert.

So zeigt sich, wie wichtig die *interaktive Dimension bei nicht verbalem Verhalten* ist. Solches Verhalten geschieht zwischen Analysant und Analytiker. Es ist *zu sehen gegeben*, es ist dem Analytiker zu sehen gegeben. Mit seinem nonverbalen Verhalten *positioniert sich der Analysant nicht vor unserem Ohr, sondern vor unserem Auge*: Und seine Frage, die damit einhergeht, ist immer auch eine Frage an uns: Wie schauen wir ihn an, was will unser Blicken von ihm?

Was hat es nun mit dieser Dimension von Sehen und Blick auf sich? Für gewöhnlich denken wir wohl zuerst daran, dass wir vor dem Auge des andern möglichst gut dastehen möchten, dass wir uns vorteilhaft oder makellos präsentieren möchten. Wo uns dies nicht gelingt, wo der Blick uns dort überrascht, wo wir uns nicht zeigen möchten, kommen Peinlichkeit und Beschämung ins Spiel. Es geht bei Sehen und Gesehenwerden um *ideale, idealisierte Bilder,* darum, wie wir gern vom andern gesehen würden. Freud ist da noch etwas weiter gegangen und hat den *erotischen Antrieb, uns zu zeigen,* hervorgehoben. Die kindliche Entblössungslust erfährt im Verlauf der Entwicklung indes eine teilweise Unterdrückung und Schamempfinden tritt an ihre Stelle. Manchmal verrät vielleicht gerade ein übertriebenes, affektiertes Schamempfinden den unterdrückten Wunsch, sich zu zeigen und zu entblössen. Das ideale Bild und der erotische Körper werden also zu sehen gegeben.

Doch es gibt noch etwas anderes, das ganz eigentlich mit dem *Blick* ins Spiel kommen kann. Aus vielen Märchen und Mythen wissen wir, dass mit dem Blick etwas Beunruhigendes, Unheimliches einhergeht. Es ist die *dem Blicken eigene Triebhaftigkeit,* die diesen Effekt hervorruft: Wo der Blick krud, ungebremst, ungefiltert auftritt, will er «gefüttert» sein. Er ist, wie Lacan sagt, ein gefrässiger, böser Blick (1978, 122). Und er ist auch ein neidischer Blick, der dem andern sein Glück wegnehmen will. Blick, der steril machen, Gedanken zum Versiegen bringen und gar das Leben aussaugen kann. Der Blick als Vampir, das ist der Kern vieler Geschichten.

Von diesem Motiv sind nicht nur die Märchen voll, wir treffen es auch in den Phantasien unserer Analysanten in mehr oder weniger verhüllter Form an: Eine junge Frau will kein Kind bekommen, weil sie die Vorstellung hat, es den Eltern zu zeigen, heisse, es an die Eltern zu verlieren; die Eltern würden sich so darauf stürzen, dass sie es gar nicht mehr als ihres empfinden könnte. Ein Mann gerät in eine Beziehungskrise, nachdem er eine neue Freundin zum ersten Mal der Mutter vorgestellt hat: Er hat die Phantasie, sie geopfert, der Mutter zum Frass vorgeworfen zu haben. So wie die Athener dem Minotaurus, muss er der Mutter immer wieder junge Frauen herschaffen, um selbst vor der Bedrohung ihrer «Giftigkeit» geschützt zu sein.

Ein solcher Blick lässt den Atem anhalten, lässt gefrieren, macht stocken. Man muss ihn zu bannen und besänftigen versuchen. Wo es einen «guten» Blick gibt, wie etwa auf den Madonnenbildern, hat er wohl diese besänftigende Funktion: Die Madonnenbilder leisten Fürbitte für die Menschen vor Gott, damit er ihnen wohlgesinnt sein möge. Und auch das kann eine Funktion von zu sehen gegebenem Verhalten sein: *Mit dem, was zu sehen gegeben wird, soll unser Blick abgelenkt und befriedet werden.* Die Bücher, die mein Analysant stumm hinlegt, sind sie vielleicht die Gabe, die mich, meinen Blick milde stimmen soll?

Wenn der Blick des Andern so bedrohlich wirkt, dann bedient das sicher auch einen Wunsch. Den Wunsch nämlich, dass der Andere auch so mächtig und schützend wie bedrohlich sein könnte. Wir Analytiker haben aber diese Macht nicht, die uns zugeschrieben wird. Wenn ein Analysant viel tut, um unseren potentiell gefährlichen Blick zu bannen – mit nonverbalen Gaben und Gesten, die er als Filter und Schirme vor unsern Blick schiebt, mit dem Geld vielleicht auch, das er uns zahlen muss –, so heisst das vielleicht auch, dass es ihm schwer fällt, uns in unserer wirklichen Beschränktheit und Harmlosigkeit wahrzunehmen. Auch im Analytiker den allmächtigen Andern, das idealisierte Bild der Eltern nicht mehr zu finden, ist eine herbe Enttäuschung. Denn das heisst, allein auf sich gestellt zu sein unter Menschen, die genauso beschränkt, klein und mangelhaft sind.

Zusammenfassend können wir festhalten, dass nonverbales Verhalten nicht nur in der intrapsychischen Ökonomie unserer Analysanten eine Rolle spielt als ein Verhalten, das eine Art Symptom ist und ein Geniessen durchsetzen will. Sondern es kann auch den Aspekt haben, dem Analytiker etwas zu geben. Vielleicht, um eine Bedrohung durch seinen Blick abzuwenden. Was dabei zum Einsatz kommt, ist der Wunsch, im Analytiker jemanden zu finden, der in seiner Macht, in seinem Wissen und in seiner Stärke den idealisierten Elternfiguren der Kindheit nachempfunden ist, und ihn dafür fürchten und lieben zu können.

III. Blick und Sehen

In unserem normalen Alltag nehmen wir den Blick kaum wahr. Es mag paradox klingen, aber *es entspricht der alltäglichsten Erfahrung, dass wir im Sehen den Blick nicht bemerken.* Unser alltägliches Eingetauchtsein in die Welt des Sehens funktioniert ohne den Blick. Wo aber plötzlich ein Blick auftaucht, da fallen wir aus der Selbstverständlichkeit des alltäglichen Sehens heraus. Wir können durch London spazieren, ohne zu merken, dass permanent das Auge einer Kamera auf uns blickt. Würde aber diese Kamera in dem Moment, wo wir unter ihr hindurchgehen, sich nach uns umdrehen, wir wären unweigerlich von einem Gefühl der Unheimlichkeit erfasst. Klassisch ist in diesem Zusammenhang Sartres Analyse der Scham, die denjenigen erfasst, der beim Spähen im Treppenhaus durch ein Geräusch überrascht wird und, aus der Versunkenheit in sein Tun herausgerissen, sich ertappt und erblickt fühlt. Das Rascheln, die Schritte stehen hier für den Blick, unter dessen Präsenz wir uns plötzlich wissen.

Diese Beispiele zeigen eine Spaltung von Sehen und Blick: In der alltäglichen Erfahrung des Sehens entgeht uns der Blick und es sind plötzliche Momente, in denen wir überrumpelt werden von seinem Auftauchen. Momente, die heftige Gemütsbewegung auslösen: Angst, Scham, Faszination.

Wir bewegen uns im Raum gewöhnlich so, dass uns diese Spaltung nicht bewusst wird. Wir nehmen den Raum als vollständig wahr und erleben ihn als organisiert durch unser zentralperspektivisches Sehen. *In dem Moment indes, in dem uns der Blick erfasst, kehren sich die Dinge um und wir finden uns, aus dem Zentrum des Sehens geschleudert, als Objekt des Blicks wieder.* Um diese Wirkung zu erzeugen, braucht es nicht den konkreten Blick eines anderen Menschen, ein kleiner Windzug im Vorhang des Kinderzimmers kann genauso genügen wie der funkelnde Lichtreflex eines Ohrrings. Oder: Ein Mann sitzt im Zug einer Frau gegenüber, die ihn überhaupt nicht anblickt, deren verlängerte, stark geschminkte Wimpern aber ein derart eigenartiges Klimpern haben, dass er förmlich in einen Lähmungszustand gerät, fasziniert und gleichzeitig aufs Tiefste verängstigt, und sich, gänzlich in ein Objekt verwandelt, «wie eine Gazelle vor dem Leu» fühlt (Leu – K-läu-i, fiel ihm dazu ein).

So kommt uns der Blick eigentlich nur im Befremden ins Bewusstsein, als fremder Blick, der uns zum Objekt macht. Unser Sehen hingegen erleben wir als souveränen Akt der Bemächtigung, es bewegt sich im dreidimensionalen, vollständigen Raum, es orientiert sich an dem, was die Psychologie mit Prägnanz und «guter Gestalt» bezeichnet, und es spiegelt uns ein Bild von uns selbst als vollständige, integrierte Figur. In unserem Sehen ergänzen wir automatisch, was wir nicht genügend deutlich wahrnehmen können und machen es zu etwas Erkennbarem. Aus einem Minimum an Information integrieren wir ein Ganzes. Wir sehen nicht Farben, Linien, Flächen usw., sondern wir sehen «etwas», ein «Haus», einen «Tisch», ein «Buch». Im Sehen suchen wir sozusagen die Lösung, die aufgeht, die die Komplexität reduziert, die das Bekannte dem Unbekannten vorzieht.

Diese integrierende, bemächtigende Tendenz unseres Sehens weist natürlich in eine andere Richtung als diejenige, die die Psychoanalyse nimmt: Die Psychoanalyse sucht nicht die Integration ins Ganze unter Eliminierung des Unpassenden, sondern sie ist darauf ausgerichtet, gerade das, was nicht ins Bild passt, wertzuschätzen. Sie will offen halten, was fehlt, was nicht aufgeht, will Unklarheit aushalten und beachten (**S. 33**). Und so geht es in ihr auch darum, der Spaltung von Sehen und Blick, der Spaltung von Selbstbild und Fremdheit begegnen und standhalten zu können.

Darum, um zum Ausgangspunkt zurückzukommen, ist das, was uns in Analysen und Therapien *zu sehen* gegeben wird, immer etwas, das uns vor technische Schwierigkeiten stellt: Es übt eine Suggestion aus, ihm eine glatte, einfache Interpretation zu geben, die sich indes als Täuschung herausstellen kann. Was heisst das? Kehren wir nochmals zum Beispiel von Laurence Bataille zurück, zu dem Mann, der sich auffallend trödelnd auf den Weg ins Sprechzimmer macht, nur um sich von Frau Bataille eine Zigarette anzünden zu lassen, in dem Moment, in dem das erste Gespräch beginnen sollte (**S. 43 f**). Frau Bataille schliesst aus diesem Verhalten auf eine provokatorische Absicht oder genauer, das Verhalten *ist* für sie provokativ, das steht für sie gar nicht in Frage, sie *sieht* die Provokation. Und darauf reagiert sie, indem sie den Mann in die Analyse rufen will: «Sie sind doch nicht hierhin gekommen, nur um eine Zigarette zu rauchen.»

Könnte man nicht sagen, dass Laurence Bataille diese Situation allein auf der Ebene des Sichtbaren nimmt, dass sie das Sichtbare für ganz, für alles nimmt: Provozierendes Verhalten beim Mann, zur Ordnung rufende Antwort bei ihr, das passt zusammen, das geht auf, das gibt ein Ganzes. – Aber es gibt keinen Zwischenraum, wo die Analyse zustande kommen könnte! Bataille hat aus dem, *was sie gesehen hat*, direkt ihre Schlüsse gezogen. Die Dynamik des Blicks ist ebenso eliminiert wie die Kluft, die die Sprache aufreisst. *In diesem geschlossenen System ist es gar nicht möglich geworden, dass sie sich über das Befremdende hätte wundern können.* Und mit dem Staunen beginnt doch, genauso wie die Philosophie, auch die Psychoanalyse. Hätte Laurence Bataille die Situation, ohne sie sofort aus dem Gesehenen zu interpretieren, einfach in ihrer Merkwürdigkeit hinnehmen und sich darüber wundern können, so hätten Fragen auftauchen können. Die Fragen führen ins Sprechen und bringen das ins Spiel, was fremd, unklar, unverstehbar ist, und eröffnen so erst das Feld der psychoanalytischen Arbeit.

IV. Traum

Die Psychoanalyse nimmt ihren historischen Anfang, ich habe es schon erwähnt, mit einem *Befragen des Zusammenhangs von Sprechen und Bild in Bezug auf den Traum*. In seinem Buch über die *Traumdeutung* geht es Freud zentral um die Frage, wie die Produktion eines Bildes, des manifesten Traumbildes, mit den im Unbewussten vorhandenen Gedanken zusammenhängt oder anders gesagt, welche Umsetzungsvorgänge von sprachlichem Material und Bild den Traum formen und ihn umgekehrt auch in der Deutung erschliessbar machen.

Foucault hat der Psychoanalyse, gerade in Bezug auf die *Traumdeutung*, vorgeworfen, dass sie das Bildhafte nicht in seiner Eigenständigkeit zu erfassen vermöge, sondern nur als Träger der Bedeutung gelten lasse (Foucault 1992, 15). In der Tat hat Freud in der *Traumdeutung* den Grundsatz aufgestellt, dass man die Traumbilder nicht nach ihrem «Bilderwert» beurteilen dürfe, sondern dass jedes bildliche Element für sich in die Sprache der Traumgedanken zu übersetzen sei, aus deren Kette dann der Traum verstehbar würde. Die Bildkomposition als solche ist für Freud nur da, um in ihre einzelnen Elemente zersetzt zu werden (Freud 1900 a, 283 f). Freud misstraut dem Traumbild, insofern es ein Ganzes bildet, für ihn ist das nur ein dünnes Mäntelchen der «sekundären Bearbeitung», das den Schein der Kohärenz erwecken soll, wo es um heterogene, aus verschiedensten Zusammenhängen aufgelesene Traumelemente geht. Seine Warnung gilt damit in erster Linie jeder symbolistischen Ausdeutung der Traumbilder.

Es ist wahr, dass in Freuds Fussstapfen die Psychoanalytiker der figurativen, bildhaften Ordnung des Traums kaum einen Eigenwert zugestanden und ihre strukturierenden Gesetzmässigkeiten wenig untersucht haben. Seit den Zeiten der *Traumdeutung* ist wenig wirklich Neues zu diesem Herzstück der Psychoanalyse hinzugekommen. Indes könnten etliche Fragestellungen, die gegenwärtig in der bildenden Kunst aktuell sind, auch für die Analyse der Bildwelt der Träume fruchtbar sein. Ich denke etwa an Themen wie Serialität, Wiederholung, Veränderung in der Wiederholung, an das Aufbrechen der Zentralperspektive, Privilegierung von Details, an neue narrative Bildstrukturen usw. Die psychoanalytische Deutungstechnik des Traums hat in der Tat solchen Fragestellungen wenig Interesse entgegen gebracht. Und dennoch wäre es interessant, sie mit den Mechanismen der Traumarbeit – Verdichtung, Verschiebung, Rücksicht auf Darstellbarkeit, Aufhebung des Satzes vom ausgeschlossenen logischen Widerspruch usw. – in Bezug zu bringen. Dass die Vorgänge in der Traumarbeit nämlich Erhellendes leisten können für eine reine Bildanalyse, zeigen Arbeiten des Kunsthistorikers Didi-Huberman (2006), der Botticelli-Bilder mit den Freudschen Kategorien untersucht.

Freud startete aber von einem andern Hintergrund aus. Es ist klar, dass die strikte Negation der Bildstruktur Freud überhaupt erst ermöglicht hat, die genannten Mechanismen der Traumarbeit zu erkennen und damit zu einer allgemeinen Theorie des Unbewussten vorzustossen. Freud geht davon aus, dass jedem Traum ein Gedanke oder Wunsch zu Grunde liegt, der sprachlich verfasst und der Verdrängung anheim gefallen ist und – über den Vorgang der «topischen Regression» (1900 a, 547 ff) – bildlich umgesetzt wird. Das ist die für den Traum spezifische Schnittstelle.

Die für die Traumarbeit erkannten Mechanismen der Verschiebung und Verdichtung, die am unbewussten Wunsch wirken, gelten hingegen auch für die andern Bildungen des Unbewussten, für die Fehlleistungen, die Symptome und den Witz. Diese Äquivalenz aller Manifestationen des Unbewussten ist natürlich die – meist stillschweigend implizierte – Voraussetzung der analytischen Arbeit: In Therapien und Analysen kennen wir das wechselnde Auftreten von Träumen, Fehlleistungen und passageren Symptomen, die einander gegenseitig ergänzen, erhellen oder vertreten können.

Wann, so können wir uns fragen, produzieren wir einen Traum und wann vielmehr eine Fehlleistung? Wann eine Mehrdeutigkeit im Sprechen und wann verstärkt sich oder taucht neu ein Symptom auf? Träume, Witze, Fehlleistungen beschleunigen sicher die Analyse und verdichten das unbewusste Signifikantenmaterial. Symptom und Agieren zeigen eher eine Krise in der Behandlung an, die auf einen Punkt zusteuert, wo ein Ausgang in die eine oder andere Richtung möglich ist. – Jedenfalls gehen wir die unterschiedlichen psychischen Bildungen so an, dass wir bedenkenlos die Äquivalenz des in ihnen enthaltenen Signifikantenmaterials für die Deutung ausnützen **(S. 165)**. Das ist natürlich nur möglich, wenn wir im Traum der Bildstruktur ebenso wenig Beachtung schenken wie etwa im Konversionssymptom den Innervationen des Körpers! *Die Vernachlässigung des Bildhaften ist also der Preis für die Entdeckung der Mechanismen des Unbewussten*, der Entstellung, Verdichtung und Verschiebung – und somit ganz eigentlich für die Entdeckung der Psychoanalyse.

Nun ist dies aber nicht alles, was über das Verhältnis von Wort und Bild in der Traumdeutung ausgesagt werden kann. Freud dürfte sich auch bewusst gewesen sein, dass es «zwischen der figurativen Ordnung des Bildes und der diskursiven Ordnung der Sprache einen Zwischenraum gibt, der durch nichts aufzufüllen ist», wie Sarah Kofman formuliert (1998, 21). Jeder Traum, so meint Freud, habe mindestens eine Stelle, wo er «unergründlich» sei, «gleichsam einen Nabel, durch den er mit dem Unerkannten zusammenhängt»(1900 a, 115). Die unüberwindliche Distanz zwischen dem Figurativen und dem Diskursiven bringt indes zum Reden, zum unaufhörlichen Reden, weil sie sich nie schliessen lässt. (Wenn uns also jemand zu einem Traumbild sagt, «dazu fällt mir nichts ein», so sollten wir immerhin die Möglichkeit nicht ausschliessen, dass dies auch ein Versuch ist, das Figurative vor dem Verschwinden im interpretierenden, polysemantischen Gerede zu schützen)

Freud ist diesem Thema nicht weiter nachgegangen. Indes, so meine ich, lässt sich zeigen, wie es in seinem Text *wirkt*. Dazu möchte ich mich auf den Traum beziehen, mit dem Freud seine eigenen Überlegungen eröffnet und der sozusagen der Initialtraum der Psychoanalyse und der Traum der Traumdeutung selbst ist: Freuds Traum von Irmas Injektion, dessen Deutung Freud mit den Sätzen schliesst: «Wenn man die hier angezeigte Methode der Traumdeutung befolgt, findet man, dass der Traum wirklich einen Sinn hat und keineswegs der Ausdruck einer zerbröckelten Hirntätigkeit ist, wie die Autoren wollen. *Nach vollendeter Deutungsarbeit lässt sich der Traum als eine Wunscherfüllung erkennen.*» (1900 a, 126)

Irma, eine Patientin Freuds, will dessen «Lösung» ihrer hysterischen Problematik nicht annehmen und man bricht die Analyse in Uneinigkeit wegen der Sommerpause ab. Irmas Befinden ist zwar gebessert, aber nicht gut. Freud ist das nicht recht und er träumt nun von einer schmerzgeplagten Irma, die von ihm und dazukommenden Kollegen untersucht wird. Ich will nur einen Teil vom Schluss dieses viel gedeuteten Traums herausgreifen: Einer der Kollegen Freuds stellt eine Infektion fest und dann fährt der Traum fort: «Wir wissen auch unmittelbar, woher die Infektion rührt. Freund Otto hat ihr unlängst, als sie sich unwohl fühlte, eine Injektion gegeben mit einem Propylpräparat, Propylen... Propionsäure... Trimethylamin (dessen Formel ich fettgedruckt vor mir sehe)...» (112)

Lacan hat diesen Traum als Traum der Traumdeutung selbst interpretiert, als Traum, der Freud ermöglichte, seine – psychoanalytische – «Lösung» zu finden, wie man Träume deuten kann. Das Auftauchen der fettgedruckten Formel in Freuds Traum versteht Lacan als eine Art Menetekel, das sich auf die Frage der «Lösung» bezieht und das uns sagen soll: «Es gibt kein anderes Wort, keine andere Lösung für dein Problem als das Wort.» (Lacan, 1954–1955, 204) Das «figurative Element» des Traums, sagt Lacan, wird in der Ausdrucksweise des Traumes selbst «durchlaufen» und ermöglicht so die Lösung des Problems der Traumdeutung: Die Lösung des Problems *ist* das Wort, die Lösung ist das Auslöschen des Bildes im Wort. Nur so kann die Psychoanalyse entstehen. Was Lacan also besonders hervorheben will, ist, dass Freud den Schlüssel zur Traumdeutung nur finden konnte, weil es ihm gelungen sei, diesen Übergang vom Imaginären zum Symbolischen, vom Bild zum Wort zu finden.

Gewiss. Indes muss uns aber auch auffallen, dass die Auslöschung des Bildes im Wort wiederum *als Bild* geschieht: Als Formel, fettgedruckt. In diesem Wechselbezug von Bild und Wort kann man also nur zu weit oder zu wenig weit gehen: Geht man, wie Lacan, durch das Bild hindurch zur Freisetzung des Symbolischen, so sieht man sich sofort wieder dem figurativen Element der fettgedruckten Formel gegenüber. Und doch muss man soweit gehen, um nicht vor dem Erkennen der Gesetzmässigkeiten der Traumdeutung, die sich nur aus den sprachlich-rhetorischen Figuren von Verschiebung und Verdichtung erschliesst, stehen zu bleiben.

So gibt es zwischen Traumbild und Wort – ganz ähnlich wie zwischen dem visuell präsentierten Verhalten und dem Wort – eine Bewegung, die nie zum Stillstand gebracht werden kann, die sich weder in die eine noch in die andere Richtung «auflösen» lässt und bei der immer ein unübersetzbarer Rest insistiert. Und genau in dieser unaufhebbaren Spannung ist das Feld der Deutung beheimatet (vgl. Kläui, 1999, 123 ff).

14 Versteinerungen

Warum ist es für die Psychoanalyse überhaupt wichtig, über Sehen, Bild und Blick nachzudenken? Unsere Phantasie- und Vorstellungswelt, unsere Selbst- und Fremdrepräsentanz haben immer bildhafte Züge. Die Tendenz des Sehens, Informationen zu einem Ganzen, zu einem vollständigen Bild zu integrieren, wirkt da mit. Die Bilder, die wir uns von uns und der Welt machen, die Bilder, mit denen wir uns identifizieren und mit denen wir gern identifiziert würden, suggerieren uns eine Ganzheit, die wir in der Sprache, die uns mit Verlust und mit dem Zerfallensein mit uns selbst konfrontiert, nie finden können. Darum haben *imaginäre Identifizierungen* immer eine grosse Anziehungs- und Verführungskraft. Sie sind eigentlich *Orte, wo das Unbewusste sich schliesst, wo die Kluft von Auge und Blick verdeckt bleibt* und wo die Kluft, die uns – durch das Wirken der Sprache – von uns selbst trennt, aufgehoben scheinen kann. Identifizierungen mit einem Bild gestatten, das konstitutiv Mehrdeutige und Uneinholbare, das im Sprechen immer wirkt, in Richtung der eindeutigen Gestalt zu ziehen und sie können darum wie ein schützender Schirm vor dem Störenden, Unpassenden, Unbekannten wirken.

Die Psychoanalyse lässt uns diesen Riss, der durch die scheinbare Vollständigkeit der Welt des Sehens geht, zu Bewusstsein kommen und lässt uns merken, dass wir uns nie rund, abschliessend und gut gefügt mit uns selber ins Verhältnis setzen können.

Nun leben wir aber in einer Welt, in der die Tendenz zu vollständigen, idealisierten Bildern immer mehr auch ein Korrelat in unserem Alltag und in unserer Berufswelt findet. Wir leben in einer Zeit, in der Visualisierungen, die auf Eindeutigkeit und Vollständigkeit zielen, sehr gefragt sind. Je grösser die Konkurrenz um unsere Aufmerksamkeit ist, desto eingehender und zugespitzter müssen die Lösungen ausfallen. Wir leben in einem stark piktographisch geprägten Umfeld, das auch im babylonischen Sprachengewirr der globalisierten Welt funktionieren muss: Auf Flughäfen, im Verkehr, bei Bauanleitungen, überall orientieren wir uns sprachlos mit einfachen, eindeutigen Piktogrammen. (Was, wenn es denn nicht reibungslos funktioniert, zu recht komischen Situationen führen kann). Wir stehen unter ständiger Einwirkung dieser einfachen Visualisierungen. Immer mehr Kommunikationslast liegt auf Bildern, weil Sprache im internationalen Austausch unpraktischer und anforderungsreicher ist.

In diesem Umfeld, das vom Bild dominiert ist und in dem gleichzeitig das Wort an Bedeutung verliert, entstehen, wie mir scheint, auch neue Formen der imaginären Identifizierungen:

Dass Bild und klare Visualisierungen in unserer Zeit hohe Priorität haben, macht auch vor den Menschen nicht Halt. Die Tendenz, uns selbst als visualisierte Zeichen zu präsentieren und gegenseitig wahrzunehmen, ist allgegenwärtig. Wir achten auf die so genannte Körpersprache, die indes alles andere als eine Sprache ist, sondern ein Set von Zeichen und zugeordneten Bedeutungen. Wir erwerben Flirtbücher, die uns helfen, die Absichten des andern zu entziffern und selber erfolgreich den entsprechenden Normen zu genügen. Wir machen uns zu «Piktogrammen» unserer eigenen Absichten. Sprache und Sprechen müssen zurücktreten. Es geht um das Bild, nicht um das Wort.[9]

Die Ungewissheit über uns selber, die Last, nicht zu wissen, wer wir sind, und uns befragen zu müssen, wo unsere Probleme und unser Leiden herkommen, all dies wird vermieden, wo wir uns so durch ein lernbares Bildprogramm definieren können. Wir identifizieren uns dann einfach mit einem bestimmten Bild, ohne uns über unser Verhältnis dazu befragen zu müssen.

Wie wir uns selber sehen und von wo aus wir gesehen werden, das scheint hier ganz dasselbe zu sein.

Wo wir uns primär vom Sehen her definieren, verstehen wir uns mehr als *lernende*, denn als sprechende Wesen: Die leitende Vorstellung ist, dass wir bestimmte Arten, uns zu verhalten und aufzutreten, lernen können als eine Art, uns ins Bild zu setzen und die damit einhergehenden Normen zu erfüllen.[10] Unser Bestreben ist es dann einfach, dem Bild eines Bankers oder Beraters oder Autoverkäufers möglichst gut zu entsprechen.

Allerdings hat das auch einen Preis: Es versteinert uns in diesen Identifizierungen: Wörter wie «Banker» oder «Autoverkäufer» werden dabei in ihrer Bedeutung reduziert auf festgeschriebene, starre Bezüge zu entsprechenden Bildern und Normwerten. Diese Wörter funktionieren dann nur noch wie der Name eines Programms oder wie eine Bildunterschrift und kommen nicht mehr in ihrem Zusammenspiel mit anderen Signifikanten zum Zug. So sind ihre vielfältigen und vieldeutigen Bedeutungen und damit ihr unabschliessbarer Bezug zu anderen Signifikanten der Sprache nicht mehr von Interesse und nicht mehr verhandelbar. Das Ergebnis ist eine angelernte, eingeschränkte Sprache, die auf bestimmte lernbare Ausdrucksweisen eingeengt ist, wie sie für die Spezies «Banker» oder «Autoverkäufer» kennzeichnend sind.

Sich so mit Signifikanten, die nicht mehr als solche wirken, sondern zu Bildernamen gefroren sind, zu identifizieren, ist etwas Wiederholbares. Wir können im Verlauf eines Lebens immer wieder «eine neue Herausforderung» annehmen und unsere «Identität» damit wechseln. Wir sind dann immer wieder in Situationen, wo wir uns als Lernwesen verstehen und ein bestimmtes Verhaltens- und Sprechprogramm übernehmen.

Positiv formuliert, gibt uns das Freiheiten. Wir können – oder mindestens scheint uns das so – «Identitäten» ausprobieren, wieder fallen lassen, wechseln. Negativ formuliert, zwingen solche versteinerte «Identitäten» uns in der Regel ein sehr normiertes, fragloses und unkreatives Sprechen auf. Ein Sprechen eben, das aus angelernten Sprachschablonen zusammengesetzt ist, die dem gewählten Bild, mit dem wir uns identifizieren, entsprechen.

Wenn ich von versteinerten «Identitäten» spreche, so meine ich nicht einfach berufsspezifische Haltungen, wie sie in einer hoch differenzierten Gesellschaft unumgänglich sind, weil sachlich komplexe Abläufe und strategische Kommunikationsanforderungen kaum zu bewältigen wären ohne eine gewisse Normierung von Verhalten und Sprachkompetenz (vgl. Honneth 2005, 64 ff). Ich spreche von versteinerten «Identitäten», wenn diese von den Betroffenen als ihre eigene Persönlichkeit erlebt werden, ohne dass eine innere Distanz zu den jeweiligen Anforderungen aufgebaut werden könnte.

Solche über das Bild vermittelte «Identitäten» erwecken den Eindruck von Kohärenz und Geschlossenheit, wo das Unbewusste im Freudschen Sinne verdeckt ist. Die Spaltung, von der die Psychoanalyse ausgeht, wird dann nicht als eine erlebt, die durch das Subjekt hindurchgeht, sondern sie zeigt sich höchstens longitudinal, dadurch dass sich die «Identitäten» im Laufe der Zeit immer wieder ändern und anpassen müssen. Wo wir uns so durch das Bild definieren, bleibt das, was uns im Unbewussten ausmacht, unzugänglich. Unter solchen Voraussetzungen ergeben sich dann auch spezifische Schwierigkeiten für das analytische Arbeiten (S. 163).

Spezialfall Psychosomatik

Versteinerungen der Identität, wie ich sie zu erfassen versuche, bedeuten auf der Ebene des Sprechens, dass die Signifikanten, mit denen wir uns identifizieren, aus der Verweisstruktur der Sprache isoliert sind. Statt dass sie als Signifikanten funktionieren könnten, die «das Subjekt für andere Signifikanten repräsentieren», wie Lacan sagt, verweisen sie auf ein Bild und ein diesem Bild entsprechendes Verhaltensset. Dennoch bleiben sie sprachliches Material, eben Wörter wie «Banker», und können darum grundsätzlich auch wieder in den sprachlichen Modus geführt werden, in dem ihre Bedeutung abhängt vom Kontext der möglichen Sprachspiele. Gelingt dies, so kann auch ein analytisches Arbeiten gelingen.

Nun gibt es noch eine andere Art, wie Signifikanten den Zusammenhalt mit den übrigen Signifikanten verlieren können und damit für das Sprechen unzugänglich werden. Das ist der Fall bei den *psychosomatischen Phänomenen*, die uns vor wesentlich grössere Schwierigkeiten stellen.

Ich spreche von psychosomatischen *Phänomenen*, weil sie anders funktionieren als die neurotischen *Symptome* und die übrigen Bildungen des Unbewussten – *Traum, Witz, Fehlleistung* –, die Freud herausgearbeitet hat. Nicht jedes psychosomatische Reagieren und schon gar nicht die hysterischen Konversionssymptome sind psychosomatische Phänomene, sondern mit diesen sind die psychosomatischen Krankheiten im engeren Sinne gemeint, zu denen man klassischerweise die Neurodermitis, gewisse arthritische Krankheiten oder auch die Colitis ulcerosa zählt.

Die psychosomatischen Phänomene widerstehen dem Versuch, sie mit dem Material des Sprechens in der Analyse zu vernetzen. Sie stehen so sinnlos und wortlos in der psychischen Landschaft wie somatische Phänomene. Ihr Wirken ist losgelöst vom übrigen Material, als hätten sie damit nichts zu tun und als hätten sie einen quasi natürlichen Status.

Häufig ist die einzige Information, die uns zugänglich wird, die Beobachtung, wann und in welchem Kontext des analytischen Arbeiten ein psychosomatisches Phänomen ins Spiel kommt: als Kratzen einer juckenden Hautstelle, als Schmerzausdruck, als asthmatisches Pfeifen usw. Wann teilt uns jemand mit, dass wieder ein arthritischer Schub oder eine Verschlimmerung der Colitis aufgetreten sei? Solche Mitteilungen werden in der Regel vom Sprechenden aber so behandelt, als stünde das körperliche Leiden mit dem psychischen Geschehen und mit dem übrigen Sprechen in keiner Verbindung.

Es gibt hier eine grosse Nähe zu den *somatischen Erkrankungen*, die wir einfach hinnehmen müssen, die uns treffen oder verschonen, elementaren Ereignissen gleich: sinnlos, fraglos, stumm, real. Sicher neigen wir dazu, um uns zu trösten, auch für somatische Krankheiten Gründe und Zusammenhänge anzunehmen, weil es uns äusserst schwer fällt, die klaffende Wunde vollkommener Sinnlosigkeit zu ertragen. Sicher sind wir in lebensgeschichtlich kritischen Phasen anfälliger fürs Krankwerden und bei gewissen Verläufen drängt sich uns die Interpretation förmlich auf, dass Krankheit, bis hin zu tödlichem Ausgang, auf dem Boden psychischer Auswegslosigkeit wächst. Ebenso wenig lässt sich bestreiten, dass narzisstischer Rückzug aus der tätigen Welt ins abgeschirmte Krankenbett zu innerer Klärung und Reifung verhelfen kann. Wie Wilhelm Busch unübertrefflich knapp zum Zahnschmerz meint: «Einzig in der engen Höhle des Backenzahnes weilt die Seele.»[11] Indes bleibt das Somatische als solches stumm, zufällig, (auch unbewusst) nicht wählbar. Dem gleicht das psychosomatische Phänomen und manchmal werden wir im Nachhinein vielleicht auch sagen: Das ist nicht psycho-, das ist einfach somatisch. Wo wir aber, gewiss auch erst im Nachhinein, an einer psychosomatischen Verursachung festhalten, unterstellen wir, dass es einen Bezug zum Psychischen und damit zur Sprache geben muss.

Beim *psychosomatischen Phänomen* gehen wir also davon aus, dass es, im Unterschied zum somatischen Kranksein, einen inneren Bezug zur Sprache gibt. Doch scheint dieser anders zu funktionieren als im neurotischen Bereich und ist in der Analyse viel schwerer auffindbar. Was ist dann dieser Bezug? Es scheint beim psychosomatischen Phänomen so zu sein, dass der befallene Bereich des Körperlichen – Haut, Bewegungsapparat, Atmungsorgane, Verdauungstrakt – zwar mit einer sprachlichen Zuschreibung verknüpft ist, sonst könnte man gar nicht von Psychosomatik sprechen; dass diese sprachliche Zuschreibung aber isoliert ist und keinen Eingang ins Sprechen finden kann. Was sich in den Körper einschreibt, funktioniert nicht als Signifikant, der nur aus seinem Bezug zu anderen Signifikanten Bedeutung gewinnen kann. Möglicherweise ist es eher eine Art Satz, der für sich isoliert wie eine stumme Inschrift funktionieren kann.

Schauen wir nochmals auf die neurotischen Bildungen des Unbewussten, um den Unterschied zu verdeutlichen: Die für die Neurosen typischen Bildungen des Unbewussten stehen in Bezug zum Verdrängten. Dieser Bezug ist sprachlich organisiert, auch wenn er sich letztlich um ein sprachlich nicht fassbares Reales dreht. Das verdrängte Ausgangsmaterial liegt in sprachlicher Form vor und kommt durch Operationen, die wir aus der Rhetorik kennen – wie Verschiebung, Verdichtung, Umsetzung in einen bildhaften Ausdruck usw. – in Verbindung zum Sprechen in der Analyse. So wird es in der Analyse zugänglich. Die sprachlichen, rhetorischen Verbindungen von Ausgangsmaterial und psychischer Formation können unterbrochen, verschüttet, unglaublich spitzfindig und unwahrscheinlich sein, aber grundsätzlich können sie zusammengeknüpft werden. So zeigt das Beispiel der Analysantin, die während der Sitzungen aufs Klo muss, wie im Wort «machen» eine Kette von Gedanken zur beruflichen Situation mit einer Assoziationskette, die Ausscheidungsvorgänge bezeichnet, zusammengeführt werden kann (S. 127). «Machen» funktioniert in diesem Fall als eine Art Synapse, an der die beiden Ketten in Kontakt miteinander stehen.

Demgegenüber scheint der Satz, der sich im psychosomatischen Phänomen niederschlägt, keine solchen «Synapsen» zu bilden. Er genügt sich selbst und ist nicht in die differentielle Logik der Signifikanten eingebaut, wo ein verdrängter Signifikant im Zusammenspiel mit anderen Signifikanten steht, die in seinen Sog geraten – wie im Beispiel des «Machens». Lacan hat die Vermutung geäussert, dass es sich dabei nicht um gewöhnliche Sätze handelt, sondern um so genannte «Holophrasen». Das sind auf ein Wort zusammengeschrumpfte Sätze, die aber den Bedeutungswert eines ganzen Satzes repräsentieren. Subjekt, Objekt und Prädikat fallen zusammen, aktiv und passiv sind nicht unterscheidbar. Es gibt keinen Zwischenraum, keinen Spielraum zwischen Subjekt und Objekt. Darum öffnet sich ein solcher «Satz» auch nicht auf das übrige Material der Sprache hin, sondern er nimmt eine idiosynkratische Form an, ausgeschlossen aus dem übrigen sprachlichen Kontext, ohne anderes sprachliches Material an sich ziehen zu können, das dann im Sprechen in der Analyse zugänglich werden könnte. So kann der aus jedem Kontext gelöste Satz eine Art Zombiedasein im Psychischen haben. Er bleibt eine isolierte Markierung eines Körpervorgangs und ist daher in der analytischen Arbeit so schwierig erkennbar und deutbar.

Auch wenn das psychosomatische Phänomen also nonverbal daherkommt, ist es nichts genuin Nicht-Sprachliches. Das psychosomatische Geschehen hat einen komplizierten Bezug zur Sprache, der – lost in translation – schwer aus seinem stummen Insistieren ins Sprechen zu bringen ist.

Dass dies gelingen kann, ist indes entscheidend. Denn nur wenn ein Zusammenhang von körperlichem Geschehen und Sprechen entsteht, sind wir wirklich berechtigt, etwas als psycho-somatisch zu bezeichnen. Wie aber kann das möglich werden?

Wo wir einen Zusammenhang mit dem Sprechen und seinen Mehrdeutigkeiten nicht finden können, da kann es trotzdem einen Hinweis auf einen möglichen psychischen Zusammenhang geben: Es ist dies eine allfällig zu beobachtende *zeitliche Nachbarschaft* von psychosomatischem und psychischem Geschehen: An welches Material grenzt es an, worauf folgt es, was zieht es nach sich?

Wenn es gelingt, festzustellen, dass ein psychosomatisches Phänomen in einer zeitlichen Nachbarschaft mit einem bestimmten psychischen Geschehen auftaucht und wenn sich eine Nachbarschaft zwischen dem Reden in der Kur und dem Auftauchen des körperlichen Leidens herstellt, dann können wir vielleicht über dieses zeitliche aneinander Angrenzen einen Zugang zum Psychosomatischen finden. Dieses ist dann eine *Wiederholung* geworden: Gerade weil es immer am gleichen Ort auftaucht, hat es nicht mehr die Zufälligkeit des elementaren Ereignisses. Dass es sich am immer gleichen Ort wiederholt, heisst, dass es etwas gibt, was die Wiederholbarkeit ermöglicht, was das gemeinsame X in den Wiederholungen ist. Wenn sich ein solcher nachbarschaftlicher Zusammenhang etablieren lässt, stellt das psychosomatische Phänomen zwar immer noch nichts dar und symbolisiert nichts, aber es ist nun *zugleich* ein wiederholbarer, stummer, aber lesbarer Index.

Eine Studentin, die an einer Neurodermitis leidet, die, wie sie im ersten Gespräch sagt, «manchmal da und manchmal weg ist», sagt, nach dreiviertel Jahr

Analyse, zu Beginn der Sitzung: «Ich habe wieder so eine Augenentzündung. Es beisst mich und es brennt.» Darauf schweigt sie. Nach einiger Zeit sagt sie: «Ich habe Körperkontakt gehabt mit meinem Freund.» Und wieder schweigt sie. Ich antworte dann: «Körperkontakt.» Darauf sagt sie: «Das letzte Mal war es auch so: Als ich mit ihm Körperkontakt gehabt habe, hatte ich am nächsten Tag extrem Ausschläge.»

Was Körperkontakt meint, bleibt unausgesprochen. Die karge Sequenz ist indes interessant, weil «Kontakt» auch das ist, was sich in der Stunde herstellt: Ihre Aussagen über die Entzündung und über ihre Beziehung zum Freund sind zunächst unverbunden, durch Schweigepausen voneinander isoliert. Nachdem ich das Wort «Körperkontakt» wiederholt habe, das das Gemeinsame der beiden Aussagen hervortreten lässt, nämlich ihren Bezug zum Körper, stellt sie selbst eine Verbindung her: Es ist auch das letzte Mal so gewesen. Die beiden Aussagen treten nun in Nachbarschaft zueinander, in eine Beziehung der zeitlichen Abfolge: Immer nach dem Körperkontakt kommt die Entzündung. Und sie kann erkennen, dass sich in diesem Vorher-Nachher etwas wiederholt. So entsteht eine Verbindung von lebensgeschichtlichen Zusammenhängen und körperlichem Ausschlag (vgl. Kläui 2001).

Grundlegend für die analytische Arbeit mit Psychosomatikern ist also die Möglichkeit, eine *Beziehung der zeitlichen Nachbarschaft* herstellen zu können. Von einer «Beziehung der Gleichzeitigkeit» war schon bei Frau D die Rede gewesen (**S. 80**), die so einen Zugang zu ihrer bedrückten Stimmung finden konnte. Zusammenhänge, die sich durch eine Relation der Gleichzeitigkeit herstellen, sind also nicht nur für die Psychosomatosen von Bedeutung, sondern sie sind auch wichtige Informationen im psychoanalytischen Arbeiten überhaupt. Im neurotischen Bereich sind sie ebenso basal wie im psychosomatischen Bereich, aber als Arbeitsinstrument nicht so unerlässlich und vor allem nicht so ausschliesslich.

Es ist interessant, dass wir hier auf eine, vielleicht die einzige, *Gemeinsamkeit* zwischen Neurosen und Psychosomatosen stossen. Das Zusammentreffen in der Gleichzeitigkeit kann wohl nur deswegen klinisch so wichtig sein, darauf hat mich Christoph Keul hingewiesen, weil ein grundlegender psychischer Mechanismus im Spiel ist: In der *Traumdeutung* spricht Freud davon, dass die ursprünglichste Art, wie zweierlei im Gedächtnis miteinander verbunden wird, die «Fixierung der Assoziation durch Gleichzeitigkeit» sei (1900 a, 544). Die Verbindung nach Gleichzeitigkeit ist für Freud die elementarste Art, wie im Psychischen Verknüpfungen aufgebaut und in der Erinnerung abgespeichert werden können. Klinisch können so gespeicherte Erinnerungsspuren dann wieder auftauchen in Form einer zeitlichen Nachbarschaft in der Erzähl- und Ereignisfolge (bei den Neurosen) oder im zeitlichen Zusammentreffen von Erzählen und Ereignis respektive Wiederholung des Ereignisses (bei den Psychosomatosen). Diese These Freuds ist – ungeachtet ihrer evtl. möglichen oder unmöglichen neurobiologischen Bestätigung – klinisch wertvoll, weil sie die Grundlage für das Verständnis einer Gemeinsamkeit bei Neurose und Psychosomatose abgibt, die es überhaupt möglich macht, dass letztere der Analyse zugänglich werden kann.

Teil IV
Krisen

15 Zeiten

Von Herrn I war schon kurz die Rede **(S. 46)**: Der junge Musiker, kaum in Analyse, merkte mit grosser Überraschung, dass er zur Beschreibung der Beziehung seiner Eltern, die sich gegenseitig etwas «vorgespielt» hatten, das gleiche Wort verwendete, mit dem er auch sein berufliches Tun bezeichnete. Was, so musste er sich nun fragen, ist da der Zusammenhang? Im Verlauf der Analyse stellte sich auch heraus, dass dieser junge Mann lange Jahre an einem vorzeitigen Samenerguss zu leiden hatte: Er brachte es über das Vorspiel nicht hinaus.

Im Wort Vorspielen finden *zwei Zeiten* ihren gemeinsamen Nenner: In der Jetztzeit ist «Vorspielen» die Arbeit, die der junge Mann als Musiker verrichtet. Aber «Vorspielen» ist auch der Signifikant der Vergangenheit, der das Drama der elterlichen Beziehung auf den Punkt bringt. In diesem einen Wort ziehen sich folglich zwei Zeiten zusammen, es ist wie eine *Brücke über den Graben von Gegenwart und Vergangenheit.*

Eine ähnliche Beobachtung hat auch Freud schon sehr früh in einem Brief an seinen Freund Wilhelm Fliess mitgeteilt:

«Für die Zwangsneurose bestätigt es sich, dass die *Wortvorstellung* und nicht der ihr anhängende Begriff die Lokalität ist, wo das Verdrängte durchbricht. (Genauer, die Wort-Erinnerung.) Daher sind gerne die disparatesten Dinge als Zwangsvorstellung unter einem mehrdeutigen Wort vereinigt. Diese zweideutigen Worte sind gleichsam mehrere Fliegen auf einen Schlag für die Durchbruchstendenz. Zum Beispiel folgender Fall. Ein Mädchen, das die Nähschule besucht und bald beendigt haben wird, wird von der Zwangsvorstellung belästigt: Nein, Du darfst nicht fortgehen, Du bist noch nicht *fertig*, Du musst noch mehr *machen*, noch alles mögliche lernen. Dahinter die Erinnerung an Kinderszenen, wo sie auf den Topf gesetzt wird, nicht bleiben will und denselben Zwang erfährt. Du darfst nicht fortgehen, Du bist noch nicht *fertig*, Du musst noch mehr *machen*. Das Wort *machen* gestattet, die spätere Situation mit der infantilen zusammenzufassen.» (Freud 1986, 313)

«Vorspielen» in seiner Mehrdeutigkeit zu entdecken, war für Herrn I packend. Das *Wort* «Vorspielen» hatte er in der Analyse gebraucht für sein Musikmachen. Zum *Thema* war das Musikmachen geworden im Zusammenhang mit einem immer wieder unerfüllt gebliebenen Anspruch. Es ging um ein Ringen um Anerkennung: Er beklagte sich darüber, von seinem Vater, der ihn lieber als Nachfolger im kleinen Familienbetrieb gesehen hätte, in seiner Berufswahl nicht anerkannt zu sein. Es war dieser Anspruch, der ihn beschäftigte. Etwas hatte in seinem Anspruch nach Anerkennung nicht zur Ruhe kommen können, wies unerfüllt über seine Erfolge als Musiker hinaus und zog ihn von einem Ort zum anderen in die Welt hinaus. Ein Fragezeichen gab es da, etwas Offengebliebenes, Unbefriedigtes, das er nur in «immer noch mehr vom Gleichen» umzusetzen vermocht hatte, in beharrliches Ringen um die nie wirklich treffende Anerkennung. Und nun entdeckte er, dass sich im «Vorspielen» noch etwas anderes meldete, das all die bisherigen Bedeutungen überstieg und in einem neuen Licht brach.

Da war plötzlich etwas aufgetaucht, das dieses Fragezeichen ganz direkt berührte. Dabei hatte er doch nur über etwas berichten wollen, das für ihn Schnee vom letzten Jahr zu sein schien: Die Konflikte der Eltern, das war eine «alte Geschichte». Natürlich hatte er als Kind unter der Unklarheit, wie die Eltern eigentlich zueinander standen, gelitten, hatte gespürt, dass etwas nicht stimmte, aber er hatte dem keine Worte geben können und die Eltern hatten die offene Auseinandersetzung immer vermieden. Und nun, mit dem Aussprechen des Worts «Vorspielen», brach diese «alte Geschichte» unvermittelt in seine Gegenwart ein oder, besser gesagt, er entdeckte, dass er sie bis in die Fingerspitzen, die die Gitarrensaiten berührten, in sich trug. In seinem Musizieren das elterliche «Vorspielen» wieder zu finden, das ermöglichte ihm auf einmal, die Fragen, die ungehört und vergessen in der alten Geschichte gegärt hatten, überhaupt fassbar zu machen. Ihnen eine erste Bestimmung zu geben, auf die in der analytischen Arbeit noch weitere Bestimmungen und Ausarbeitungen folgen sollten: «Wie ist das, was ich jetzt tue, was meine Leidenschaft geworden ist, das Vorspielen, verbunden mit der Geschichte der Beziehung meiner Eltern zueinander und meines Platzes in dieser Geschichte?»

Indes, das ist noch nicht alles: Die «alte Geschichte» hatte sich in unverstandenen Fetzen und Brocken in seine kindliche Erinnerung eingegraben. Und diese Fetzen und Brocken hatten, so dürfen wir annehmen, ihn nicht losgelassen und ihre eigenen Bahnungen genommen und sich zu einer Art Antwort verdichtet. Eine Antwort, die ein Problem zu lösen suchte, das er als Frage gar nicht hatte formulieren können. Die in seinem Vorspielen da war und die in seinem sexuellen Symptom da war. Und die erst nachträglich, durch die Analyse, als Antwort begriffen werden konnte und ungefähr folgenden Sinn bekam: Er hatte, ohne davon zu wissen, versucht, die Dysharmonie in der elterlichen Beziehung, die immer hinter dem Vorspielen einer Harmonie verdeckt geblieben war, *in ein harmonisches Vorspielen zu verwandeln.* Nachdem sein Vorspielen *als Antwort, als Problemlösung* verstehbar geworden war, konnte auch eine Formulierung für die nie gestellte Frage gefunden werden, die etwa so lautete: «Vater, was ist mit deinem Begehren los, dass ich das alles für dich tun muss, um dich und deine Beziehung zu retten? Vater, warum merkst du das nicht, warum anerkennst du meine Leistung nicht!?»

Das Vorspielen wie auch das sexuelle Symptom können wir folglich als Antworten verstehen, die die Frage verschlossen in sich trugen, als vorschnelle Antworten. Als Antworten, die auch das Misslingen der Begegnung mit dem Vater in sich trugen und daher wiederkehrend – im Ringen um die väterliche Anerkennung – insistierten, ohne zur Ruhe kommen zu können.

Vorschnell – praecox: Vorschnell kommen, es beim Vorspiel bewenden lassen. Und darin, so fanden wir heraus, verdichtete sich noch mehr: Wie Herr I erst als Erwachsener erfahren hatte, hatte die elterliche Beziehung insbesondere sexuell nie richtig funktioniert und die Eltern waren nur zusammen geblieben, weil er zur Welt gekommen war. – Bis es dann gar nicht mehr ging und der Vater seine Homosexualität auszuleben begann.

Die «alte Geschichte», die seine Berufswahl gelenkt, die sein sexuelles Geschick bestimmt hatte, die alte Geschichte, sie wurde in der Analyse zur Geschichte der Alten, zur Geschichte der Eltern.

Bei näherem Hinsehen kann uns auffallen, dass der Signifikant «Vorspielen» ein Knotenpunkt ist, der die Dimension der *Deutung* in sich trägt: Dass nämlich seine Eltern sich und meinem Analysanten etwas «vorgespielt» haben, ist gewiss nicht das unmittelbare Erleben des Kindes, sondern es ist eine Deutung, die Herr I für sich selbst gefunden hat und die vieles, was dieses Kind erleben und beobachten konnte und musste, auf den Punkt gebracht und in einem Nenner zusammengefasst hat. Wohlgemerkt, im Nachhinein auf den Punkt gebracht hat. Es ist *eine nachträgliche Lektüre,* die sich wohl in den psychischen Umarbeitungsprozessen der Pubertätszeit herausgebildet hat, in der auch sein Berufswunsch und sein sexuelles Symptom entstanden. Eine nachträgliche Lektüre, die die Spuren von vielen unklaren, diffusen und unbenennbaren, aber affektiv wirksamen Wahrnehmungen und Erinnerungen gebündelt und in dem einen Wort «Vorspielen» niedergeschrieben hat, das Herr I irgendwann irgendwo gefunden oder in den rudimentaren elterlichen Gesprächen aufgeschnappt haben wird und das möglicherweise lange unverstehbar in ihm geschlummert hatte.

Wir haben es also streng genommen nicht nur mit einer Vergangenheit zu tun, die mit Gegenwärtigem zusammentrifft und in Verbindung tritt, sondern die *Vergangenheit spaltet sich auf in eine quasi archäologische Vorzeit,* die nur aus ihren

Spuren erschliessbar ist, *und in die Zeiten der nachträglichen Umarbeitung*, die diese Spuren zunächst in die kindliche Phantasie- und Verstehenstätigkeit und später in diejenige des pubertierenden Jugendlichen einbaut und deren Ausläufer bis in die Gegenwart hineinreichen (vgl. Michels 1989).

Kehren wir nun die Blickrichtung wieder um und kommen wir auf das zurück, was sich in den analytischen Gesprächen tut: Kommen wir auf das Scheitern zurück, mit dem sich unsere Patienten an uns wenden und das immer wieder am gleichen Ort, in der gleichen Anspruchskonstellation in ihrem Leben wiederkehrt. Bei Herrn I war es das stets unerfüllt gebliebene Verlangen, mit seiner Leidenschaft für die Musik und mit seiner Tätigkeit als Musiker Anerkennung zu finden. *Das Misslingen können wir jetzt auch in Bezug setzen zum Wirken der drei Zeiten*: Weil in den Ansprüchen, mit denen unsere Analysanten an uns gelangen, etwas wirkt, das aus einer nicht zugänglichen Vorzeit stammt, das als solches nicht zu fassen und nur einer nachträglichen Deutung zugänglich ist, muss zwangsläufig etwas offen und unerledigt bleiben. Es gibt etwas, das nicht einfach erinnert werden und in der wiedergefundenen Erinnerung seine Bedeutung erlangen könnte. Sondern wir haben es mit einer uneinnerbaren, «prähistorischen» Vorzeit zu tun, von der nur Spuren da sind. Diese Spuren sind unsere einzigen Hinweise auf eine immer schon verlorene und nie zugängliche ursprüngliche Bedeutung. Es bleibt eine Kluft, die nicht zu schliessen ist. Keine noch so ehrliche Anerkennung, keine noch so gründliche Erfüllung der Ansprüche kann hier genügen, denn das Verlorene insistiert weiter, unerledigt. Als ein Fragezeichen, das nötigt – und ermöglicht –, immer wieder Deutungen hervorzubringen. Dieses *immer schon verlorene Mehr an Bedeutung verursacht darum ein unabschliessbares Suchen und Fragen, das auch die Analyse – als Bewegung des Suchens und Fragens – erst möglich macht.* Dieses Suchen und Fragen hat Lacan *Begehren* genannt. Und diesem Begehren, das sich um den stets schon verlorenen Rest dreht, sind wir als Analytiker verpflichtet. In dem, was *in* den Ansprüchen unserer Analysanten *über* diese Ansprüche hinausweist, können wir es erfahrbar machen.

Wenn unsere Analysanten sich an uns wenden, wenn sie zu uns sprechen, so tun sie dies als Suchende. Sie erzählen uns, was war, nicht primär aus einem Interesse an der Entschlüsselung der Vergangenheit – das vielleicht *auch* –, sondern in Hinblick auf das, was sein wird, auf das, was ihre Erzählung in der Analyse bewirken kann. Das Sprechen unserer Analysanten ist nicht einfach eine Informationsveranstaltung. Es hat, ich habe im Kapitel «Worum es geht» darauf hingewiesen, einen performativen Aspekt **(S. 30)**. So bringt das Auftauchen des «Vorspielens» Herrn I nicht viel neue Information über die Geschichte seiner Eltern, aber er *erlebt* etwas für ihn ganz Neues, er erlebt, wie dieser Rest, um den sich sein Begehren dreht, *wirkt*. Er selbst, seine Gegenwart steht plötzlich in einem andern Bezug zur Vergangenheit. Solche Erfahrungen bringen eine Wendung in die analytischen Gespräche: Es entsteht ein neuer Zugang zu der verlorenen Vorzeit und zu dem Fragezeichen, das in die aktuellen Konflikte der Gegenwart gewoben ist. So konnte sich für Herrn I in der Analyse ein Raum auftun für all die Fragen, die diese Verbindung von früher und heute aufwirft, und für den Wunsch, dass ich, als sein Analytiker, etwas wissen könnte über das, was sein Fragen, was sein Begehren ist. Dieser an mich gerichtete Wunsch und dieses mir zugespielte Wissen über ihn bildeten so etwas wie das Grundgerüst der Übertragung, in das er im Verlauf der Analyse all seine Fragen, Phantasien und Wünsche eintragen konnte.

Zusammenfassend ergibt sich, dass *die analytische Arbeit genau da einsetzt, wo es im Gespräch mit dem Analytiker zum Rendez-vous der irreduziblen, nie gänzlich aufschliessbaren Vorzeit und ihrer Abkömmlinge mit der Gegenwart kommt.* Das heisst, wo es zu einer Verbindung des aktuellen Konflikts mit den phantasmatischen Bildungen kommt, die sich um die Spuren der Vorzeit herum ranken. Die Analyse setzt an diesem Knotenpunkt in einem doppelten Sinn ein: Einesteils beginnen unsere Gespräche hier, wo die Zeiten zusammenfinden, analytische Arbeit im eigentlichen Sinn zu sein. (Vorher sind sie Vorgespräche oder therapeutische Gespräche im Sinne eines offenen und gedeihlichen Umgangs, denen aber das spezifisch Analytische noch fehlt). Und andernteils ist das der Moment, wo wir Analytiker unseren Einsatz nicht verpassen sollten: Indem ich Herrn I sagte: «Vorspielen, das haben Sie auch über die Beziehung Ihrer Eltern gesagt.», wurde dieses Zusammentreffen erstmals hörbar.

Das Einsetzen der analytischen Arbeit ist also nicht nur ein Knotenpunkt der Zeiten, sondern es ist auch ein Knotenpunkt in der Begegnung von Analytiker und Analysant: *Deutung und Übertragung finden hier ihren Initialpunkt, wo sich die Zeiten zu verknüpfen beginnen.*

Kommentar: Deuten

An diesem Knotenpunkt können wir, meines Erachtens, die primäre Funktion der Deutung erkennen: *Ihre erste Funktion ist es, das Wirken der Vorzeit in der Gegenwart manifest werden zu lassen und zu markieren.* Die Deutung ist, dieser Überlegung zufolge, nicht in erster Linie ein Versuch, etwas zu verstehen, einen verborgenen Sinn zu finden oder gar eine historische Konstruktion vorzunehmen. Sie kann sehr bescheiden sein, einfach darin bestehen, ein gesagtes Wort zu Gehör zu bringen, auf eine Auslassung oder Mehrdeutigkeit hinzuweisen, einen Satz anders zu interpunktieren oder, wie im Beispiel vom Vorspielen, einen Zusammenhang festzuhalten. All das, auch wenn es primär nicht Verständnis schafft, bezeichne ich als Deutung, weil und insofern es das Zusammentreffen der Zeiten hörbar macht.

Die Deutung hat nicht die Aufgabe, Wissen zu schaffen, sondern etwas hervortreten zu lassen: Sie lässt spürbar werden, wo und wie die unfassbare, «archäologische» Vorzeit in uns etwas Irreduzibles hinterlassen hat, das wir nie ganz aneignen können und das sich nie ganz in Sinn auflösen lässt, sondern das als ein bis heute wirkendes Fragezeichen insistiert. So führt sie den Analysanten dorthin, wo wir Menschen immer schon – notgedrungen, weil wir nicht anders konnten – gedeutet haben. Und so können mit den Deutungen in der Analyse nun die Deutungen, die wir zu unserer Lebens-Geschichte gemacht haben, zurückverfolgt werden bis zu den letztlich unlösbaren Fragen, auf die sie eine Antwort zu finden versucht haben. Eine Antwort, die, so fest und starr sie sich auch in unsere Seele eingeschrieben haben mag, immer nur *eine mögliche* ist. So erfahren wir den *Möglichkeitscharakter* – und damit auch die Veränderbarkeit – jeder Deutung.

Was umgekehrt aber nicht heisst, dass jede Deutung möglich ist: Damit die Deutung wirken kann, muss sie die Signifikanten aufgreifen, die sich bei unseren Analysanten starr und fest eingeschrieben haben.

Die analytische Deutung, in diesem Sinn verstanden, hat nicht Wissen zum Ziel und ist darum auch nicht zwangsläufig an das Wissen und Verstehen des Analytikers gebunden, sondern sie ist an den richtigen Moment gebunden. An den kairos, wie die Griechen gesagt haben. Die Deutung ist ein Auflesen: Sie setzt sich aus dem zusammen, was uns zu hören gegeben wird. Und wenn sich darin etwas zusammensetzt, was das aktuelle Sprechen mit den Zeiten der Vergangenheit verbindet, dann ist ihr Moment gekommen. «Der Löwe springt nur einmal», hat Freud gesagt; um diesen günstigen Moment geht es.

Die Deutung lässt sich folglich auch nicht forcieren: Wir können als Analytiker nicht willkürlich, dann wenn es uns passt, den aktuellen Konflikt mit einer supponierten Vergangenheit zusammenführen, wo diese Verbindung im Material (noch) nicht greifbar ist. Tun wir dies, so führt es auf Seiten des Analysanten zu einem verobjektivierenden Selbstverkennen statt zu einer Wirkung: Statt dass etwas vom Wirken des Irreduziblen in der Gegenwart manifest würde, werden einfach Bilder und Vorstellungen über den Analysanten hergestellt, in denen er sich nicht nur erkennt, sondern auch verkennt.

Insofern ist, was wir deuten, immer zuerst beim Analysanten: Es ist der Analysant, der das, was wir deuten, gesagt hat (S. 63). Allerdings heisst das nicht unbedingt, dass er immer auch schon hören kann, was er sagt. Ein gefundener Signifikant kann durchaus zeitlich versetzt bei Analytiker und Analysant zur Wirkung kommen. Es kann durchaus sein, dass man als Analytiker etwas gehört hat, was dem Analysanten noch nicht viel sagt. Das kann besonders am Anfang einer analytischen Arbeit eine Rolle spielen, wenn ein Patient den Schritt zum Analysanten noch gar nicht so ganz vollzogen hat. Erinnern wir uns an die Frau, die vom Ei-jakulat sprach: Sie brauchte eine gewisse Zeit, um begreifen zu können, dass sie da etwas Wichtiges und für die weitere Analyse Hilfreiches gesagt hatte (**S. 45**). Der Analytiker hat hier einen erheblichen Erfahrungsvorsprung, der ihm auch die feinfühligen und wirksamen Worte gibt, um seinen Patienten in solchen Situationen etwas auf die Sprünge zu helfen.

Manchmal braucht es Deutungen von verschiedenen Verknüpfungspunkten des Materials, bis dem Analysanten ein Perspektivenwechsel möglich wird, der sich für den Analytiker vielleicht bereits nach dem Hören *eines* Signifikanten angedeutet hatte. Dass Erfahrung und geübtes Ohr des Analytikers sehr wertvoll sind, heisst aber nicht, dass der Analytiker den Analysanten von der Triftigkeit seiner Interpretation überzeugen könnte oder sollte. Walter Benjamins hinterhältiger Satz: «Überzeugen ist unfruchtbar», gilt auch hier. Ich komme auf diesen Punkt bei der Diskussion der Übertragungsdeutung nochmals zurück (**S. 175**).

Jedenfalls ist es für uns Analytiker entlastend, auch immer wieder daran zu denken, dass jede Deutung auch eine Zeit des Begreifens braucht, deren Länge nicht immer gut überschaubar ist. So wie der Bauer im Frühjahr säht, aber erst im Herbst erntet und warten muss, bis die Saat aufgeht, so ist es manchmal auch bei Deutungen: Manche wirken schon, aber die Wirkung wird erst nach einer erheblichen Latenzzeit im Diskurs spürbar.

Während des Hörens kümmern wir uns nicht um theoretisches Verständnis und Konzeptualisierung des Gehörten, das würde uns nur ablenken. Die Theorie bleibt im Hintergrund, was aber auch heisst, dass unser theoretisches Wissen auch zu all dem gehört, was uns beim Hören einfallen kann. Und manchmal einfällt und manchmal nicht (**S. 122**). Eine gute Theorie ist ein wertvolles Hilfsmittel, wir richten uns im Einzelfall aber nicht danach, ob unser Hören der Theorie Rechnung trägt oder nicht. Wo wir zu sehr ein bestimmtes theoretisches Konzept im Kopf haben, behindert das unser Hören – und wir müssen uns wieder klar werden, was uns in diese Enge getrieben hat (**S. 190**).

Hilfreich kann die Theorie sein, wenn wir zwischen verschiedenen Deutungsmöglichkeiten nicht recht entscheiden können. Wir werden uns dann primär an das halten, was die Zeiten, insbesondere auch mit der Aktualität der Übertragung, am dichtesten verknüpft. In zweiter Linie können wir dann auch davon ausgehen, dass der Deutungseinfall am aussichtsreichsten sein könnte, der nicht nur der konkreten besonderen Situation, sondern darüber hinaus auch der allgemeinen Theorie Rechnung trägt. Wenn zu viele Freiheitsgrade offen sind, stehen wir Analytiker vor der Entscheidung: Sollen wir weiter zuwarten, bis sich eine Verdichtung im Material herausbildet oder kann die Theorie helfen, etwas auf den Punkt zu bringen? Kann sie helfen, eine Schliessung zu finden, die zu einem fruchtbaren

Verlust werden kann? Das Anklopfen der Theorie in unsern Einfällen kann also gegensätzliche Effekte haben und zu Scheuklappen wie auch zu einer Katalysatorwirkung führen. Hier gibt es vielleicht auch einen Unterschied zwischen Psychoanalyse und psychoanalytischer Psychotherapie: Das Setting der klassischen Analyse lässt uns wohl gelassener und geduldiger zuwarten, während uns das psychotherapeutische Setting eher zum Schliessen drängen mag, weil wir uns sagen: Wenn jetzt nichts geschieht, geht es wieder eine Woche, bis es weitergehen kann. Die Handhabung des dadurch entstehenden Drucks ist nicht einfach – und zeigt einmal mehr, dass das psychoanalytisch-psychotherapeutische Arbeiten ganz besonders anspruchsvoll ist!

Die Deutung muss nicht in jedem Fall vom Analytiker her kommen, es gibt auch Situationen, in denen unsere Analysanten selbst auf sie stossen, quasi darüber stolpern. Als Analytiker müssen wir das hören und bezeugen. Es ist auch nicht so, dass die Deutung ausschliesslich an die analytische Situation gebunden wäre: Wir alle kennen wohl das leicht unheimliche Erschrecken, wenn uns jemand plötzlich mit einer Deutung konfrontiert: Damit ist gerade nicht eine psychologische Hypothese, die mehr oder weniger zutreffend ist, gemeint, sondern jenes Aufgreifen und Quittieren von besonderen Momenten, wo sich in unsere Aussage eine Mehr-Bedeutung eingenistet hat, die wir erst in dem Moment bemerken, in dem jemand anders sie aufgreift. So etwas kann vielerlei Konsequenzen haben, es erzeugt aber sicher ein Übertragungsgefühl: Da sieht uns jemand hinter den Rücken, da weiss jemand etwas von uns, was uns selbst entgangen ist.

Die Analyse beginnt mit einem Scheitern: In unsere Gefühle, in unsere Wünsche hat sich ein Misslingen eingeschlichen, das wir nicht wegbekommen, im Gegenteil, das uns immer wieder einholt und leiden lässt. Die Analyse kann dieses Scheitern nicht in einen Erfolg verwandeln, sie kann es wohl in seinen negativen Konsequenzen abmildern und dies manchmal sogar sehr weitgehend. Aber sie kann das insistierende Fragen, auf das das Scheitern antwortet, nicht auflösen. Die Analyse führt zu etwas anderem. *Sie verwandelt das Scheitern in eine Unmöglichkeit:* In die Unmöglichkeit, die Lücke zu schliessen, die das Nicht-Erinnerbare, Unfassbare, Vorzeitige in uns aufgetan hat und die wir nur als immerwährendes Fragezeichen aufnehmen können. Letztlich ist das die Kluft zwischen Unbewusstem und Bewusstem, die die Analyse nicht schliessen kann, die sie uns nur anzunehmen lehren kann. Diese Kluft hört nie auf zu wirken und darum sind wir auch nie «ausanalysiert».

Diese Unmöglichkeit zu anerkennen, heisst, zu anerkennen, dass wir das Vergangene nicht abstreifen können. Wir sind nicht «ganz» wie das Kind, das, wie Hölderlin seinen *Hyperion* sagen lässt, «noch mit sich selber nicht zerfallen» ist, wir sind unausweichlich in die Kluft von Vorzeit und Sprachlichkeit geraten. Indes, die Vergangenheit hält uns nicht einfach in ihren Klauen, wir sind nicht nur ihr Produkt, sie ist auch unsere Schöpfung. Gerade weil sie unmöglich angeeignet werden kann, lässt sie etwas offen, das wir immer von neuem deuten können. Wo etwas immer offen ist, kommt das Neue ins Spiel. Gerade da, wo wir mit etwas nicht «fertig» werden können, wo wir wieder und wieder es einholen wollen, gerade da sind wir auch schöpferisch. Jede Wiederholung ist auch eine «Erinnerung in Richtung nach vorne» (vgl. Langlitz 2005, Kp. 6). Mit jeder Wiederholung bringen wir etwas hervor, das vom Früheren – wie minimal auch immer – abweicht. Und mit jeder Neuschöpfung definieren wir auch das letztlich unfassbare Vergangene neu: Das wird es gewesen sein. Das Vergangene ist nicht einfach, «was war», sondern «was es gewesen sein wird». Es ist nichts Abgeschlossenes – Vergangenes –, sondern es wirkt durch diese Verschleifung mit der Zukunft in der Gegenwart. Wir können das Vergangene nicht loswerden, aber wir können es, wie Rilke sagt, «anverwandeln».

Dazu Lacan: «Was ich im Sprechen suche, ist die Antwort des anderen. Was mich als Subjekt konstituiert, ist meine Frage. Um vom anderen erkannt zu werden, spreche ich das, was war, nur aus im Blick auf das, was sein wird. Um ihn zu finden, rufe ich ihn bei einem Namen, den er, um mir zu antworten, übernehmen oder ablehnen muss.

Ich identifiziere mich in der Sprache, aber nur indem ich mich dabei in ihr wie ein Objekt verliere. Was sich in meiner Geschichte verwirklicht, ist nicht die abgeschlossene Vergangenheit (passé défini) dessen, was war, weil es nicht mehr ist, auch nicht das Perfekt dessen, der in dem gewesen ist, was ich bin, sondern das zweite Futur (futur antérieur) dessen, was ich für das werde gewesen sein, was zu werden ich im Begriff stehe.» (Lacan 1973, 143)

Das Unfassbare, Offene ist in einem Spiel mit dem Teil der Vergangenheit, der uns fixiert und unabänderlich trifft: Erinnerungen, Worte, die sich in unsere Seele und in unseren Körper eingemeisselt haben. Die sich gerade deswegen eingemeisselt haben, weil sie nicht die einfachen, harmlosen Erinnerungen sind, sondern diejenigen, in die sich die unlösbaren, beunruhigenden Fragen eingetragen haben.

Stellen wir uns vor: Ein Kind, 4 oder 5 jährig, ängstlich. Es hat die Erfahrung gemacht, dass die Mutter unverfügbar sein kann, einfach weg. Ein kleines Geschwister ist zur Welt gekommen, dem die Aufmerksamkeit der Mutter gilt. Unser Kind sucht die Mutter: Liebt sie es noch? Was ist los? Die Situation ist beunruhigend – aber auch spannend. Niemand sagt: «Wo bist du?», wenn das Kind auf den Estrich verschwindet. Niemand sagt: «Komm sofort zurück!», wenn das Kind auf die Dachterrasse klettert. Aber wäre es ihr gleich, wenn man hinunterfiele? Es ist zum Schwindligwerden, die Situation ist heikel, zugespitzt. Das Kind kann nicht einschlafen, es ruft die Mutter, eine Zusatzgeschichte wird erzählt. Es kann nicht einschlafen, im Vorhang raschelt es, die Mutter lässt etwas Licht an. Es kann nicht einschlafen, und so weiter, immer wieder muss die Mutter kommen. Es erfindet eine Geschichte: «Ich bin auf ein paar Kisten gestiegen und fast runter gefallen, es war so ein komisches Gefühl.» «Ach, weisst du», sagt die Mutter, «das ist ein Schwindel».

Es werden eingebrannte Worte sein, in einem strategischen Moment gesprochen: Wie weit darf ich von ihr weg? Wie viel Welt steht mir zu? Liebt sie mich noch? Bin ich schuld, dass sie mir gegenüber anders ist? Braucht sie mich gar nicht, wenn sie einfach mit dem Papa ein anderes Kind macht? – Das sind die Fragen, um die es bei der geflunkerten Klettergeschichte geht. Und die Antwort: Schwindel. Was heisst das? Was will sie mir sagen: Bin ich krank? Habe ich geschwindelt? Habe ich Schwindel oder bin ich eine Schwindlerin? Ist es das, was ich für sie bin?

Das Kind ist kein Kind mehr, es ist eine Frau, Frau J, die diese Szene vergessen hat und die beim Analytiker Hilfe sucht wegen ihren hypochondrischen Ängsten. Und die sich immer wieder selbst im Verdacht hat, «hochstaplerisch» zu sein, trotz aller Anerkennung für ihre Leistungen, die sie von links und rechts erfährt.

Natürlich ist es in der Analyse elementar wichtig, die vergessene Szene wieder zu finden. Erst das wird es Frau J erlauben, sich vom eingebrannten Wort, das ihr eine Lebensgeschichte als schwindlige Schwindlerin auferlegt hat, trennen zu können. Aber ganz wird diese Trennung nicht möglich sein, denn an diesen Worten hängt die Frage, die offen, unerledigt bleibt: Wie steht die Mutter zu ihr? Was will sie von ihr? Soll sie der Abfall sein, der vom Stapel oder vom Dach fällt, der faule Apfel sozusagen, der vom Stamm der Familie abfällt? Niemand wird diese Frage je abschliessend beantworten können, auch die vielfach später erfahrene Liebe der Mutter nicht. Auch der Analytiker nicht.

Indes, diese Frage ist für sie auch so etwas wie ein Schlüssel geworden, mit dem sie die Welt erfährt. Als Philosophin in einem exjugoslawischen Land setzt sich Frau J nun mit nationalistischen Diskursen auseinander, immer mit dem Anliegen, für das «Verunreinigte» einzutreten und gegen Identitätsvorstellungen zu plädieren, die auf Ausschluss von etwas beruhen, das als fremd, als unrein, als Abfall, als wertlos deklariert wird. Das ist der Weg, den sie in oder mindestens während der Analyse gefunden hat.

Ihre unbeantwortbare Frage hat viele Interpretationen durchlaufen, nachdem die Analyse sie im Kern ihres Leidens entdeckt hatte. In vielen Facetten und in kreativer Weise hat Frau J an Stelle des «es ist ein Schwindel» neue Metaphern gefunden und lebensgeschichtlich erprobt. Das Wichtigste aber, was ihr gelungen ist, so denke ich, ist, dass sie die Frage: «Was bin ich für die Mutter, bin ich Abfall?» nicht mehr erleiden muss, sondern so *verwandeln* konnte, dass sie darin ihre Bestimmung im Sinne des eigenen Anliegens finden konnte.

Was zeigt die Lösung, die diese Frau gefunden hat? Sie zeigt, dass wir das, was aus unserer Vergangenheit wirkt und sich in unserem wiederkehrenden Scheitern auswirkt, nicht loswerden können. Wir können es aber aus dem Scheitern herausholen und als Frage wieder finden. Wir können das Gesetz des Scheiterns ausser Kraft setzen und durch ein anderes ersetzen. Aber wir können die Frage, die darin wirkt, nicht ausser Kraft setzen. Wir können nur erkennen, dass wir sie in unserem Leben immer wieder umkreisen. Und wir können das, bestenfalls, annehmen, statt es zu bekämpfen. Das anzunehmen, heisst, zu merken, dass gerade weil die Frage nicht lösbar ist, wir neue Antworten *erfinden* können. Das, wovon wir nicht loskommen können, können wir uns «anverwandeln», um das Wort Rilkes nochmals aufzunehmen.

Statt sich rettungslos zu verheddern in ihren Ansprüchen nach Anerkennung, konnte diese Frau die in ihnen eingewobene Frage anerkennen als ihre Lebensfrage, die *Schicksal und Potenzial* in einem ist. Aus einer drückenden Last der Vergangenheit, aus einem drückenden Wunsch, etwas Uneingelöstes wieder gut zu machen, konnte sie eine Art uneinlösbarer Rest ihrer Geschichte werden lassen, den sie nicht als Abfall eliminieren muss, sondern eher als das Stüpfchen des Zirkels nehmen kann, um das herum sie – und wir alle – unsere Kreise ziehen, wie Angelus Silesius im *Cherubinischen Wandersmann* (1952, Bd. 3, 7) schreibt:

Ich weiss nicht was ich bin
Ich bin nicht was ich weiss:
Ein Ding und nit ein Ding:
Ein Stüpffchin und ein Kreiss.

Das allerdings setzt voraus, dass es uns gelingt, das Neue, das Schöpferische, das Offene zu ergreifen. Die Analyse macht das möglich: Ergreifen muss es der Analytiker im Hören, ergreifen muss es der Analysant, indem er sich ins Offene wagt. Soll das gelingen, so geht es unweigerlich durch Momente der Angst hindurch: Hic Rhodos, hic salta.

Fragen wir uns zum Schluss noch, was es mit dieser Angst auf sich hat. Freud hat bei der Angst das Moment der Trennung besonders hervorgehoben. Die Angst als Trennungsangst befällt uns, wenn in irgendeiner Art Verlassenheit und Hilflosigkeit drohen. Diese Situation ist in unserem Beispiel gegeben in dem Moment, in dem die Analysantin die verschiedenen Travestien, in denen sie das Thema Schwindel durchgespielt hatte, verlassen konnte zu Gunsten einer neuen Setzung: In dem Moment, als sie sagen konnte, ich habe mir mein Philosophiestudium nicht erschwindelt, ich bin nicht eine «Mogelpackung», nein, ich *bin* Philosophin und ich werde als Philosophin arbeiten. Diese Setzung zu riskieren und gegen alle Versuchungen, sie wieder rückgängig zu machen, zu behaupten, das war für sie von heftigen Ängsten begleitet. Die Schamangst, von ihrem Analytiker ausgelacht zu werden, war noch das wenigste. Dazu kamen Ängste, niemand werde ihr Arbeit und Verdienst geben und niemand werde sie in dieser Anmassung, keine Mogelpackung zu sein, noch lieben, sie falle aus allen Bezügen im Freundeskreis, im beruflichen Umfeld und letztlich auch in der Familie heraus. Diesen Ängsten standzuhalten, war ein schweres Stück Arbeit.

16 Warum überhaupt Übertragung?

Die Naturwissenschaften entzaubern die Welt und machen sie stumm. Auch die Menschen: Die Neurowissenschaften interessiert nicht, was die Menschen zu sagen haben, sondern wie ihr Hirn funktioniert. In vorwissenschaftlichen Zeiten haben die Sterne zu uns gesprochen und wir haben sie befragt, um unsere Entscheidungen zu finden. Und Eingeweide von Tieren übermittelten uns Botschaften an kritischen Wendepunkten des privaten und des öffentlichen Lebens. Es war eine Welt, die gelesen und *gedeutet* werden wollte. Heute hat das aus den Naturwissenschaften stammende Weltbild unser Leben so einschneidend durchdrungen, dass wir diesen deutenden Zugang als fremd empfinden. Es würde uns einigermassen seltsam berühren, wenn etwa auf Grund der Deutung eines Traumes von sieben fetten und sieben mageren Kühen Politik gemacht würde. (Wie weit, indes, sind wir davon wirklich entfernt?)

Gewiss jedoch ist die Jahrtausende alte Haltung, Dinge der Aussenwelt und Träume zu lesen als Zeichen, die an uns gerichtet sind, mit der naturwissenschaftlichen Eroberung und Entzauberung der Welt nicht einfach verschwunden. Sie scheint so eine Art immanentes Gegenprogramm zu sein zu einer Sicht auf die Dinge, die diese – nicht auch, sondern: – nur als Objekte, als beobachtbare und manipulierbare Gegenstände behandeln will. Zu einer Lebenspraxis, die auch die Menschen zu Objekten der Forschung, des verändernden Eingriffs und zunehmend auch des Konsums und Genusses macht. Der kaum zu bremsende esoterische Diskurs ist gewiss ein Symptom dieses Gegenprogramms.

Die deutende Haltung, für die die Dinge der Aussenwelt und der Innenwelt etwas anderes sind als stumme Gegenstände der Beobachtung, muss indes keineswegs einem antiwissenschaftlichen Impetus und einem projektiven, magischen Denken entspringen. Sie kann auch einfach aus der Anerkennung davon kommen, dass wir in einer Welt leben, die uns etwas zu sagen hat, weil sie geprägt ist von

Kultur und Sprache. Weil sie von einem feinen Netz von Wörtern, Bedeutungen, Erinnerungen, von zärtlichen und verletzenden Gebärden überspannt ist. Weil sie uns aufnimmt in kulturelle, sprachlich geprägte Bezüge, in die wir in allem, was wir sind, immer schon eingewickelt sind. Und weil wir sie nicht nur mit eigenen Augen, sondern auch mit den Blicken derjenigen Menschen sehen, die wir lieben.

Dass die Dinge der Aussenwelt und der Innenwelt zu uns sprechen und uns zu lesen und zu deuten gegeben sind, ist nicht so ungewöhnlich, wie das dem ersten Eindruck erscheinen mag. Im Gegenteil, es ist eigentlich die gewöhnliche und alltägliche Erfahrung, die indes von einem naturwissenschaftlich eng geführten Blick verstellt wird.

Wie sehr uns Menschen nach der Aufklärung diese Selbstverständlichkeit abhanden gekommen ist, zeigt eindrücklich die Romantik, die sie in Form einer Kunstauffassung neu entdecken musste. Damit bereitete die Romantik gewiss auch den Weg, der zur Psychoanalyse und zum Freudschen Unbewussten führte, auch wenn dieses sich von den romantischen Vorstellungen des Unbewussten sehr unterscheidet.

Es ist jedenfalls die Erfahrung, dass die Dinge der Welt zu uns sprechen, die die Romantik beseelt und den Naturwissenschaftler Novalis sein «Alles spricht» hat sagen lassen: Im Grossen und im Kleinen und Kleinsten geht «alles» uns an und will entziffert sein. «Alles spricht», das eröffnet ein ganz neues Verhältnis zu dem, was uns gering, banal und wertlos schien. Abfall, Rest, Spur und Fossil werden bedeutsam und wertvoll: «*Alles spricht*, das heisst auch, dass die Hierarchien der Repräsentationsordnung abgeschafft werden. Die grosse Freudsche Regel, dass es keine zu verachtenden ‹Details› gibt und dass es im Gegenteil diese Details sind, die uns auf den Weg der Wahrheit bringen, steht in der direkten Kontinuität der ästhetischen Revolution» der Romantik, meint Jacques Rancière (2006, 27).

Die Romantik beerbt die vorwissenschaftliche Vorstellung einer sprechenden und zu deutenden Welt und sie legt selbst viel Aufmerksamkeit auf Wort und Sprechen. Wir finden das zum Beispiel in einem berühmten Gedicht von Joseph von Eichendorff (*Wünschelrute*, 1835) sehr schön verdichtet:

> «Schläft ein Lied in allen Dingen,
> Die da träumen fort und fort,
> Und die Welt hebt an zu singen,
> Triffst du nur das Zauberwort.»

Das Lied ist bis heute nicht abgeklungen, die Träume sind, mit Freud, selbst zum Lied geworden. – Sofern denn jemand da ist, der sie liest, und das ist heute nicht mehr selbstverständlich.

Jemanden zu haben, der mich liest, für den alles, was ich sage, sprechend ist, der das Detail, das ich achtlos wegwerfe, aufhebt und wertschätzt, das holt mich aus meiner Stummheit. Dir diese Position zu geben, das ist die *Übertragung*. Übertragung heisst: Du liest mich und du bist für mich sprechend, so wie früher die Sterne und die Orakel zu uns gesprochen haben. Und weil du sprechend bist, bringst du mich zum Sprechen. Ich anerkenne, dass das, was du mir sagst, mich etwas angeht, weil ich merke, dass ich nicht ein stummer Untersuchungsgegenstand für dich bin, sondern dass du mich wahrnimmst, dass du auf mich reagierst. Ich bin dir zugetan dafür – das ist die positive Übertragung. Aber, pass auf, das kann auch kippen, und dann lass ich dich nicht aus den Augen – das ist die negative Übertragung (vgl. Lacan 1963–1964, 130).

So kommt es, dass wir die Menschen, die uns wichtig sind, in die Erwartung tauchen, dass sie etwas in uns deuten können, was uns angeht. Und umgekehrt, dass uns die Menschen, von denen wir eine Deutung zu hören bekommen, wichtig werden, wir fühlen uns von ihnen angezogen oder wir meiden sie. Wir erwarten, dass die für uns wichtigen Menschen von den Fragen etwas wissen, die uns bedrängen und auf die wir selber keine Antwort haben. Wir erwarten, dass sie etwas über all das wissen, was, so wie wir es erleben, sozusagen hinter unserem Rücken mit uns selbst geschieht; was unsere Sache ist, die uns selbst aber verborgen ist. Wir möchten, dass sie sprechen, so wie die Sterne zu uns gesprochen haben, und manchmal möchten wir sie auch zum Schweigen bringen. Es ist uns wichtig, wie sie auf uns reagieren und wir deuten das sofort als freundlich oder feindlich, als uns anerkennend oder ablehnend.

Weil das so ist, *weil* wir diesen Wunsch nach Antwort haben, weil es diese Bereitschaft zur Übertragung gibt, kann überhaupt jemand sagen: Ich bin Analytiker. Die Übertragung entsteht nicht als Kunstprodukt der Analyse, sie ist immer schon da und allein darum kann sie in der Analyse auch genutzt werden. Der Analytiker muss sie nicht eigens induzieren, er muss sie nur nicht verhindern. Er muss nicht viel dazu tun, dass die Übertragung im analytischen Rahmen entstehen kann, sein aufmerksames Zuhören genügt meistens. Er muss – und soll – kein grosser Verführer sein, er muss kein Zauberwort haben, um uns zum Sprechen zu bringen.

Dazu ein kleiner technischer Einschub: Es wird viel gesprochen über die so genannte *Probedeutung*, die in der Vorphase der Analyse zum Einsatz kommt. Meines Erachtens kann sie vor allem zwei Funktionen haben. Sie kann eingesetzt werden, um die Übertragung in Gang zu setzen, um zu erreichen, dass der Analytiker derjenige sein kann, von dem wir erwarten, dass er etwas weiss über das, was unsere uns selbst verborgenen Beweggründe sind. Gibt sich der Analytiker mit seiner Probedeutung indes tatsächlich die Position eines Wissenden, so hat sie etwas Suggestives und Verführerisches (vgl. Borens 2002, 245), denn der Analytiker, der das Wissen mitnichten hat, zielt in diesem Fall mit seiner Deutung ins Blaue, das er aber fürs Schwarze ausgibt. Die Probedeutung kann zweitens eingesetzt werden, um einen Eindruck zu bekommen, wie ein Patient auf die Manifestationen des Unbewussten reagiert. Sie kann sich dann damit begnügen, ins Blaue zu zielen, ohne ein Schwarzes anzuvisieren und etwa einfach eine Doppeldeutigkeit, einen kleinen Versprecher, ein Insistieren eines Wortes oder einer rhetorischen Figur aufgreifen. Die beiden Funktionen überschneiden sich sicherlich. Indes meine ich, dass es in der Regel genügt, in der zweiten Art vorzugehen, man kann dann vermeiden, ein Wissen vorzutäuschen und verhindert doch nicht, vom Patienten als jemand anerkannt zu werden, der ihm etwas zu sagen hat.

So kann der Analytiker auch leichter vermeiden, sich mit seiner Probedeutung zu täuschen. Das ist nicht unwichtig, denn das könnte für den Patienten Anlass sein, die im vermeintlichen Wissen des Analytikers angebotene Täuschung anzunehmen und sich darin einzurichten und zu verstecken, was die Analyse nicht erleichtert. Das Risiko ist dann, dass der Analysant dem Analytiker das zu sehen gibt, was er meint, dass es der Analytiker von ihm erwartet. So entsteht eine wechselseitige Täuschung, aus der wieder herauszufinden nicht ganz einfach ist. Oder es kann beim Analysanten auch der Eindruck entstehen, der Analytiker wolle ihn auf die Probe stellen. Der Analytiker täusche sich eigentlich gar nicht, sondern wolle nur ihn, den Analysanten prüfen. Damit entsteht indes eine Dynamik, die die Entfaltung der eigentlichen Übertragung irritiert. Gewiss gibt es bei den Analysanten ein Interesse, den Analytiker zu täuschen, um in Ruhe gelassen zu werden. Aber die Angst, der Analytiker könnte sich wirklich täuschen, ist sicher das wichtigere Moment: Darum kann es sein, dass wichtiges Material erst nach einiger Zeit mitgeteilt wird, um zu verhindern, dass der Analytiker vorschnelle Schlüsse daraus zieht.

Zurück zur Übertragung: Übertragung gibt es nur, wo ich zu mir selbst so eingestellt bin, dass meine Wünsche und Empfindungen, meine Gefühle und all das, was mir passiert, mich etwas angehen und mir etwas bedeuten. Nur unter dieser Voraussetzung kann ich von jemand anderem ein Hören und Deuten, das mich betrifft, erwarten und anerkennen. Wer in einer schweren Depression gefangen ist und alles für wertlos hält und, was ihn betrifft, als nichtig und leer empfindet, der kann auch das Sorgen eines andern nicht annehmen. Er wird ungefähr sagen: «Das ist nett gemeint von dir, aber kümmere dich lieber um jemand anders, der es mehr verdient, bei mir ist es doch sinnlos.»

Wer in sich die Spannung nicht kennt zwischen Hinnehmen und Gestalten, zwischen fremd und selbstgemacht, zwischen unwillentlich und willentlich, in der wir uns selbst immer wieder zur Frage werden, für den gibt es keine Übertragung.

Wer sich selbst beispielsweise wie ein Piktogramm erlebt, als Verkörperung des «Autoverkäufers» oder des «Bankers», der wird vom andern nicht hören können, weil er gar keinen andern sucht, der ihn läse **(S. 138 f)**. Er wird den andern in das schematisierte Reiz-Reaktionsmuster einer gefrorenen Sprache, die nur das Verhaltensprogramm «Banker» durchspielen kann, einbinden wollen. Und er wird den andern darin positionieren als Kunden, Direktor usw. und wird seine Worte wie die Anweisungen eines Beipackzettels aufnehmen. Seine versteinerte Identität muss zuerst einen Riss bekommen, bevor jemand anderer für ihn wertvoll werden kann als jemand, der ihm etwas zu sagen hat: «Ich mach doch alles so gut und doch geht es nicht vorwärts.» «Ich habe Geld, Karriere, alles und doch fühl ich mich nicht erfüllt. Was ist los?» – Solches Fragen muss auftauchen können, soll es für ihn Übertragung geben.

Und wer das Gefühl hat, am Steuer seines Lebens zu sitzen und mit sich umgeht, als könnte er sich beliebig nach utilitaristischen oder hedonistischen Kriterien selbst bestimmen und manipulieren, der muss zuerst seine Grenzen erfahren haben, bevor eine Übertragung möglich werden kann.

Wo derartige Varianten zeitgenössischer Identität herrschen, ist der Zugang zur analytischen Arbeit erschwert, denn *es macht keinen Sinn, sich selbst zu befragen und zum Sprechen zu bringen, wo die Anerkennung der eigenen Gespaltenheit und des eigenen Mangels fehlen.*

Dass mir mein seelisches Erleben wert ist, erkundet zu werden und zur Sprache zu kommen, und dass ich hören will, was du mir sagst, das sind also zwei Seiten der gleichen Medaille. Und es ist die Voraussetzung, ohne die ein analytisches Arbeiten unmöglich ist. Wie die Beispiele zeigen, ist diese Voraussetzung nicht immer gegeben. Manchmal kann sie erarbeitet werden und manchmal werden wir feststellen müssen, dass eine analytische Arbeit nicht möglich ist. Das sind dann unsere Grenzen, und es ist wichtig, diese rechtzeitig zu merken und zu anerkennen, sonst kann es für beide Beteiligte sehr schmerzhaft werden (siehe das Beispiel vom «Looser», **S. 211 ff**).

Daneben treffen wir in der Analyse aber auch auf die sozusagen klassische Form eines verdinglichten Teils von uns selber, der in dieser Form der Analyse entgegensteht oder, genauer gesagt, nicht direkt analysiert werden kann. Das ist natürlich das psychische *Symptom*. Die psychischen Symptome haben sich seit den Zeiten Freuds in ihrer Ausdrucksweise gewandelt – insbesondere im hysterischen Spektrum –, aber das Problem, das sie der Analyse stellen, hat nicht an Aktualität verloren.

Das Symptom ist zunächst etwas, das wie ein eratischer Block in unserem Seelenleben steht, ohne deutbare Verbindung zu unseren anderen seelischen Regungen. Freud hat es als Ergebnis eines Kompromisses gelesen: Eine unbewusste

Regung, die im Lichte des Bewusstseins auf Ablehnung und Widerstand stossen müsste, kann dank der Plastizität der unbewussten Vorgänge so abgewandelt werden, dass sie mit den Anforderungen des Bewusstseins kompromissfähig wird. Das ist die Grundlage der Symptombildung. Das Symptom ermöglicht uns, die mit der unbewussten Regung einhergehende Lust trotz des Widerstandes des Bewusstseins zu gewinnen und schliesst sie zugleich in sich ein. Und schliesst sie damit, anders gesagt, auch aus unserem Diskurs aus. Das Symptom adressiert sich an niemanden. So tritt es uns entgegen als etwas, das scheinbar mit unserem psychischen Erleben nichts zu tun hat, und das wir beobachten wie ein störendes, fremdes Objekt, das wir am liebsten eliminieren möchten. Diese Forderung findet dann in der Verhaltenstherapie ihr theoretisches und praktisches Gegenstück.

Die Psychoanalyse hingegen geht das Symptom nicht direkt an – als eliminierbares, störendes Objekt –, sondern sie will die Fäden des Diskurses auffinden, die den Zugang freilegen zu der verstellten, abgewandelten unbewussten Regung, die in ihm wirkt. Die Frage für die Psychoanalyse ist es also, ob es gelingt, diese Regung ins Sprechen einzubinden. Oder, anders formuliert, ob das Symptom Eingang in das finden kann, worüber ich mich selbst befrage und womit ich mich in der Übertragung an den andern richte. Oder, nochmals anders gesagt, ob das Hören des Analytikers das Symptom aufschliessen kann und es für mich sprechend werden lässt. Und, wiederum anders gesagt, ob der Wert, den der Analytiker ihm gibt, mir ermöglicht, das Symptom in seinem Wert für mich zu anerkennen: als ein Scheitern, das ein Gelingen in sich trägt, als eine psychische Schöpfung, in der ein Lied schläft.

Ist nun diese Übertragung, in der du mich hörst und liest, an den Freund gerichtet oder ist sie getragen vom Pfeil des Eros? Freud zögerte mit seiner Antwort keinen Moment – aber warum eigentlich konnte er sich so sicher sein? Weil Übertragung in die Feuersglut der Liebe kippen kann? Aber das heisst doch nur, dass sie nicht immer schon von der Verliebtheit besessen war. Warum soll man sie dann auch in ihren «milden» Formen dem Eros zuordnen? Für Freud war die Antwort klar: weil auch diese milden Formen zielgehemmte Abkömmlinge der Sexualtriebe sind.

Der Eros ist stets im Spiel, wo es in der Übertragung um das scheinbar Sinnlose, Scheiternde, um das scheinbar Wertlose, Banale und Nichtsnutzige geht. Der Analytiker hört es und hebt es auf; nicht die gescheiten Gedanken über Dostojewski, nein das Hingeworfene, das Periphere, das Umsonst interessiert ihn. Dies Interesse an dem kleinen Muttermal in der Rede des Analysanten, an der merkwürdigen Wölbung seiner Sätze, am Tasten seiner Einfälle, am Fleisch seiner Wörter, dies teilt er mit den Liebenden. Unter diesem Hören wird das Sprechen erotisch, ein subtiler Körper (vgl. Lacan 1973, 144).

Um es mit einem Vergleich zu sagen: Das Hören des Analytikers macht aus dem Sprechen des Analysanten das, was Roland Barthes aus der Schrift auf Cy Twomblys Bildern gemacht hat, eine hingeworfene Hose: «… das Stoffknäuel da, das achtlos aus der Hand eines Heranwachsenden, wenn er sich auszieht, auf den Boden gefallen ist – schlaff, träg, gleichgültig. Das Wesen eines Gegenstandes hat etwas mit seinem Abfall zu tun: nicht unbedingt mit dem, was übrig bleibt, nachdem man davon Gebrauch gemacht hat, sondern mit dem, was aus dem Gebrauch *geschmissen* worden ist. So die Schriftzüge von TW [Twombly, CK]. Es sind die Brocken einer Trägheit – daher ihre extreme Eleganz. Als ob vom Schreiben, diesem starken erotischen Akt, die verliebte Müdigkeit bliebe: dieses in eine Ecke des Blattes hingeworfene Gewand.» (Barthes 1983, 9)

Mit der Erotik, mit der Körperlichkeit des Sprechens ist aber keinesfalls ein Geniessen der Redundanz gemeint. Im Gegenteil, es ist das Sprechen gemeint, das sich treiben lässt von Einfall und Assoziation, immer auf der Suche nach dem, was es umtreibt. Es ist das Sprechen gemeint, das den Fäden der Phantasien nachgeht, mit denen wir unsere Welt eingefangen haben, und das in Momenten der Deutung, des Schliessens die Knotenpunkte hervortreten lässt, die die Fäden zum Netz machen. Erotisch ist es nicht, weil es sich genüsslich in der Stagnation einrichtet; erotisch, körperlich ist es, weil es auf seinem Weg die symptomatischen Depots aufschliesst, in denen wir unsere Lust untergebracht haben, weil es die Träume aus ihrem Schlaf weckt, weil es in alle lustprallen Fettnäpfchen tritt, weil es bereitwillig auf den Bananenschalen der Schlüpfrigkeiten ausrutscht. Kurz, um es mit dem Versprecher eines Analysanten zu sagen, weil es auf Triebjagd geht.

Werden wir – Analytiker und Analysant – in die subtile Körperlichkeit des Sprechens finden?

Werden wir, heisst das, in diesem Sprechen die verschlossene, an niemanden gerichtete Lustökonomie des Symptoms aufschliessen können? Oder wird das Symptom in seinem autistischen Geniessen persistieren? Und wird das Wandern, Kreisen, Forschen dieses Sprechens, – das nicht nur ein tastendes Liebkosen ist, sondern auch schmerzhaft, stotternd, verlegen, gereizt usw. sein kann, – in all seinen Verästelungen und Feinheiten zu entfalten sein? Oder wird es im Verlangen nach handfesterer Lust dazu kommen, dass sich die Übertragung in der Liebesforderung schliesst?

Das Spannende ist, dass so unterschiedliche seelische Manifestationen, wie es die Symptome, die Träume, die Fehlleistungen, die kleinen und grossen Missgeschicke des Alltags sind, alle unter den Bedingungen der Übertragung auf den einen Nenner des Sprechens gebracht werden können und dort miteinander kompatibel und zu Fäden des gleichen Netzes gemacht werden können (**S. 135**). Wenn diese Bildungen Eingang in die Analyse finden, geben sie dem Sprechen in der Analyse seine spezifische, hingeworfene Erotik. Was zuerst ausgetrocknete Spur, steinernes Denkmal, vergessenes Archiv, weggeworfener Unsinn war, wird durch das Sprechen in der Analyse geweckt. Indem die Analyse aufliest, was unser Seelenleben aus dem Gebrauch geschmissen hat, geht sie mit dem Eros den Weg der Ablenkung, der Ablenkung von der Rückkehr zum Leblosen und Sprachlosen. Darum ist das Sprechen in der Analyse erotisch – und es ist unser Job, die Erotik, wo sie sich im Leiden und Stolpern auch eingenistet hat, in der Analyse *zum Sprechen* zu bringen.

Heisst das, dass alles im Sprechen Platz findet? Gewiss nicht. Heisst es, dass die Analytiker nur Sprache, Sprache, Sprache kennen? Sicher nicht. Freud hat uns zwar gelehrt, dass den verschiedenen psychischen Bildungen etwas ursprünglich Sprachliches zu Grunde liege, das in der Analyse auch in Sprache zurück übersetzt werden könne und müsse. Sei es der «latente Traumgedanke», sei es der – z. B. ödipale – Wunsch, der in der Symptombildung verdrängt wird, all dies kann ja nur eine unbewusste Umformung erfahren, weil es sprachlich gefasst ist. Die Vorgänge der Verschiebung, der Anspielung, der metaphorischen Umwandlung, der Auflösung von logischen und zeitlichen Gebundenheiten usw., all die rhetorischen Mittel, die unter der Schwelle unseres Bewusstseins am Werk sind, sind ja nur an sprachlichem Material durchführbar.

Aber all diese Vorgänge sind kompliziert, weil sie nicht nur im Medium der Sprache bleiben. Sie treffen mit körperlichen Innervationen, mit bildhaft abgespeichertem Material und mit den Eigengesetzlichkeiten des emotionalen Haushalts zusammen. Die Umsetzungen zwischen Sprache einerseits und Bildern, Ausdrucksverhalten und komplexen körperlichen Symptombildungsvorgängen andrerseits laufen in beide Richtungen und sie generieren – wie alle Übersetzungen – einen unfassbaren, unübersetzbaren Rest. Auf diese Schnittstellen habe ich schon verschiedentlich hingewiesen wie auch auf die Problematik der Unübersetzbarkeit auf Grund der Tatsache, dass es für jeden Menschen eine Vorzeit gibt, in der er der Sprache nicht mächtig und Erfahrungen ausgesetzt ist, die wirken, ohne dass sie sprachlich gefasst wären, und die darum auch im Nachhinein nur umkreist, aber nie ganz getroffen werden können. Und dieses Umkreisen macht uns zu Wunschwesen. Freud hat es, ich komme im nächsten Kapitel darauf zurück, als Ablenkung von der Rückkehr zum Leblosen aufgefasst, die das Werk des Eros ist. Die Sprache der Analyse ist nicht trocken, sie ist nicht intellektuell, sie gibt dem Trieb den subtilen erotischen Körper, mit dem er seine Kreise um diesen Rest zieht.

Die sprachliche Wanderung der Psychoanalyse, ihr forsches Forschen, das wird in ihrem Verlauf immer deutlicher, ist nicht ziellos und auch nicht auf ein Ziel aus, sie ist ein Umkreisen dieses Restes. Und je länger die Analyse dauert, desto deutlicher tritt dieser Rest hervor – Abfall, sinnlos, namenlos – und desto deutlicher wird, dass er das eigentliche Wirkzentrum, der Motor der analytischen Bewegung ist.

17 Übertragung und Wiederholung

Beispiel:

In der Analyse mit Herrn K ist es anders geworden: Er, der immer sehr gern zu den Sitzungen kam, Freude hatte an seinen Einfällen und an den neuen Verbindungen und Zusammenhängen, die sich ihm eröffneten, der auch manche Einsicht zu haben schien und in seinem Leben eine für ihn unbekannte Produktivität und Offenheit im Umgang mit andern Menschen gefunden hatte, er wurde in den Sitzungen zunehmend still, einfallsarm, fand in seiner Erinnerung keine Träume mehr und litt unter dem Gefühl, verschlossen zu sein. Er verstand selbst nicht, was vorging, warum er sich nun aufraffen musste, zu den früher so geliebten Sitzungen zu kommen. Er war sich nicht mehr sicher, ob die analytische Arbeit «gut» sei und ob sein Analytiker wirklich so fähig sei, wie er immer gedacht hatte.

Zäh und mühsam verliefen nun die Sitzungen, auch diejenige, von der zu berichten ist:

Herr K erzählt von einem Besuch bei seiner Mutter, der für ihn schwierig verlief. Die Mutter habe ihn ständig ausfragen wollen. Über seine Arbeit mit ihr zu sprechen, das gehe ja. Aber sie wolle das Gespräch immer auf sein Liebesleben lenken, sie habe natürlich sofort gemerkt, dass etwas nicht stimme und dass es ihm nicht gut gehe. So sei sie eben: sensibel und einfühlsam. Sie stelle die richtigen Fragen. Er indes habe gemerkt, wie er sich immer mehr verschlossen habe. Und gar nicht mit ihr über diese Dinge sprechen wollte. Wenn er ihr gegenüber seine Probleme offen lege, lasse sie ihm keinen Platz, eigene Gedanken und Lösungen zu finden, sondern sie habe immer schon gute Ideen und Vorschläge bereit. Er wisse ja, dass sie das gut meine, aber er könne nicht anders, als sich zurückzuziehen. So sei das Gespräch immer mühsamer geworden und er immer gereizter. Seine Mutter habe das auch bemerkt und habe gesagt, sie wolle doch nur Anteil nehmen.

Der Analytiker unterbricht und sagt: «In der Tat: Anteil nehmen – ihren Anteil nehmen.»

Herr K muss lachen und entspannt sich sofort. Die schlechte Stimmung der letzten Wochen ist wie weggeblasen. Und Herr K findet in der Folge auch einen Weg, seiner Mutter gelassener und doch auch entschiedener zu begegnen: Ihr einfach das zu erzählen, was er erzählen will, und über den Rest mit ihr gar nicht zu sprechen.

Kommentar:

Diese Deutung hatte eine nachhaltige Wirkung, aber sie war natürlich nicht auf ganz jungfräulichem Grund entstanden. Die konflikthafte Beziehung mit der Mutter war das dominante Thema in den vorangegangenen schwierigen Analysewochen. Das war dem Analytiker nicht entgangen und er hatte die Veränderung in den Gesprächen, die mühsamer geworden waren und in denen Herr K verschlossener wurde, auch schon damit in Verbindung gebracht. So hatte er etwa gesagt: «Sie fragen sich, warum es in der Analyse so harzig geworden ist. Vielleicht erwarten Sie, dass auch hier jemand ist, der, wie Sie das von Ihrer Mutter kennen, lieber seine Deutungen und Ratschläge gibt, als Ihnen zuzuhören.»

Solche und ähnliche Deutungen, die man *Übertragungsdeutungen* nennt, waren schon zur Sprache gekommen und von Herrn K auch zustimmend aufgenommen worden. Aber sie hatten nicht die durchschlagende Wirkung der oben geschilderten Intervention.

Warum dieser Unterschied? Nun, die einfachste Antwort lautet: Es war einfach Zeit, es war ein Summationseffekt: Die anderen Deutungen hatten das Terrain vorbereitet. Dass es gerade diese knappe Deutung war, die den Durchbruch brachte, ist mehr oder weniger Zufall. Das ist nicht von der Hand zu weisen, aber ich denke doch, diese Erklärung greift zu kurz:

«Anteil nehmen – ihren Anteil nehmen», das brachte auch *ein bisher ungehörtes, neues Element* ins Spiel. Für Herrn K stand in den vorangegangenen Gesprächen das Schuldgefühl im Vordergrund, sein Schuldgefühl, der liebevollen Mutter gegenüber abweisend zu reagieren. Das Wortspiel «Anteil nehmen» liess nun schlagartig etwas anders hervortreten: Es zeigte die Mutter in ihrem eigenen, egoistischen Interesse. Sie nimmt ihren Anteil, als wäre sie Aktionärin am Unternehmen Sohn.

Das Wortspiel hat das *deutlich* gemacht. Es war nicht so, dass diese Einsicht – beim Analytiker oder beim Analysanten – vorher schon bestand und nur noch in angemessene Worte gekleidet werden musste. Im Gegenteil: Das Wortspiel brachte sie hervor und hat beide Beteiligten überrascht, aber auch sofort begreifen lassen.

Es gibt aber, meines Erachtens, noch einen zweiten wesentlichen Faktor für die Wirkung gerade dieser Deutung: Das Wortspiel wurde in den Worten der Mutter selbst gefunden, *sie* sagte das. Das, mutmasslich, hat Herrn K von seinen Schuldgefühlen entlastet. In den bisherigen Gesprächen über seine Problematik mit der Mutter standen seine eigenen Gefühle im Vordergrund. Anzunehmen, dass die Mutter ein eigenes Interesse verfolgen könnte, war für ihn zwar nicht undenkbar, aber auch nicht frei von Schuldgefühlen. Denn solche Gedanken fielen sofort wieder auf seinen *Wunsch* zurück, dass die Mutter sich so sehr für ihn interessiere. Ansätze dazu hatte es in den vorangegangenen Gesprächen gegeben, so hatte Herr K zum Beispiel gemerkt, dass er die Scheidung der Eltern gewünscht hatte, in der selbstverständlichen Annahme, dass dann er und die Mutter allein zusammenbleiben könnten.

Nun ist es aber die Mutter selbst, die explizit «Anteil nimmt». Und damit ihr eigenes, ihr selbst nicht bewusstes Interesse kundtut. Sie ist nicht nur liebevoll gebend (anteilnehmend), sondern auch aus einem Mangel nehmend (Anteil nehmend). Das hatte Herr K zuvor so nicht denken können. Es gab vor dieser Deutung für ihn nur ein Fragezeichen: Was will sie eigentlich von mir, dass ich mich immer wieder vor ihrer Liebe verschliesse? Nun erst konnte er die Einsicht gewinnen, dass seine idealisierte Mutter selbst ein mangelhaftes Wesen ist, nicht perfekt, sondern ein Mensch aus Fleisch und Blut mit eigenen, genauso kleinlichen Interessen und Schwächen, wie er sie auch hat. Und diesem Menschen kann Herr K auch wieder mit Liebe begegnen. Es ist nicht mehr erforderlich, sich zu verschliessen. Denn er kann in diesem Menschen nun ein Gegenüber sehen, das eigene, ihm fremde Ziele und Interessen hat, dem gegenüber er aber auch eigene Interessen und Gedanken behalten darf.

Theoretisches I:

Was unterscheidet das Deutungswortspiel «Anteil nehmen» von den vorangegangenen Deutungen? Diese waren Deutungen, die die Veränderung, die in der Analyse eingetreten war, als *Wiederholung von etwas Bekanntem* verstanden. Es waren Deutungen vom Typ: «Vielleicht erwarten Sie, hier eine Wiederholung von dem zu finden, was Sie von Ihrer Mutter kennen.» Solche Deutungen erklären das, was in der Analyse auftaucht, als Wiederaufnahme eines alten Beziehungsmusters. Sie gehen von der Vorstellung aus, dass es in der analytischen Arbeit darum gehe, solche Muster zu identifizieren und aufzuzeigen, dass der Analysant sein aus ferner Vergangenheit stammendes Reaktionsmuster nun auf Situationen überträgt, in denen es weder passt noch nötig ist und daher auch abgelegt werden kann.

Eine solche Auffassung von Übertragungsdeutungen ist weit verbreitet. Dass sie bei Herrn K nicht so wirkungsvoll waren, liegt vielleicht daran, dass sie in bestimmter Hinsicht ungenügend sind: Im Übertragungsgeschehen nur die Wiederkehr des Vergangenen zu sehen, schafft keinen Raum für das, was sich erst im Nachhinein als etwas Neues herausstellen kann, für das, was ein neues Element in der Wiederholung gewesen sein wird. Und Wiederholung und Neuschöpfung gehören zusammen, weil Wiederholung nie rein rückwärts gewandt ist. Die Wiederholung macht aus dem, was sie wieder holen will, erst ein *Verlorenes*, das sie immer aufs Neue umkreist.

Warum überhaupt suchen wir das Verlorene wieder? Es geht, so sagt uns Freud, um den Wunsch, eine einmal befriedigende Erfahrung wiederherzustellen, ein Geniessen wieder einholen zu können. «Wahrnehmungsidentität» hat Freud das genannt. Allerdings geht gerade dies einher mit der Notwendigkeit der Trennung: Das wohlige Glück an der Mutterbrust ist auch eine nostalgische Verklärung, die erst durch den Verlust der Mutterbrust geschaffen wird. Um es mit einem Kalauer zu sagen: Abgestillt sein, heisst auch, nicht mehr still zu sein; wo wir selber plappernde Subjekte werden, ist immer schon etwas abgetrennt. Der Todestrieb, das ist Freuds Pointe, geht dahin, den stillen – und das ist letztlich der unbelebte – Zustand wiederherzustellen. Dann wären wir jede Unlust bringende Spannung los. Es gibt im Freudschen Denken so etwas wie einen idealen Punkt, wo Glück, Befriedigung und Spannungslosigkeit mit Leblosigkeit zusammen kommen. Freud hat in *Jenseits des Lustprinzips* auch vom «Nirwanaprinzip» gesprochen. Das Lustprinzip hingegen sucht nicht Spannungslosigkeit, sondern eine Spannungsökonomie, die das Leben sichert. Es wirkt so eigentlich als eine Grenze gegen die Tendenz des Todestriebs. Das Leben ist für Freud darum eigentlich eine Ablenkung von der tödlichen Tendenz (S. 98), es ist deren Aufschub – oder «différance», wie Derrida sagt. Möglich wird diese Ablenkung durch das Wirken des Eros.

Das ist ein auch politisch brisanter Gedanke, denn er weist uns darauf hin, dass die tödliche Tendenz, dass Zerstörungskraft und Grausamkeit nicht zerstört werden können; sie können nur – immer wieder – abgelenkt werden: Jede Errungenschaft des menschlichen Zusammenlebens und der Kultur will immer von neuem errungen sein. Aufklärung, Menschenrechte, die leise Stimme des Intellekts kennen keine Besitzstandwahrung. Freuds Todestriebgedanke zeigt uns die Notwendigkeit, unablässig für diese Anstrengung einzutreten. In diesem Sinne auch hat Derrida an die Psychoanalytiker appelliert (S. 65).

Die Wiederholung ist also auf den erwähnten idealen Punkt des Nirwana, die Rückkehr zum Unbelebten ausgerichtet und ist zugleich Ablenkung davon. Sie trägt in den Todestrieb die Neuschöpfung als Werk des Eros ein. Und sie trägt umgekehrt ins Lustprinzip den Todestrieb ein, sie ist ein Überschreiten der Grenze des Lustprinzips. Darum ist sie primär eine unlustvolle Erfahrung, die sich psychisch als Störung, als Misslingen, als Scheitern äussert. Das zeigt uns auch das Beispiel von Herrn K.

Nun führt aber offensichtlich nicht jede Erfahrung der Trennung auch zur Wiederholung des Verlorenen. Zu einer Wiederholung, die sich zwangsmässig aufdrängt, als *Wiederholungszwang*, wie Freud sagt. Wir können gewisse Dinge auch ablegen, auf sich beruhen lassen oder als Erinnerung aufbewahren. Erinnerung, das ist so etwas wie ein Zauberwort in Freuds Psychoanalyse: Es geht immer darum, die Erinnerung wieder zu finden. Das ist für Freud ganz eigentlich das therapeutische Agens. Die Psychoanalyse versucht die verdrängten, verborgenen, unzugänglichen Geschehnisse der Vergangenheit zu rekonstruieren oder, wo das nicht möglich ist, aus den vorhandenen Spuren und Hinweisen zu konstruieren. Erinnern ist heilsam, so ist Freud überzeugt. Was wir erinnern, das müssen wir nicht wiederholen, kann man formulieren in ergänzender Umkehrung von Freuds Aussage, dass wir wiederholen müssen, was wir nicht erinnern können. Darum auch muss die psychoanalytische Arbeit den langen und beschwerlichen Weg über die Übertragung nehmen, weil in ihr die Wiederholung sich aktualisieren und Stück für Stück in Erinnerung umgebaut werden kann.

Wiederholt wird, was nicht erinnert, aber auch nicht vergessen werden kann. Es handelt sich dabei offensichtlich um Geschehnisse, die eine hohe affektive Bedeutung haben und deswegen im Psychischen «fixiert» sind, wie Freud sagt. Die Fixierung ist eine unbewusste Markierung, die uns an das Geschehene bindet.

Wiederholung ist also nicht einfach ein zweites Mal nach Sorrent gehen und es dort wieder so schön haben wie beim ersten Mal. Es ist auch nicht einfach ein zweites Mal nach Sorrent gehen und das Hotel ist umgebaut und heisst jetzt City Hotel statt Albergo Piccolo Sogno und so weiter. Wiederholung heisst, nicht zu wissen, wo wir hingehen, und plötzlich über das rostige Schild vom Albergo Piccolo Sogno zu stolpern, das uns gar nichts mehr sagt. Wiederholung heisst, immer wieder über das Piccolo Sogno-Schild stolpern zu müssen, weil damals, dort irgendetwas von unsrer Seele hängen geblieben ist, ohne dass wir wüssten, was wir eigentlich verloren haben, und immer wieder suchen.

So ist Wiederholung immer auch an ein Rätsel geknüpft, an eine Frage, die uns beschäftigt, ohne dass wir sie überhaupt zu formulieren vermöchten. Bei Herrn K ist es die rätselhafte Einbindung in das Geniessen der Mutter und die Frage, was er für sie gewesen ist. Was ist das Verlorene, das in der Beziehung zu ihr immer wieder umkreist wird und diese Beziehung am immer gleichen Punkt misslingen lässt? In einem Szenario, in dem Herr K sich in namenloser, beunruhigender Art an die Mutter herangesogen fühlt und sich nur noch verschliessen kann, um nicht zu einem Teil ihrer Sphäre zu werden. Auch in die Analyse überträgt sich dies: Er will gar nicht verschlossen und sprachlos sein, aber er kann nicht anders. *Die Wiederholung in der Analyse ist eine Neuauflage der alten Geschichte. Aber diese*

Neuauflage enthält ein Wort, das in den früheren Auflagen noch nicht da war oder zumindest nicht bemerkt wurde: das Wort «Anteil». Das Verlorene findet darin eine Formulierung: Sie will Anteil nehmen. Und diese neue Möglichkeit, das Bedrohliche, Unfassbare benennend sich anzuverwandeln, bringt, wenn es denn gehört wird, Entspannung, weil es Herrn K gestattet, für sein Rätsel eine erste, annähernde Formulierung zu finden: Welchen Anteil muss er ihr geben, welcher Teil für sie sein?

Die Frage, die Herrn K umtreibt, ist also nicht direkt zugänglich, sie kann nur aus den verschiedenen Antworten, die jemand im Laufe seiner Geschichte – und seiner Analyse – dafür findet und erfindet, erschlossen werden. *In der Übertragung erfahren wir die Antworten, ohne die ihnen zu Grunde liegende Problematik zu kennen. Liebe, Hass, Ambivalenz, all die Beziehungsvarianten, mit denen die Analysanten uns begegnen, reagieren auf ihr unbewusstes Umkreisen des Verlorenen und geben uns einen Platz darin.* Mit diesen Antworten richten sich unsere Analysanten, richtet sich auch Herr K an den Analytiker, um gemeinsam herauszufinden, was eigentlich die in ihnen wirkende Frage ist. Diese Frage lässt sich, bestenfalls, im Nachhinein formulieren, wenn die Deutung zugänglich macht, wie sie im Übertragungsgeschehen wirkt.

Es wäre in der Tat also ein Missverständnis zu meinen, dass es genügen könnte, Herrn K deutlich zu machen, dass er in den Analytiker eigentlich die Mutter und deren Reaktionsweisen hineinsehe. Das hiesse das Rätselhafte der Situation und das Wirken der Frage zu unterschätzen. Wenn sich Herr K an den Analytiker richtet, so richtet er sich immer auch an einen *Anderen*, an jemanden, *der seine Frage hören soll*, der das hören soll, was er, Herr K, selbst nur sagen kann, ohne zu wissen, dass er es sagt.

Wenn Herr K die Deutung vom «Anteil nehmen» hört, so kann er sich dem Analytiker gegenüber entspannen. Nicht, weil er eine korrigierende Erfahrung gemacht hat, die ihn belehrt, dass sein altes Muster überflüssig ist. Sondern weil er mit dieser Deutung unmittelbar erfahren kann, dass sein Analytiker tatsächlich an etwas anderem interessiert ist als am Anteil nehmen, dass sein Analytiker daran interessiert ist, zu hören. Und dass er damit in der Tat eine andere Position einnimmt, die Position eines Hörers und eines Zeugen.

Theoretisches II:

Wir sind zu sehr gewohnt, Wiederholung und Übertragung in eins zu setzen und das, was sich in den Sitzungen insistierend wiederholt, nur als Wiederbelebung alter «Klischees» (1912 b, 364) zu verstehen. Wir neigen dazu, Übertragung zu simpel als Wiederkehr einer infantilen Situation zu verstehen, bei der der Analytiker in der Regel in die Position eines ursprünglichen Liebesobjektes – Vater oder Mutter – gebracht wird. Sind wir so eingespurt, so hören wir das, was unsere Analysanten sagen, nur als Ausdruck eines alten Sachverhalts. Wir überhören dabei leicht die besondere, immer wieder neue Art und Weise ihres Sprechens, in der sich vielleicht etwas anderes, noch Ungehörtes mitteilt. Wir sind dann nicht offen, um auf das zu hören, was in der Stunde, in der «Neuauflage» auftaucht.

Ich will das anhand der Überlegungen verdeutlichen, mit denen Freud seinen Text *Zur Dynamik der Übertragung* von 1912 eröffnet:

«Machen wir uns klar,» schreibt Freud, «dass jeder Mensch durch das Zusammenwirken von mitgebrachter Anlage und von Einwirkungen auf ihn während seiner Kinderjahre eine bestimmte Eigenart erworben hat, wie er das Liebesleben ausübt, also welche Liebesbedingungen er stellt, welche Triebe er dabei befriedigt und welche Ziele er setzt. Das ergibt sozusagen ein Klischee (oder auch mehrere), welches im Laufe des Lebens regelmässig wiederholt, neu abgedruckt wird, insoweit die äusseren Umstände und die Natur der zugänglichen Liebesobjekte es gestatten, welches gewiss auch gegen rezente Eindrücke nicht völlig unveränderlich ist.» (1912 b, 364 f)

Lesen wir das, so liegt der Schluss tatsächlich nahe anzunehmen, dass in der Übertragung nun auch der Analytiker in dieses Klischee eingepasst wird und die Beziehung mit ihm von Seiten des Analysanten her einfach nach dem alten Muster gestaltet wird.

Indessen fährt Freud, in unmittelbarem Anschluss an die zitierte Stelle, folgendermassen fort:

«Unsere Erfahrungen haben nun ergeben, dass von diesen das Liebesleben bestimmenden Regungen nur ein Anteil die volle psychische Entwicklung durchgemacht hat; dieser Anteil ist der Realität zugewendet, steht der bewussten Persönlichkeit zur Verfügung und macht ein Stück von ihr aus. Ein anderer Teil dieser libidinösen Regungen ist in der Entwicklung aufgehalten worden, er ist von der bewussten Persönlichkeit wie von der Realität abgehalten, durfte sich entweder nur in der Phantasie ausbreiten oder ist gänzlich im Unbewussten verblieben, so dass er dem Bewusstsein der Persönlichkeit unbekannt ist. Wessen Liebesbedürftigkeit nun von der Realität nicht restlos befriedigt wird, der muss sich mit libidinösen Erwartungsvorstellungen jeder neu auftretenden Person zuwenden, und es ist durchaus wahrscheinlich, dass beide Portionen seiner Libido, die bewusstseinsfähige wie die unbewusste, an dieser Einstellung Anteil haben.» (1912 b, 365)

Was heisst das nun? Erstens enthält diese Stelle eine Erklärung dafür, warum es überhaupt zur Übertragung kommt: Es ist die «Liebesbedürftigkeit», die ihr Ziel nicht vollumfänglich erreichen kann. Es gibt etwas Unerfülltes, das bewirkt, dass wir das Verlorene, das in der Entwicklung aufgehalten und irgendwo fixiert geblieben ist, immer wieder suchen müssen. Wir müssen es in der Phantasie suchen oder es ist gänzlich den Mechanismen des Unbewussten überlassen. Und gerade diese unbewussten, phantasmatischen Anteile treiben uns in die Übertragung.

Und nun drängt sich ein zweiter Gedanke auf: Wenn also die Übertragung gerade auch von den unbewussten Anteilen induziert wird, so wirken sich diese in ihr auch aus. Was heisst das? Wenn man annimmt, dass die unbewussten phantasmatischen Bildungen etwas umkreisen, das uns unzugänglich und immer schon verloren ist, wie Freud an anderer Stelle sagt, so müssen wir folgern, dass es nicht einfach ungünstigen Lebensumständen zuzuschreiben ist, wenn unsere Liebesbedürftigkeit in der Realität nicht vollumfänglich befriedigt wird. Sondern das ist ganz eigentlich ihr inneres Gesetz. In der Liebe wird folglich das immer schon Verlorene gesucht, das als solches aber auch in ihr uneinholbar ist.

Und daraus können wir nun drittens einen für die klinische Arbeit wichtigen Schluss ziehen: *Diese Bindung der Übertragung an die Mechanismen des Unbewussten – Metaphorisierung, Verdichtung, Verschiebung – bringt es mit sich, dass sich diese verändernden Mechanismen auch in der Übertragung manifestieren und Neuschöpfungen bilden.* Freud spricht darum von der Übertragung als von Neudrucken und Neuauflagen – eines Textes indes, müsste man beifügen, für den es gar nie eine zugängliche Urfassung gab und der daher immer schon als Interpretation und Neuschöpfung daherkommt. Diesem Neuen müssen wir als Analytiker auch in der Analyse Raum geben, sonst kann sich das Subjekt nicht entfalten. Und wie anders könnte es seine Möglichkeiten zu lieben, Lust zu empfinden und zu leben, erweitern statt beengen?

Es ist für uns Analytiker also wichtig, in den Übertragungen unserer Analysanten dieses Suchen zu vernehmen und zu merken, dass die Übertragung überhaupt erst in Gang kommt durch die Frage nach dem, was im Lieben sein Ziel verpasst und offen bleibt.

Übertragungen kommen aber als Antworten daher. Sehen wir nur diese ihre Antwortseite, sehen wir sie nur als immer schon fertige «Klischees», so verpassen wir das unabschliessbare Element des unbewussten Wirkens. Daher ist es eine bekannte klinische Erfahrung, dass wir leicht in Streit mit unsern Analysanten kommen können, wenn wir die Übertragung schlicht als Wiederholung einer infantilen Liebeskonstellation deuten. Dass auch Freud selbst davon nicht ganz frei war, hat Safouan treffend nachgewiesen (1997, 27 ff). Man findet bei Freud manche ausgesprochen kriegerische Äusserung zur Übertragungsdeutung: «Dieser Kampf zwischen Arzt und Patient, zwischen Intellekt und Triebleben, zwischen Erkennen und Agierenwollen spielt sich fast ausschliesslich an den Übertragungsphänomenen ab. Auf diesem Felde muss der Sieg gewonnen werden…» (1912 b,

374). Die Analysanten fühlen sich da, zu Recht, in ein schematisches Korsett gesteckt, das das nicht trifft, wofür sie uns eigentlich aufsuchen. Wir Analytiker sind in der Übertragung nicht nur die Zweitperson im Liebesklischee, sondern wir sind zugleich auch Adressat der unbewussten Frage des Analysanten (S. 75). Und dieser ist unser Hören verpflichtet.

Gewiss, diese Aufgabe kann sehr schwierig sein. Und sie kann uns auch von unsern Analysanten sehr schwer gemacht werden, wenn diese z. B. in ihrer Übertragungsverliebtheit auf nichts anderem beharren wollen als auf der Erfüllung ihrer Liebessehnsucht, hier und jetzt. In *Bemerkungen über die Übertragungsliebe* findet sich die bekannte Stelle, wo Freud vom Scheitern der Analyse bei «Frauen von elementarer Leidenschaftlichkeit» spricht, die nur zugänglich seien «für Suppenlogik mit Knödelargumenten»: «Bei diesen Personen steht man vor der Wahl: entweder Gegenliebe zeigen oder die volle Feindschaft des verschmähten Weibes auf sich laden. In keinem von beiden Fällen kann man die Interessen der Kur wahrnehmen. Man muss sich erfolglos zurückziehen und kann sich etwa das Problem vorhalten, wie sich die Fähigkeit zur Neurose mit so unbeugsamer Liebesbedürftigkeit vereinigt.» (Freud 1915 a, 315) (Immerhin bleibt da – wenigstens für Freud – eine Frage offen!)

Im *Abriss der Psychoanalyse* bemerkt Freud, dass der Analytiker ein Interesse hat, «dass weder die Verliebtheit noch die Feindseligkeit eine extreme Höhe erreichen» (1940 a, 102). Ich lese das dahin gehend, dass es so für den Analytiker technisch leichter ist, die Frage des Unbewussten in der Übertragung offen zu halten. Denn sie würde schier unhörbar, wenn die Ansprüche: «Liebe mich!» oder «lass mich in Ruhe» alles beherrschen. Und umgekehrt gilt auch: Wenn wir als Analytiker die Frage des Unbewussten hören und deuten, so ist das auch ein Schutz davor, dass Übertragungsverliebtheit und -feindschaft wuchernd überhand nehmen.

18 Jenseits der Liebe

Beispiel:

Herr L, ein beruflich ziemlich erfolgreicher Chirurg, kam zu mir, weil seine erste längere Beziehung in Brüche zu gehen drohte. Er war 39 und hatte, bis er etwa 36 jährig war, ausschliesslich kurze, unverbindliche Affären gehabt. «Mit Eva», so sagte er, «das war meine erste Liebesbeziehung.» – Und diese war jetzt, nach etwa drei Jahren, drauf und dran, auseinanderzubrechen. Eine Therapie, so meinte er, wäre für ihn schon lange fällig gewesen, aber er habe immer Beruf und Karriere vorgeschoben. Jetzt stehe er vor einem Scherbenhaufen und wisse nicht weiter. Er habe immer viele Frauen um sich herum gehabt, er sei auch in einem «Weiberhaushalt» aufgewachsen, aber – das sei ja wohl klassisch – entweder ziehe ihn eine Frau sexuell an und dann könne er sonst nichts mit ihr anfangen oder dann gebe es Frauen, mit denen er sich sehr gut verstehe und sehr gut sprechen könne, (wahrscheinlich habe er darum nie einen Therapeuten aufgesucht), aber dann sei da keine erotische Anziehung. Mit Eva habe er sich zum ersten Mal in eine Frau verliebt, die ihn auch interessiere. Aber so stimme es nicht ganz, vielleicht sei es eher so, dass manche Frauen, die ihn sexuell reizten, ihn auch sonst interessiert hätten, aber irgendwie sei dann immer schnell die Luft drausssen gewesen.

Im Verlauf der Therapie stellte sich so etwas wie ein Schlüsselerlebnis heraus: Als Jugendlicher hatte Herr L sehr für eine Frau geschwärmt, die, ein paar Jahre älter als er, in der Stadt als Schauspielerin ziemlich bekannt war. Das hatte seinem Vater offenbar überhaupt nicht gepasst. Es war ihm indes gelungen, diese Frau kennenzulernen und auch mit ihr zu schlafen. Dafür wurde er von seinen Schulkollegen bewundert und beneidet. Aber dann, als er sie wieder treffen wollte, klappte gar nichts mehr: «Es war, als würde ich neben mir stehen und mir selber zuschauen, ich war draussen, hölzern und gehemmt. Es war, als sei die Blase geplatzt. Beim ersten Mal war ich ganz drinnen, da ging's einfach darum, sie ins Bett zu kriegen. Alles andere interessierte mich nicht. Doch dann kamen so

Gedanken, ich sah mich schon in den Klatschspalten, als erfolgreichen, attraktiven Mann. Und dann beim zweiten Mal, ich weiss nicht, die Luft war draussen, ich kam mir plötzlich so klein vor.»

Das sei für ihn ein Schock gewesen, über den er lange nicht hinweg gekommen sei. Er sei damals sehr depressiv geworden. Nach einiger Zeit habe sein Vater das Heft in die Hand genommen und kurzerhand die Tochter eines befreundeten Ehepaars mit in die Ferien genommen. Es sei dann auch tatsächlich eine Beziehung daraus geworden und er habe bis heute mit dieser Frau, die er sehr gern habe, noch Kontakt. Aber sexuell habe es überhaupt nicht geklappt. Nicht, dass er impotent gewesen wäre, aber er habe einfach keine Lust gehabt und sie hätten es bald aufgegeben.

In vielem, was Herr L sagte, schwang unüberhörbar auch ein Bezug zum Körper mit: «Gross» und «klein», «drinnen» und «draussen», «die Blase platzt», «die Luft ist draussen»: Assoziationen an das männliche Organ und seine verschiedenen Funktionen stellten sich ein.

Dazu fügte sich im Lauf der Therapie ein aufschlussreiches biographisches Detail: Er war ein Nachzüglerkind nach zwei zehn und elf Jahre älteren Schwestern. Die jüngere dieser beiden Schwestern war schon bald in eine andere Stadt gezogen, die ältere hingegen war lebensbedrohlich an Krebs erkrankt und viel zu Hause. Die Mutter neigte zu Depressionen und war überfordert, der Vater geschäftlich viel abwesend. Mit kleinen Kasperleaufführungen und ähnlichem hatte er seiner kranken Schwester viel Freude machen können. Herr L war in der angstvollen Zeit, als ihr Überleben fraglich war, überzeugt, die Freude für seine Schwester zu sein, ohne die sie nicht leben könnte, dass sie dank, wegen ihm am Leben bleibe. Das, so meinte er, war für sie so etwas wie die Luft, die sie zum Atmen brauchte. Allerdings, und das wurde ihm zunehmend klar, zahlte er auch einen Preis dafür, der (selbst) auserwählte Retter zu sein: Die Kehrseite war es, ein «Kleiner» zu sein: «Mein Kleiner», so nannte ihn die Schwester zärtlich. Obwohl die Schwester geheilt werden konnte, hatte er es bis heute nicht gewagt, sich aus der engen Beziehung mit ihr zu verabschieden und sie ihrem eigenen Schicksal zu überlassen: Wahrscheinlich sei er auch wegen dieser Geschichte Arzt geworden. Noch immer halte er sich für verantwortlich und habe ein schlechtes Gewissen, wenn er sie nicht mindestens zweimal in der Woche anrufe. Umso mehr, als sie ledig geblieben sei und sehr an ihm hänge. Er sei wohl ihre wichtigste Vertrauensperson. Aus seinen Erfahrungen mit ihr komme wohl auch, dass er so gut mit Frauen reden könne und dass er eigentlich nur weibliche Vertraute und Freunde habe.

Mit diesen gab es etwas Merkwürdiges, das mir eine Art Fortsetzung des Theaterspielens zu sein schien: Er sprach mit Frauen unendlich gern und unendlich viel über sich selber, aber diese «tiefen Gespräche» führten nie zu Erkenntnissen oder Entschlüssen, sondern sie waren eine Art Entblössung seines Innenlebens und ein gemeinsames Beschauen von dem, was er da vor seinen Zuhörerinnen oder vielmehr Zuschauerinnen ausbreitete. Interessanterweise hatten viele dieser Gespräche einen ganz ähnlichen Verlauf: Sie nahmen ihren Ausgang von irgendeinem anstehenden Problem, für das Herr L eine Lösung finden wollte. Trafen seine Ideen dann auf die Äusserungen der anderen, die die Sache mit andern Augen anschauten, so zog er sie sofort zurück und es entstand ein unentscheidbares Nebeneinander: Man könnte so, man könnte so, aber auch so. Gern versetzte er sich in die verschiedenen Varianten, spielte sie vor und geriet so im Verlauf solcher Gespräche in die Position, selbst Zuschauer seiner eigenen Vorführungen zu werden. Er sah sich zu, wie er die Probleme zur Darstellung brachte, wie er sein Problem, sich selbst *inszenierte*, aber einen eigenen Standpunkt konnte er nicht mehr aufrecht erhalten.

Mit Eva indes läuft es anders. Hören wir Herrn L: «Wissen Sie, Eva ist ein sehr sensibler und feinfühliger Mensch, aber das Problem ist, dass ich mich immer wieder stehen gelassen fühle, wenn ich tiefer gehende Gespräche möchte. Wenn ich aus der Klinik erzähle, von diesem Konflikt mit B zum Beispiel, dann reagiert sie immer nur pragmatisch: Was ich getan, mit wem ich mich in Verbindung gesetzt, ob ich mich endlich anderswo beworben hätte und ähnliches. Ich empfinde das einfach als Kälte. Ich vermisse, dass sie auf mich, auf mein Erleben eingeht, dass sie reagiert, wenn ich ihr sage, wie es mir geht. Und dass sie auch mir erzählt, woran sie gerade so ist und was sie beschäftigt. Ich weiss, es gibt da einen Teufelskreis: Wenn ich mit meinen Ansprüchen auf sie losgehe, zieht sie sich begreiflicherweise zurück. Könnte ich ihr Platz lassen, ohne sie zu bedrängen, so wäre sie wohl gesprächsbereiter. Aber aus diesem Teufelskreis komme ich einfach nicht heraus. Da ist einfach immer das Gefühl, zurückgewiesen zu werden, und das verletzt mich. Ich brauche jemanden, der auf mich eingeht und mit mir redet, ein solcher Mensch ist wie Luft für mich, das brauche ich zum Leben.»

An dieser Stelle habe ich interveniert: «Hiesse das, Ihre Freundin ist Luft für Sie?»

Auf diese Deutung fiel Herrn L eine ganze Menge ein. Ich gebe es in geraffter Form wieder: «So habe ich das nicht gemeint, das wäre ja…, also…, also eigentlich war ich ja Luft für meine Schwester gewesen, das heisst natürlich die Luft, die sie zum Leben gebraucht hat. Aber, aber das hiess irgendwie auch: Sie hat mich in der Tat eingeatmet und damit irgendwie als eigenständige Persönlichkeit aufgelöst. Ich musste immer für sie da sein, für meine Wünsche gab es eigentlich keinen Platz. Ich kann mich nicht erinnern, irgendwann wütend auf meine Schwester gewesen zu sein. Und auch jetzt noch, in den Gesprächen mit Frauen, da dreht sich zwar alles um mich, und doch gibt's mich irgendwie gar nicht, ich spiele eine

Rolle und selber bin ich Luft. Habe ich denn das jetzt mit Eva auch so gemacht? – Vielleicht hat sie Recht, dass sie sich zurückzieht. Ja, das ist es wohl schon, was ich für sie sein möchte: Ich möchte die Luft für sie sein, ohne die sie nicht leben kann. Aber offenbar braucht Eva das gar nicht. Das hat mich verletzt. Aber, das ist jetzt ein neuer Gedanke: Vielleicht hat es ja darum überhaupt funktioniert zwischen uns. Wenn sie auf mein Bedürfnis nicht eingeht, dann braucht sie das vielleicht einfach nicht. Dann muss ich gar nicht Luft für sie sein. Ja, genau, sie spielt dieses Spiel einfach nicht mit. Wahrscheinlich will sie mich gar nicht verletzen, sondern sie spielt einfach das Spiel nicht mit, sie kennt ja wohl auch die Regeln gar nicht, sie ist ja nicht meine Schwester.»

Soweit das Material, das Herr L nach meiner Intervention sammeln konnte. Er hatte das Wort «Luft» nur nebensächlich, als hingeworfene Metapher gemeint. Indes war in dieser Therapie schon zuviel von Luft die Rede, indes war seine Formulierung – «ein solcher Mensch, das ist wie Luft für mich» – einfach zu zweideutig – ich konnte das nicht liegen lassen. Das bestätigte auch das Ergebnis: Nach dieser Deutung war «Luft» zu so etwas wie einer strategischen Schaltstelle geworden, in der die Fäden vieler affektiv wichtiger, konflikthafter Themen zusammenliefen und sich zu neuen Zusammenhängen verknüpften.

Die Deutung selbst hat diese unbewussten Zusammenhänge nicht ins Wissen bringen müssen, sondern sie hat nur das Wort freigelegt, von dem aus das, was Herr L «eigentlich immer schon gewusst hat», einen Sinn erhalten konnte. Lacan hat bemerkt, dass die Deutung darauf ausgerichtet sein sollte, die Signifikanten freizulegen, die die Position des Subjekts markieren und dieses in der Sprache und im Sprechen repräsentieren. Sie zeigen an, von wo aus «es spricht», was gar nicht identisch zu sein braucht mit dem bewussten Ich, mit dem wir uns identifizieren. Solche Signifikanten ergeben als solche keinen Sinn – «Luft» –, aber von ihnen aus lassen sich die Geschichten, in die wir, blindlings, immer wieder geraten, rekonstruieren und begreifen: «Für den Analytiker … ist der latente Inhalt die Deutung, die er gibt, insofern als sie nicht jenes Wissen ist, das wir beim Subjekt aufdecken, sondern jenes, das sich ihm hinzufügt, um ihm einen Sinn zu geben.» (Lacan 1969–1970, 112)

Zwei Dinge vor allem wurden nun in den nächsten Gesprächen formulierbar: Da war zuerst die Einsicht, dass er kaum ertrug, dass Eva nicht zugelassen hatte, dass er Luft, die lebensspendende Luft für sie sein konnte. Und dass umgekehrt gerade das der Grund war, warum die Beziehung überhaupt so lange hatte funktionieren können: weil er sicher war, für sie nicht Luft zu sein, nicht in dieses Spiel hineingezogen zu werden, bei dem sich seine eigenen Wünsche in Luft auflösen müssen. Und Eva umgekehrt, auf Grund seiner aggressiven Wünsche, nur noch Luft für ihn sein kann. Sie ermöglichte ihm, und das war die neue, ihm unbekannte Herausforderung, sie ermöglichte ihm, seine eigenen Einfälle, seine Projekte und seine Karriere wirklich zu haben. Sie nahm ihn als jemanden, der Projekte und Wünsche *hatte* und nicht nur spielte. Darum war sie «am Konkreten interessiert», nicht aber an seinen Nabelschau-Inszenierungen. All dies wurde ihm kaskadenartig klar und es führte dazu, dass er seine Einstellung zu Eva wesentlich umwertete.

Und das zweite ist, dass ein neues Licht auf sein wichtiges Erlebnis mit seiner ersten Liebe geworfen wurde: Wenn dort «die Blase geplatzt und die Luft draussen» war, so war sein «Hervortreten», sein «Projekt» in sich zusammengefallen, in Luft aufgelöst. Da, wo er einen eigenen Platz hätte einnehmen können, «passierte» das – und er fand sich wieder am alten Platz, den er bei der Schwester innehatte: Luft.

Und: Auch die Beziehung zum Vater, den er immer als jemanden erlebt hatte, der ihn nicht gross werden liess und mit dem er nie hatte rivalisieren können, auch diese Beziehung liess sich neu sehen: Vielleicht war der Vater gar nicht derjenige, der ihm sein Liebesglück missgönnt hatte, vielleicht war der Vater auch jemand, dem es ein Anliegen war, dass aus ihm «etwas wird», den er aber so nicht verstehen konnte, befangen im Wunsch, alles (und nichts zugleich) für seine Schwester zu sein.

Kommentar:

Der Signifikant «Luft» ist im Netz der Geschichte von Herrn L offensichtlich ein Knotenpunkt. Seine Entdeckung erwies sich als sehr wirkungsvoll. Es ist natürlich nicht immer so, dass ein Wort derart viele Fäden zusammenführt und, nicht das ganze, aber wesentliche Teile des Materials einer neuen Lektüre oder, wenn man lieber will, einer Umgruppierung zugänglich macht und damit auch neue Bedeutungen schöpft.

Was sind die Bedingungen für die strategische Potenz dieses einen Wortes? Ich möchte drei Faktoren erläutern:

I. Durcharbeiten

Viele der Einsichten, die Herr L weitgehend ohne mein Zutun formulierte, nachdem «Luft» aufgetaucht war, waren nicht vollständig neu. Sie waren einzeln schon in der einen oder andern Form in früheren Stunden zutage getreten. Insbesondere war der Zusammenhang zwischen seiner ambivalenten Beziehung zur Schwester und den Problemen mit seiner Freundin nicht neu, sondern in vielerlei Hinsicht schon Thema gewesen. Aber in der Zusammenführung im Wort «Luft» tauchte etwas auf, das so noch nie da war. Das wir erst im Nachhinein, Zug um Zug, Einfall um Einfall entdeckten, indem Herr L sich von den Assoziationsmöglichkeiten dieses Wortes leiten liess.

Wir können an diesem Beispiel gut erkennen, was es heisst, ein bestimmtes Thema *durchzuarbeiten*. Durcharbeiten ist ein Begriff, den Freud in seiner Schrift *Erinnern, Wiederholen und Durcharbeiten* einführt, um darauf hinzuweisen, dass es in einer Analyse nicht genügt, die Widerstände, die sich gegen die Einfälle und gegen das Erinnern von vergessenen, verdrängten Triebregungen einstellen und die in der Übertragung wirken, einfach zu deuten. Ist der Widerstand benannt, meint Freud, so ist die Arbeit noch nicht getan. Er muss dann in all seinen Facetten durchgearbeitet werden, um die Arbeit zum Erfolg zu führen:

«Man muss dem Kranken die Zeit lassen, sich in den ihm nun bekannten Widerstand zu vertiefen, ihn *durchzuarbeiten*, ihn zu überwinden, indem er ihm zum Trotze die Arbeit nach der analytischen Grundregel fortsetzt. Erst auf der Höhe desselben findet man dann in gemeinsamer Arbeit mit dem Analysierten die verdrängten Triebregungen auf, welche den Widerstand speisen und von deren Existenz und Mächtigkeit sich der Patient durch solches Erleben überzeugt.» (1914 g, 136)

Diese Darlegung beruht auf einem theoretischen Modell, das sich bei Freud schon in den frühen Schriften, seit den *Studien über Hysterie* (1895 d) findet. Diesem Modell zufolge gibt es einen zentralen pathogenen Kern, der aus dem Vergessen in Erinnerung gebracht werden muss, von dem aus aber auch ein Widerstand ausgeht: Je näher man dem Kern kommt, desto grösser wird der Widerstand, bis man «auf der Höhe desselben» das aus dem Erinnern Verdrängte findet.

Wie sollen wir nun Freuds knappe Formulierungen über das Durcharbeiten verstehen? Zunächst könnten sie den Eindruck erwecken, dass es da ein zielgerichtetes Vorgehen geben könnte. Dass der Analytiker aus der Perspektive einer Art Feldherrenhügels das Geschehen überblickt und sieht, woher der Widerstand kommt, den er benennt, und so alle Kräfte in Richtung seiner Überwindung lenkt. Dass die analytische Arbeit einer Schlacht gleiche, ist eine Aussage, die wir bei Freud deutungsbedürftig häufig antreffen **(S. 175)**. Dennoch denke ich, dass es so gerade nicht läuft. Die Vorstellung des Analytikers als eines Feldherrn, der wie Oedipus Licht ins Dunkel bringt **(S. 219)**, trifft sicher auch Freuds Anliegen nicht ganz. Denn Freud hebt selbst einen andern Aspekt hervor: Er weist nämlich darauf hin, dass der Analytiker gar nicht so viel wissen und lenken muss (und kann): Der Analytiker, so Freud, solle sich nur nicht zu sehr anstrengen, um das Verdrängte zu erraten, denn «sind diese [die Widerstände] erst bewältigt, so erzählt der Kranke oft ohne alle Mühe die vergessenen Situationen und Zusammenhänge» (1914 g, 127).

Wie aber werden die Widerstände «bewältigt»? Dadurch, dass «ihnen zum Trotze die Arbeit nach der analytischen Grundregel» weitergeht. Die Arbeit findet, das ist die wesentliche Pointe Freuds, einfach «nach der analytischen Grundregel» statt. Was der Analytiker also zu tun hat, ist schlicht und einfach dafür zu sorgen, dass *das freie Assoziieren und Äussern der Einfälle, wie es die Grundregel verlangt, möglich bleibt.* Ein zielgerichtetes Vorgehen würde gerade dies aber beschränken.

Ein solches Verständnis des Durcharbeitens hat auch Konsequenzen für die Deutung: Diese muss sich dem Widerstand nicht entgegensetzen, indem sie sozusagen weiss, wo's lang geht, sondern sie kann sich darauf beschränken, das aufzugreifen, was im Sprechen der Analysanten auftaucht, wie es der Grundregel entspricht. Die Deutung ist so von der Last befreit, einen bestimmten Sachverhalt ins Bewusstsein heben zu müssen, der dann am nachfolgenden Material durchgearbeitet werden müsste. Sie ist von der Last befreit, einen festgeschriebenen Sinn aufzudecken und durchzusetzen, sozusagen gegen die Versuche des Analysanten, diesen nicht wissen zu wollen, aus dem Zusammenhang zu reissen und misszuverstehen. So geriete man in der Tat in ein kriegerisches Geschehen.

Wenn es also darum geht, in der Deutungsarbeit offen zu sein für das Neue und Ungehörte, so kann durchaus auch schon einmal Gesagtes in den Status des Ungehörten kommen: Unsere Analysanten verhalten sich manchmal nach dem Motto: Ich hab's ja jetzt gesagt, jetzt kann ich's wieder vergessen. Und in dieses Vergessen versuchen sie auch uns Analytiker hineinzuziehen. Es geht dann darum, diesen vergessenen, aufgelösten Zusammenhang wieder herzustellen. Das kann manchmal auch die Aufgabe der Supervision sein, denn der Supervisor, der mehr Abstand zum Geschehen in der Therapie oder Analyse hat, gerät weniger in den Sog, auch zu vergessen. Ich habe mir auch angewöhnt, das erste Gespräch sehr ausführlich zu protokollieren, denn die Erfahrung zeigt, dass im Erstgespräch häufig etwas mitgeteilt oder erzählt wird, das dann vollkommen verschwindet. In Situationen, in denen wir nicht mehr weiter wissen und im Material einfach kein roter Faden zu sein scheint, kann es hilfreich sein, die Notizen vom ersten Gespräch nochmals hervorzunehmen und gelegentlich springt einem dann das missing link, das das disparate Material verknüpft, förmlich ins Auge.

Selbstkritisch möchte ich zugestehen, dass Fallberichte wie die einleitende Zusammenfassung, die ich von der Problematik bei Herrn L gegeben habe, natürlich auch dazu einladen, sie sofort auf einen Sinn hin zu verstehen, der dann im Material aufgespürt und bestätigt werden kann. Ich denke, dass gerade die ödipalen Schemen, die wir als Psychoanalytiker immer in der Schublade haben, uns in Versuchung führen können, zu schnell zu verstehen: Die Geschichte von Herrn L lässt sich sehr gut in die ödipalen Kategorien einordnen und darin verstehen. So können wir seine Beziehungsproblematik als Symptom verstehen, das sich aus dem Wunsch, für die Schwester ein und alles zu sein, dem aggressiven Wunsch, sie los zu sein, und aus der Angst vor väterlicher Strafe und dem entsprechenden Schuldgefühl zusammensetzt. Solche Sinn-Deutungen kann man gewiss besser oder richtiger machen, aber sie haben immer auch etwas von einem Horoskop: Wo dort Venus steht, steht hier Mutter oder Schwester und wo Mars, Vater. Oder umgekehrt. Indes, wenn Herr L das weiss, was ist dann gewonnen?

Es ist wohl kein Zufall, dass ich gerade anlässlich seiner Geschichte diese Frage aufnehme. Denn in dieser Geschichte spielt der Wunsch, selbst eine Position des Überblicks einzunehmen, eine grosse Rolle, der Wunsch, sich selbst quasi vom Feldherrenhügel aus beobachten zu können. Und dieser Wunsch fand in der Therapie sein Gegenstück im Wunsch, von mir als einem Wissenden zu erfahren, wer er ist, und sich mit meinem Blick auf ihn identifizieren zu können. Deutungen zu geben, die sein Verhalten klug und korrekt in der ödipalen Landschaft kartografieren, käme seinem Wunsch zu wissen sicher entgegen. Aber hiesse das nicht, auch in der Analyse die Spaltung festzuschreiben, in die er gerät, wenn er sich selbst beobachtet in den Befindlichkeitsgesprächen, die wie Theateraufführungen sind? Hiesse das nicht, mit Herrn L in der Analyse das Stück «Herr L» zu spielen? Das hiesse indessen verkennen, dass er zugleich in einer ganz andern Position involviert ist, die durch das Wort «Luft» zugänglich und verstehbar geworden ist.

Ich gehe also nicht von einem Primat des Sinns aus, den es in seinen verschiedenen Nuancen und Facetten im Material wiederzufinden und durchzuarbeiten gälte. Durcharbeiten heisst für mich, sich mit Sorgfalt immer von Neuem auf das offene, in seiner Richtung nicht bekannte Material der Stunden einzulassen, damit die Signifikanten hervortreten können, aus denen sich *im Nachhinein* der Sinn «ohne alle Mühe» von selbst ergibt.

II. Übertragung

Beim Lesen von den Sitzungen mit Herrn L wird man sich vielleicht gefragt haben: Und was ist mit der Übertragung? Ohne bisher ausdrücklich davon gesprochen zu haben, ist das Thema allgegenwärtig. Ich habe die deutlichsten Aspekte nur indirekt erwähnt: Herr L führte mit mir gute, atmosphärenreiche Gespräche, wie er sie mit seiner Freundin erhofft, mit seiner Schwester genossen hatte. Gespräche, in denen es darum ging, «über» ihn zu sprechen, ihn und seine Probleme, seine Fülle von Gedanken und Empfindungen anzuschauen und zu geniessen. So sollte ich dazu gebracht werden, Schönes und Kluges und Wichtiges über ihn zu sagen, das er wie die Luft zum Atmen brauchen konnte und das er genauso in sich einsaugen und strömen lassen wollte. Wir waren wie zwei Theaterzuschauer, die mit der ganzen Palette unserer Gefühle schauten, was sich so auf der Bühne tat, wo «er» gespielt wurde.[12]

Nun war mir aber auch klar, dass noch etwas anderes gehört sein wollte: Herr L las viel psychologische Ratgeberliteratur. Er wollte erfahren, wie man's macht. Er wollte sich mit mir und meinem Wissen identifizieren und war voller Fragen. Und dieses Fragen, so bin ich überzeugt, hatte ich zu hören: Die Fragen: Wie geht das? Wie macht man's? Wie kann man drinnen stecken? Was ist das, eine Blase, die platzt, und die Luft ist draussen? Warum bin ich einmal gross, einmal klein? Fragen, die deutlich ein sexuelles Erkunden und eine Not des Nicht-Begreifens bekunden, wie wir das eigentlich nur einer Kinderperspektive zuordnen können. Da gibt es etwas, wo er nicht weitergekommen ist mit seiner infantilen Sexualneugier und das sich in seinem Stagnieren immer von neuem meldet.

Es gibt ein Moment des Scheiterns, das sich in der Lebensgeschichte von Herrn L immer wieder meldet: Ohne es beeinflussen zu können, fällt er immer wieder aus etwas, das ihn interessiert, heraus – und die Luft ist draussen. Und sogleich, ebenso unbeeinflussbar, schaltet «es» um: Er ist draussen – und jetzt beobachtet er sich selbst. So war es in seiner ersten Liebesbegegnung mit der Schauspielerin: Statt drinnen zu sein, sah er sich als erfolgreichen Macker. In diesem Umschalten verwirklicht sich etwas: Er macht sich zum Objekt des Schauens, beobachtet sich und lässt sich beobachten. Und das genau ist die Wiederkehr der Position, die er seiner Schwester gegenüber innehatte. Was sich wiederholt, ist also Folgendes: Wo er einer Frau begegnet, muss er sich zu dem machen, was dieser Frau seiner Vorstellung nach fehlt: Indem er sich vor ihr entblösst und darstellt, stellt er sich unter ihren Blick und gibt ihr das, was – immer in seiner Vorstellung – sie heilt und für sie lebensnotwendig ist. Dies zu erreichen, hat ihn Jahre seines Beziehungslebens gekostet: Denn als Objekt des Schauens, als Luft zum Atmen löst er sich als sexuelles Subjekt in Luft auf. Wiederholung, Scheitern und Gelingen – alles verdichtet sich an diesem Punkt. An diesem Punkt, der durch ein Wort markiert ist, durch das Wort «Luft». Das ist eine Geschichte, die, genau genommen, auf Leben und Tod geht: Es ist auf seiner Seite nicht nur der Tod der Erotik, der auf dem Spiel steht, sondern ganz konkret seine Auslöschung: Aufgesogen, eingeatmet, zurück resorbiert in den Körper der Schwester, die auch für die Mutter steht. Und auf der Seite der Frau ist es die lebensbedrohliche Krankheit, die sich ihm als bedrohlichen Mangel darstellt, den er aufheben muss.

Das liebevolle Übertragungsangebot mit den schönen Gesprächen, das er mir macht, enthält diese ganze Geschichte in sich und beruhigt sie zugleich: Indem wir beide klug *über ihn* sprechen, hat er sich in die Sicherheit des Zuschauerraums begeben, von wo aus er, mit meiner Unterstützung, sich selber beobachten kann.

Dieses Arrangement galt es in der Therapie zu erkennen. Auf dem Weg dazu stolperten wir über das Wort «Luft» und dieses Stolpern erwies sich als sehr fruchtbar.

III. Objekt

Ich verstehe «Luft» demzufolge nicht einfach als eine Art illustrierender Garnitur eines Beziehungsgeschehens, das mit dem ödipalen Schema ausreichend beschrieben wäre, also etwa als eine Möglichkeit, die Ambivalenz in der Beziehung zur Schwester darzustellen. Die Ambivalenz ist für mich nicht das Primäre; wie Luft gebraucht sein zu wollen und doch nur Luft zu sein, ist etwas anderes als eine mehr oder weniger geglückte Illustration der Ambivalenz. Ich beziehe «Luft» vielmehr auf das Ineinander von Scheitern und Gelingen, das in der Liebesübertragung steckt und sich in ihr versteckt. «Luft» markiert den Punkt in der Geschichte von Herrn L, an dem er nicht weiterkommt und der stets, schicksalhaft wiederkehrt: Punkt, an dem er mit seinen Fragen, die auf die infantile Sexualneugier und ihre Abkömmlinge und Umwandlungen zurückgehen, nicht weiterkommt. Und Punkt, wo er das wiederkehren lässt, was einst das Geniessen seiner Schwester war. Es ist, als müsste er sich immer wieder fragen: «Wenn du mich liebst, was willst du wirklich von mir?» Und als gäbe es nur eine Antwort: «Du willst deine Schaulust an mir stillen, du willst mich mit Augen, Nase, Mund einsaugen.» Und das heisst auch: «Du willst, dass ich der Teil von dir bin, der dir fehlt und den du zum Leben brauchst.» Und vielleicht fand er da keinen Ausweg, weil das ursprünglich eine Verpflichtung auf Leben und Tod war, aus der ihm auch der Vater nicht helfen konnte.

So ungefähr übersetze ich das. Mit allen Konsequenzen und Umwandlungen, die sich daraus ergeben können. Und dazu gehört auch die Ambivalenz: Ich ziehe eine Befriedigung daraus, Phallus zu sein für meine Schwester – und für andere Frauen –, aber um Phallus zu sein, muss ich immer, wenn ich aufgeblasen bin, wieder klein werden, weil ich sonst eigene Beine bekomme und von ihr wegziehe und nicht mehr ihr Phallus bin. Und dann wäre sie Luft für mich im anderen Sinn, in dem Sinn, dass ich mich nicht mehr um sie zu kümmern brauchte. Zwischen diesen beiden Wünschen pendle ich hin und her.

Ich fasse zusammen: Was wir in dieser Therapie mit dem Auftauchen von «Luft» zugänglich machen konnten, ist ein psychisches Geschehen, das sich nicht einfach mit dem ödipalen Raster, in den Koordinaten von Liebe und Hass gegenüber Schwester, Mutter und Vater einfangen lässt. Sondern es zeigt auch eine andere Achse des unbewussten Geschehens, eine Achse, die quer zu derjenigen des ödi-

palen Geschehens steht, jedenfalls nicht mit dieser identisch ist oder in ihr aufgeht
(**S. 109 f**). Diese Achse ist auf einen andern Typ Objekt ausgerichtet, als es der
andere Mensch, das ödipale Liebes- und Hassobjekt ist. Dieses Objekt ist ein
Objekt, das den andern heil macht und ihn ergänzt. Im Fall von Herrn L ist es ein
Objekt, das (mit den Augen) eingesaugt werden kann wie Luft. Es ist das Objekt,
das Lacan als «Objekt *a*» bezeichnet hat. Das ist etwas ganz anderes, als was die
Psychoanalyse als Liebesobjekt bezeichnet (**S. 77**). Das Liebesobjekt, das bist «du»,
das bin «ich». Dieses Objekt hingegen ist etwas Partiales, das nicht die imaginäre
Ganzheit, die «Gestalt» einer Person hat. Es ist etwas, das mit den sexuellen Fragen und damit natürlich mit den sexuellen Trieben zu tun hat. Trieben im Plural,
denn diese sind immer partial, das hat Freud aufgedeckt.

Wie nun stehen die beiden Achsen – die ödipale des Liebes- und Hassgesche-
hens und die partiale, triebhafte des «Objekts *a*» – zueinander? Oder, zugespitzter
gefragt: Wie stehen sie in der Übertragung zueinander? Das partiale Objekt steckt
quasi im ödipalen Angebot der Liebesübertragung. Es ist, ich habe schon darauf
hingewiesen, darin enthalten und zugleich versteckt: Herr L sucht, das ist sein
Angebot und sein Anspruch, die schönen, die tiefen, die intimen Gespräche der
Liebenden. Aber in diesem Anspruch gibt es etwas, das nicht aufgeht, es gibt ein
unbewusstes Bestreben, das in eine andere Richtung weist, eben dahin, als Luft
gebraucht zu werden und dies von der Partnerin und vom Analytiker zu bekommen. Das fügt sich nicht reibungslos ineinander. Deutlich wird dies am insistie-
renden, unglücklichen Anspruch von Herrn L, dass seine Partnerin anders sein
müsste, als sie ist, weniger «kalt», weniger «zurückweisend». Sie müsste ihm mehr
von den ersehnten Gesprächen geben. *Es äussert sich also in einem Übertreiben
des Anspruchs.* Wollte man es indes auf dieser Ebene verstehen und seinen Ansprüchen «besser» gerecht werden, so ginge man in die Irre. Mit Frauen, die Herrn
L dieses Angebot machten, war eine Liebesbeziehung immer ausgeschlossen und
mit Eva war sie nur möglich, gerade weil sie darauf nicht einstieg. Denn es geht
nicht um den Anspruch, sondern eben um das andere Bestreben, das in ihm
steckt. Und dieses findet man nicht in einem Übertragungsgeschehen, das einzig
mit Liebe, Liebesanspruch, Ambivalenz, Hass, Enttäuschung usw. gleichgesetzt
wird. Sondern man findet es nur «quer» dazu, in dem, was *in* dieser Übertragung,
ich muss mich einmal mehr wiederholen, gesagt wird.

Es ist natürlich nicht so, dass das «Objekt *a*» einfach eine Erfindung Lacans wäre,
die etwas formuliert, was zuvor noch niemandem aufgefallen ist. Freud hat schon
sehr deutlich auf das Partiale und Triebhafte des Objekts hingewiesen, man lese
nur etwa die schöne Studie *Über Triebumsetzungen, insbesondere der Analerotik*
(1916–17 e). Und Melanie Klein hat auf den so genannten «Partialobjekten» insistiert, wie sie von Abraham konzipiert wurden (Abraham 1982, 89 f). Auch in

andern psychoanalytischen Schulen ist das nicht unbemerkt geblieben. Es gibt indes zwei wesentliche Pointen in Lacans Auffassung: Die eine ist, dass er das «Objekt *a*» auf die Trennungserfahrungen bezieht, die für die Entstehung des Subjekts unumgänglich und notwendig sind, und ihm damit den Status von dem gibt, was Freud als das «verlorene Objekt» bezeichnet hat. Als immer schon verlorenes, nie einholbares Objekt verursacht es vielmehr die Bewegung des Begehrens, als dass es sie zu einem Ziel bringen könnte.

Während diese erste Pointe noch als präzisierende Lektüre Freudscher Ansätze aufgefasst werden kann, zeigt die zweite Pointe deutlicher Lacans wesentliche, eigene Botschaft an die Psychoanalyse. Im Unterschied zu allen anderen psychoanalytischen Schulen verzichtet Lacan hier auf eine entwicklungspsychologische Perspektive: Das «Objekt *a*» ist für ihn nicht eine Vorstufe, eine unreife Form, die in die reifere umzusetzen wäre. Das Partiale ist für ihn nicht in Hinblick auf eine weniger partiale Auffassung des Liebesobjektes zu integrieren. *Die ödipale Achse der Beziehung zum anderen und die triebhafte Achse des «Objekts a» werden nicht miteinander versöhnt in einer Vorstellung des psychischen Reifens. Die Spaltung, die sie ins Seelenleben tragen, ist für Lacan unaufhebbar.* Freud hingegen verwendet für Trieb und Liebe ununterschieden den Begriff «Objekt» und deutet deren Unversöhntheit, die Lacan hervorhebt, nur an. So etwa, wenn er uns daran erinnert, dass unsere je spezifische Triebdisposition viel weniger flexibel ist als der geliebte andere, der «das variabelste am Triebe» sei (1915 c, 215). Dass Lacan so denkt, hat nicht nur mit der Erfahrung zu tun, die uns immer wieder, auch nach abgeschlossener Analyse, auf das Wirken dieser Spaltung stossen lässt. Sondern es ist meines Erachtens Ausdruck von Lacans Treue **(S. 33)** zu dem Ereignis, das die Psychoanalyse in die Geistes- und Kulturgeschichte hineingetragen hat: Zu der Entdeckung, dass das Unbewusste eine niemals zu domestizierende Spaltung impliziert und dass jeder Versuch, diese Spaltung zu versöhnen und zu einer Ganzheit reifen zu lassen, Verkennen und Abwehr ist.

19 Die Scham des Analytikers

In Supervisionen und im Kollegenkreis bekommt man gelegentlich Aussagen wie die folgende zu hören: «Das ist ein Widerstand, der erzählt mir immer nur von der Arbeit.» Oder: «Der erzählt mir immer nur von seiner Frau, statt über sich selbst zu sprechen.» Und vor allem: «Der oder die erzählt mir immer das Gleiche, es ist einfach immer die gleiche Leier.» Solche und ähnliche Äusserungen zeigen eine implizite Erwartung, dass etwas anderes «eigentlich» mitgeteilt werden müsste. Allerdings stellt sich die Frage, woher nehmen wir Anspruch und Urteil, die uns zu einer solchen Erwartung berechtigen könnten? Eine Erwartung, die uns aus unserer Position als Analytiker auslenkt: Wir können nicht mehr ruhig und gelassen darauf bauen, dass schon das Richtige kommt, wir wollen eine Änderung. Damit sind wir in einer Situation, in der unsere Wahl, Analytiker zu sein, für uns zum Problem geworden ist: Wir stehen vor einer Entscheidung. Zieht uns das, was wir in einer solchen Situation zu hören bekommen, in den Bannkreis eines Geniessens, das vom Analysanten nicht befragt, sondern nur gelebt sein will, und das die Analyse tatsächlich ins Stocken bringt? Oder könnte es da auch einen Widerstand auf unserer Seite geben – um Lacans bösen Satz, dass der Widerstand der Widerstand des Analytikers sei, aufzunehmen –, einen Widerstand, wirklich das zu hören, was uns mitgeteilt wird? Über die Entscheidung, die wir Analytiker hier treffen müssen, habe ich andernorts schon gesprochen **(S. 128 f)**. Im Folgenden möchte ich auf die Möglichkeit näher eingehen, dass Widerstand auf der Seite von uns Analytikern auftauchen kann.

Grundsätzlich können wir davon ausgehen, dass in den Erzählungen unserer Analysanten etwas solange «immer gleich» insistieren muss, bis es – neu – gehört werden kann. Unsere Bereitschaft, unvoreingenommen zu hören, indes sinkt gerade da ab, wo wir den Eindruck bekommen, immer nur das Gleiche zu hören zu bekommen. Und doch geht es gerade in solchen Situationen ganz besonders darum, überhaupt wieder zuzuhören. Im Nachhinein werden wir häufig feststellen können, dass wir in solchen Situationen auf ein Konzept, auf eine Interpretation, auf ein Verständnis festgelegt waren und darum die Aussagen unserer Analysanten nur in diesem Raster nehmen konnten. Wir müssen das zuerst merken und uns davon frei machen, um die Ohren wieder offen zu haben **(S. 153)**.

Was macht uns in solchen Situationen, immer wieder, Schwierigkeiten? Ich beobachte, dass hier nicht selten eine recht typische *Übertragung auf Seiten von uns Analytikern* am Werk ist. Eine Übertragung, die unbewusste oder nur vorbewusste Einstellungen von uns ins Spiel bringt, wie sie in Therapien und Analysen immer wieder auftauchen können: Wir haben eine Vorstellung, wie eine «gute» psychoanalytische Therapie oder Psychoanalyse sein sollte. Und wir haben in diesen Situationen die Vorstellung, dass die Arbeit, die wir machen, dieser Erwartung nicht unbedingt genügt. Es «läuft» zu wenig, denken wir vielleicht. Wir stehen unter der Wirkung eines Anspruchs und messen unsere Arbeit an einem Bild, das wir uns davon machen, wie eine analytische Arbeit auszusehen hätte **(S. 44)**. Wir wollen es gut und richtig machen. Und diesen Anspruch übertragen wir auf die konkrete analytische Situation: Statt dass wir offen sind, um hören zu können, was unsere Analysanten sagen, wollen wir das hören, was unserem Anspruch Genüge tut.

Diese Übertragung, so meine ich, gibt es in zwei Grundvarianten:

1. Entweder ist sie eine Übertragung, die sich an unsere Vorbilder, an unsere Ausbildner und Supervisoren richtet und die eigentlich den Anspruch transportiert, bei ihnen Anerkennung zu finden als jemand, der den Status eines Analytikers hat **(S. 200)**.

2. Oder sie ist eine Übertragung, die sich an unsere Analysanten richtet und den Anspruch transportiert, bei ihnen Anerkennung zu finden für unser Wissen, für unsere Konzepte und Deutungen **(S. 40)**.

In beiden Fällen bezeugt sie den Druck, unter dem wir als Therapeuten und Analytiker stehen. Es ist dies ein Druck, von dem wir uns nicht befreien können: Wir sind unter Druck, weil wir unsere Ausbildung glücklich zum Abschluss bringen wollen und darauf angewiesen sind, dass unsere Lehrer uns gut finden. Wir sind unter Druck, weil wir effizient sein sollen und Stagnation unsere Arbeit in Frage stellt, unter Druck von den Erwartungen unserer Patienten, der Krankenkasse, falls sie im Spiel ist, der Angehörigen, die sowieso ein sehr ambivalentes Verhältnis zur Psychoanalyse ihrer Lieben haben. Und wir sind unter Druck von unseren eigenen Erwartungen – angenommen, angelernt, angelesen, manchmal gar antrainiert –, wie clever, beholfen und einfallsreich ein guter Analytiker sein sollte. Vielleicht sind wir auch nur unter Druck, weil wir uns von all diesem Druck befreien möchten und Angst haben, den analytischen Gesprächen ausgesetzt zu sein, einfach allein, ohne jemanden fragen zu können, ohne von jemandem zu erfahren, was richtig und was nicht richtig ist.

Freud hat festgehalten, dass es zwischen Analysant und Analytiker so etwas geben kann wie ein Fliessen von Unbewusstem zu Unbewusstem. Das ist schön; wo das funktioniert, sind die hemmenden Ansprüche und Erwartungen nicht mehr als das raschelnde, dürre Laub, über das wir federnd schreiten. Indes: Das Gelingen der «Kommunikation» von Unbewusstem zu Unbewusstem ist nur im Nachhinein festzustellen. Wo wir darauf aus sind, es herzustellen, wird es zu einem Ideal und gerät damit selbst wieder in den Kreis der Ansprüche, mit denen wir zu kämpfen haben.

Offen zu sein für das, was unsere Analysanten uns sagen, für ihr Sprechen, setzt voraus, dass wir merken können, wo wir unter dem Druck stehen, das Bild eines gut ausgebildeten und arbeitenden, korrekten Analytikers abzugeben. Wenn wir uns einfach dem überlassen, was wir hören und was uns dazu halt einfällt, so kann ein unangenehmes Gefühl entstehen: Es gibt eine Schwelle, die zu überwinden ist: «Ich hab mich nicht getraut, das zu sagen, das klingt so blöd, ich hab mich geschämt.» So oder ähnlich bekomme ich es in Supervisionen zu hören. Es gibt in solchen Situationen bei uns Analytikern eine nicht zu unterschätzende Angst, beschämt zu werden. *Wo wir einfach nur hören, verlassen wir den Bereich des gesicherten Wissens und der gesicherten Theorien und sind mit der Angst allein, wir könnten es falsch machen, uns könnte das fehlen, was einen guten Analytiker auszeichnet. Wir können uns nirgends Gewissheit verschaffen. Und mit diesem Mangel stehen wir da, allein.* «Hier deut ich und kann nicht anders.», das ist sozusagen die Herausforderung, der wir standhalten müssen. Die Scham, die damit einhergeht, gilt es auszuhalten.[13]

Dass wir Analytiker uns in diesen unabgesicherten Bereich vorwagen, ist indes essentiell für das Gelingen des analytischen Arbeitens, damit sich unsere Analysanten als Subjekte gegenüber ihrer Geschichte und Gegenwart neu positionieren können. Seiner eigenen Wahrheit näher zu kommen, heisst ja nicht primär, immer mehr über sich selbst zu wissen, sondern es heisst, Situationen zu erleben, in denen etwas Unerhörtes, Ungedachtes, Poetisches auftauchen kann im fruchtbaren Ineinander (S. 35) von Einfall, Deutung und neuem Einfall. Das analytische Setting schafft dafür günstige Voraussetzungen, dass dieses Auftauchen, dieser «Sprung aus den Kulissen auf die offene Bühne» (Foucault 1978, 93) gelingen kann. Entweder gibt es diesen Sprung oder es gibt keine Analyse.

Meine Erfahrung und auch die von vielen Kollegen ist, dass es häufig die besten und wirkungsvollsten Deutungen gewesen sein werden, die da zustande kommen, wo wir unabgesichert ins Offene hinein sprechen und die dazu gehörende Scham-Angst auf uns nehmen. Aber solche Deutungen sind meist bescheiden, sie sind vielleicht nur kleine Andeutungen, ein hinkender Kalauer, ein einfaches Wort. Sie «machen» nicht unbedingt «Sinn», im Gegenteil, sie nehmen es häufig auf sich, etwas scheinbar Sinnloses aufzugreifen, sie nehmen es auf sich, einfach «blöd», «stupid» zu hören, was da gesagt wird. Sie haben nicht die Grossartigkeit, die Überlegenheit, die souveräne Abgeklärtheit einer «richtigen» Übertragungsdeutung.

Dass wir Analytiker mit unseren eigenen Ansprüchen, mit dem ganzen Arsenal unserer Vorstellungen darüber, was es heisst, Analytiker zu sein, mit von der Partie sind, ist eigentlich eine Selbstverständlichkeit. Man sollte daraus kein Qualitätsmerkmal machen, sondern nüchtern zugestehen, dass wir alle uns daran immer wieder abzuarbeiten haben. Nicht, dass wir unsere Haltung ständig prüfen müssten im Sinne des mexikanischen Witzes der institutionalisierten Revolution. Sondern in dem Sinne, dass wir immer wieder stolpern, überrascht werden, aus der Routine fallen, beschämt werden und all dem keinen sichern Standpunkt entgegenzusetzen haben. Im Gegenteil, dass wir nur in etwas sicher sein können, dass wir nämlich diesen Mangel und all diese Verunsicherungen auf uns zu nehmen haben. Und manchmal sind wir so zutiefst verunsichert, dass wir unsern Beruf an den Nagel hängen möchten. Es gibt da keine Ruhe, die wir in unserer «Berufsidentität» finden könnten.

Vielleicht sind wir in unserer prekären Lage geneigt, den Spiess quasi umzudrehen und eine idealisierte Berufung aus dem Analytikerberuf zu machen. Die Schwierigkeiten, die er uns macht und die wir nicht loswerden, als etwas ganz Besonderes, Einzigartiges umzudeuten. Ich erinnere mich, wie Lucien Israël vor vielen Jahren in einem Vortrag erwähnte, der Beruf des Psychoanalytikers sei ein Job wie jeder andere, bei dem es darum gehe, Geld zu verdienen für den Lebensunterhalt. Diese prosaische Sicht hat mich damals schockiert (darum erinnere ich mich daran), mittlerweile empfinde ich sie als wohltuend entlastend: Wir haben nun mal diesen Job, also machen wir ihn, so gut es halt eben geht. Das heisst ja nicht, dass wir nicht mehr darüber nachdenken sollten, warum wir ihn machen.

Nun gibt es natürlich auch Haltungen und Ansprüche, die uns in die Quere kommen können und die nicht so direkt mit der Eigenart unserer Arbeit in Verbindung stehen, sondern mehr aus unserer persönlichen neurotischen Geschichte herrühren. So etwa wenn ein Analytiker immer wieder das Gefühl hat, es sei zu wenig, was er mit seinen Interventionen – und vor allem, und das ist natürlich besonders wichtig, mit seinem schweigenden Zuhören – anzubieten habe. Aus diesem Grund ist zuerst in der Zürcher analytischen Schule und dann von Freud übernommen, die Regel entstanden, dass sich «jeder, der Analysen an anderen ausführen will, vorher selbst einer Analyse bei einem Sachkundigen unterziehen» solle (1912 e, 383).

In einer späten Arbeit, *Die endliche und die unendliche Analyse*, meint Freud, dass die Eigenanalyse ihren Zweck erfülle, «wenn sie dem Lehrling die sichere Überzeugung von der Existenz des Unbewussten bringt» (1937 c, 95). Das ist keine sehr deutliche Formulierung Freuds. Heisst das, wir Analytiker müssen wissen, dass «es» das Unbewusste «gibt»? Nein, meines Erachtens muss es um etwas anderes gehen: darum, dass wir Analytiker das *Wirken des Unbewussten* bei uns selbst bezeugen können. Wer Analysen durchführen will, muss erfahren haben, was es heisst, mit dem Wirken des Unbewussten konfrontiert zu sein **(S. 47)**. Er muss anhand seiner Einfälle und anhand der Deutungen seines Analytikers erfahren können, welche Kluft sich auftun kann zwischen dem, was er sagen will und dem, was sich in seinem Sprechen mitteilt, zwischen dem, was er zu sein glaubt und für sich und die andern sein möchte, und dem, was er in seinem Sprechen von sich entdeckt. Diese Erfahrung ermöglicht ihm, die Kluft auszuhalten, auszuhalten, dass er dem Wirken des Unbewussten genauso ausgesetzt ist wie die Analysanten. Sein Sprechen als Analytiker und die Einfälle, die in ihm auftauchen, sind nicht kontrollierbar und nicht immer in Einklang mit dem, was er sagen möchte und was seinen Vorstellungen und Idealen entspricht. Es geht um eine fragile Offenheit für das, was sich in der analytischen Arbeit ereignet, die immer neu errungen sein will.

Man muss das unterscheiden vom Wissen, das wir uns in unserer Analyse über uns selbst erwerben. Die Arbeit ist nicht getan, wenn wir unsere Komplexe in der Analyse kennen gelernt haben. In der Lage sein zu merken, wo wir als Analytiker unsere Analysanten in unsere eigenen Konfliktneigungen einbinden, ist eine unverzichtbare *Voraussetzung* für analytisches Arbeiten. Doch reicht das nicht in der konkreten analytischen Situation, wenn wir mit dem Wirken des Nicht-Gewussten, Unbekannten konfrontiert sind, dessen Bedeutung wir erst im Nachhinein erkennen können: wenn wir den «Sprung» gewagt haben, uns auf das «debile» Hören einzulassen; wenn wir die Scham auf uns genommen haben, alle Register unserer Selbstbilder zu durchqueren im fragilen Akt des Deutens.

Das soll indes kein Plädoyer dafür sein, dass wir Analytiker wild drauflos deuten, und was wir hören, gerade unmittelbar ausplappern sollten. Manchmal müssen wir es einfach erst einmal zur Kenntnis nehmen und uns vielleicht darüber wundern. Damit eine Deutung, und sei es nur eine kleine Andeutung, wirken kann, braucht es den günstigen Moment, in dem eine gewisse Verdichtung des Materials vorliegt und die Aktualität der Übertragung mit Auftauchendem aus der Vorzeit zusammentrifft **(S. 63 u. 151)**.

Kommentar:

Wo Freud über die Schwierigkeiten, Analytiker zu sein, spricht, unterscheidet er nicht systematisch zwischen dem Wissen, das wir über uns selbst erwerben können, und unserer Ausgesetztheit im performativen Moment des Analysierens. Das mag zu gewissen Unklarheiten führen. Seine wichtigsten Äusserungen zu diesem Thema stammen aus den frühen 1910er Jahren und stehen in direktem Zusammenhang zur gleichzeitig stattfindenden *Institutionalisierung der Psychoanalyse* mit der Gründung der Internationalen Psychoanalytischen Vereinigung und dem Entstehen von reglementierten Ausbildungsgängen. Das wissen wir aus Freuds Briefwechsel mit Sandor Ferenczi, der seit 1993 herausgekommen ist.

Für Freuds Schüler entsteht durch diesen doppelten Fokus von Beginn der Diskussion an eine Tendenz zur Verwechslung und eine Spannung: Sie stehen zwischen dem auf die Institution Psychoanalyse gerichteten *Wunsch, Psychoanalytiker zu sein, d. h. den Titel «Psychoanalytiker» zu tragen und zu einer psychoanalytischen Verbindung zu gehören*, einerseits und der technischen Frage nach ihrem *Vermögen, Psychoanalytiker zu sein, d. h. als Psychoanalytiker arbeiten zu können*, andrerseits. Das Auftauchen des Begriffes «Gegenübertragung» ist von diesem spannungsgeladenen Kontext nicht zu trennen. Darauf werde ich im nächsten Kapitel näher eingehen.

Was sagt uns Freud? 1910, in seinem Eröffnungsvortrag zum zweiten Internationalen Psychoanalytischen Kongress in Nürnberg spricht Freud vor der versammelten Analytikerschaft, also vor seinen Schülern, auch über die Rolle, die die Person des Analytikers beim psychoanalytischen Arbeiten spielt. Er stellt fest, «dass jeder Psychoanalytiker nur so weit kommt, als seine eigenen Komplexe und inneren Widerstände es gestatten» (1910 d, 108). In diesem Zusammenhang führt er den Begriff «*Gegenübertragung*» ein, «die sich beim Arzt durch den Einfluss des Patienten auf das unbewusste Fühlen des Arztes einstellt» und die der Arzt «in sich erkennen und bewältigen müsse». Daraus folgert er die Notwendigkeit zunächst einer Selbstanalyse und zwei Jahre später – in: *Ratschläge für den Arzt bei der psychoanalytischen Behandlung* – einer bei einer andern Person durchgeführten, eigenen Analyse.

Freuds Grundanliegen an die Analytiker – und insbesondere an die werdenden Analytiker – ist, dass wir unsere eigenen Komplexe so gut analysiert haben müssen, dass wir für die Bewusstwerdung des Unbewussten offen sind. «Der Mensch soll seine Komplexe nicht ausrotten wollen, sondern sich ins Einvernehmen mit ihnen setzen, sie sind die berechtigten Dirigenten seines Benehmens in der Welt», schreibt er an Ferenczi (1993, Bd. I, 1, 432). Das ist als unser persönlicher Vorbereitungskurs gemeint und zugleich als Vorgabe für unsere tägliche Berufsaus-

übung: Für diese stellt Freud (1912 e) eine «*Grundregel*» auf, dass es nämlich
darum gehe, einfach zuzuhören mit «gleichschwebender Aufmerksamkeit»: «Man
höre zu und kümmere sich nicht darum, ob man sich etwas merke.» (377) Diese
Regel ist das Gegenstück zur Aufforderung an die Analysanten, kritik- und aus-
wahllos alles zu erzählen, was ihnen einfällt. Damit der Analytiker diese Regel
befolgen könne, dürfe er «in sich selbst keine Widerstände dulden, welche das von
seinem Unbewussten Erkannte von seinem Bewusstsein abhalten» (382).

Freud zufolge soll der Analytiker wie ein Chirurg oder wie ein Spiegel funktionieren. Das sind Metaphern, die viel diskutiert und auch kritisiert worden sind.
Freud benützt sie, um all das zu kennzeichnen, was dem Analytiker im Moment
des Arbeitens in die Quere kommen könnte: Wenn er vom Chirurgen spricht, der
seine Affekte und sein menschliches Mitleid beiseite drängt, um nur ein einziges
Ziel zu verfolgen, die Operation so kunstgerecht wie möglich zu vollziehen (381),
so richtet er sich gegen den Wunsch zu heilen, den wir als Analytiker haben könnten. Der Affekt, den wir beiseite drängen sollen, das ist der «furor sanandi», der
«therapeutische Ehrgeiz». Wo wir diesem unterliegen, können wir nicht mehr
unbekümmert hören. Und wenn Freud sagt, der «Arzt soll undurchsichtig für den
Analysierten sein und wie eine Spiegelplatte nichts anderes zeigen, als was ihm
gezeigt wird» (384), so richtet sich das gegen alle Wünsche, den Analysanten mit
dem eigenen Beispiel und den eigenen Erfahrungen beeinflussen zu wollen statt
ihm einfach zuzuhören.

Freud muss sich natürlich die Frage gefallen lassen, warum er für seine Botschaft gerade diese Bilder findet und welche eigenen Wünsche in ihnen stecken.
Was bedeuten die Wünsche, wie ein Chirurg, wie ein Spiegel zu sein? Fügen wir
noch hinzu, was Freud sonst noch ins Feld führt: Er richtet sich gegen den
«erzieherischen Ehrgeiz» (385); gegen den Wunsch, Fälle während der Analyse
wissenschaftlich zu bearbeiten (380); weiter gegen den Wunsch, Analysanten zur
Triebsublimierung anzuhalten (385), sowie gegen den Wunsch, sie mit der Lektüre analytischer Schriften zu überzeugen. Bedenkt man, welche Felder da der
Beachtung der Grundregel weichen müssen, so kann der Eindruck entstehen,
Freud wolle alles, was ihn selbst als Arzt, Forscher, Schriftsteller und Kultur-
kritiker auszeichnet, aus der Analyse vertreiben.

Es gibt nun, immer noch im gleichen Aufsatz, auch einen seltener zitierten Vergleich. Freud schreibt: Der Analytiker solle «dem gebenden Unbewussten des
Kranken sein eigenes Unbewusstes als empfangendes Organ zuwenden, sich auf
den Analysierten einstellen wie der Receiver des Telephons zum Teller eingestellt
ist.» (381) Damit der Analytiker das kann, muss er sich, so Freud, «einer psychoanalytischen Purifizierung unterzogen» haben, will er nicht an der «disqualifizie-
renden Wirkung solcher eigener Defekte» scheitern (382).

Kann man diese Sätze ohne ein gewisses Erschrecken lesen? Welcher «furor purificandi» ist da in Freud gefahren?

Und doch hat Freud ja Recht: Er legt doch tatsächlich den Finger auf all die Wünsche und Ansprüche von uns Analytikern, die uns aus der Position, Analytiker zu sein, auslenken können. Auf all die Wünsche, die ja auch aus der genannten Spannung resultieren, dass wir einesteils als Analytiker institutionell anerkannt werden wollen und andernteils doch nur im konkreten Hören in der Praxis Analytiker sein können.

Warum sind Freuds Aussagen dennoch so irritierend? Ich vermute, das liegt daran, dass Freud diese Spannung nicht als ständiges Aufeinanderbezogensein der beiden Aspekte, sondern nur statisch fassen kann. Er konzipiert die Schwierigkeiten, Analytiker zu sein, nur auf der Ebene von Ausbildung und eigener Analyse, um aber etwas auszusagen über den performativen Moment des Analysierens. So ist er gezwungen, Analytiker zu sein als ein – in der Selbsterfahrung – zu erreichendes, feststehendes Sein zu denken. So kommt es, dass er das «Gute» gegen das «Wegzumachende» setzt: Um ein guter Analytiker zu sein, müsste man dann in der Tat ein purifizierter Mensch sein.

Das Irritierende ist die Geste des Wegmachens: Der Chirurg schneidet weg. Der reflektierende Spiegel schneidet den Blick des Analytikers, der in der Position des Spiegels ist, ab (**S. 130**). Und wenn der Weg vom Unbewussten des Analysanten zu demjenigen des Analytikers und zurück zum Kreislauf von Telephonhörer und Sprechmuschel wird, fällt die Stimme, die ins Telephon spricht, weg.

Im manifesten Inhalt seiner «Ratschläge» geht es um das Aussortieren von all den Wünschen, die wir Analytiker in die analytische Arbeit hineintragen könnten und die dieser Arbeit entgegenstehen. Geht man in der Lektüre indes auf Freuds Schreiben selbst ein, auf die von ihm gebrauchten Metaphern, so zeigt sich ein anderes Aussortieren: Ein Aussortieren von dem, was die konkrete Körperlichkeit und damit auch die *Fremdheit* des Analytikers ausmacht.

Die wiederkehrende Aussortiergeste Freuds macht uns überhaupt erst auf diesen weggemachten Rest aufmerksam. Er tritt in Freuds Text insistierend hervor, ohne dass Freud das zu bemerken scheint, geschweige denn theoretisch zu erfassen vermöchte. Ich komme in nächsten Kapitel darauf zurück (**S. 203**) und möchte hier mit der Frage schliessen, ob für uns Analytiker diese fremde Körperlichkeit vielleicht gerade in den Momenten beschämend deutlich wird, in denen wir uns am schwersten tun und am meisten Widerstand dagegen verspüren, uns mit unseren Deutungseinfällen «störend» ins Schnurren des Geredes einzuschalten?

20 Gegenübertragung

Gegenübertragung ist zu einem sehr weit verbreiteten Schlüsselbegriff für das psychoanalytische Arbeiten geworden. Sie gilt als eines der wichtigsten Arbeitsinstrumente und wird in einem Zug mit Übertragung und Widerstand genannt. «Beziehung», «Intersubjektivität» **(S. 64 ff)** und «Gegenübertragung» sind wesentliche Stichworte einer Debatte, die in der Mitte des letzten Jahrhunderts eingesetzt hat und weit über Freud hinausgegangen ist. Für Freud war die Gegenübertragung primär eine Störung, die mit eigenen Komplexen und inneren Widerständen des Analytikers in Zusammenhang steht und die erkannt und in einer «psychoanalytischen Purifizierung» «bewältigt» sein will. Diese Komplexe und Widerstände markieren für Freud die Grenze, wie weit man in der psychoanalytischen Arbeit kommen kann, und sie markieren die Grenze, wo etwas aufhört, eine psychoanalytische Arbeit zu sein. Darauf bin ich im vorangehenden Kapitel eingegangen.

In der postfreudianischen Diskussion um Gegenübertragung wurde Freud vielfach vorgehalten, dass er mit diesen theoretischen Vorstellungen das «emotionale Mitschwingen» der Analytiker unnötig beengt habe und dass er selber in der Gestaltung von persönlichen, emotional ausdifferenzierten Interaktionen mit seinen Analysanten ungleich offener gewesen sei. Man hat sich weniger dafür interessiert, dass Freud in der Gegenübertragung eine Grenze sah, wo sich Psychoanalyse von Suggestion, pädagogischer Einflussnahme und, so möchte ich beifügen, narzisstischem Missbrauch scheidet. Für derlei Probleme, schien man wohl zu denken, sei die eigene Analyse der Kandidaten zuständig.

Ins Zentrum der Diskussion geriet das, was in Freuds Definition der Gegenübertragung eigenartig offen blieb: Wenn Freud sagt, dass sich die Gegenübertragung beim Analytiker «durch den Einfluss des Patienten auf das unbewusste Fühlen des Arztes» einstelle (1910 d, 108), so ist dies nicht zwangsläufig das Gleiche wie die Aktualisierung der «eigenen Komplexe und Widerstände» des Analytikers in der Begegnung mit dem Analysanten. Da gibt es einen grossen

Interpretationsspielraum und es sind auch sehr unterschiedliche Auffassungen der Gegenübertragung entstanden. Die Spannweite geht von einem Verständnis der Gegenübertragung als einer Störung der Analyse durch die «Komplexe» des Analytikers bis zu einem Verständnis, wonach die Gegenübertragung eine wertvolle, gefühlsmässige Resonanz des Analytikers auf seinen Analysanten ist, die ihm den leichtesten und direktesten Zugang zu einer «Kommunikation von Unbewusstem zu Unbewusstem» gestattet. – Gegensätzlichere Auffassungen lassen sich kaum denken.

Warum ist das so? Die Unterschiedlichkeit der Auffassungen hat meines Erachtens mit der Frage zu tun, wo man die Grenze der Kommunikation von Unbewusstem zu Unbewusstem ansetzt.

Freud hat das immer primär negativ formuliert. Er sagt, der Analytiker kann einen Zugang zum Unbewussten seines Analysanten finden, wenn er *keine* eigene Zensur des Materials vornimmt (1912 e, 381), wenn er seine Aufmerksamkeit *nicht* fixiert und wenn er *nicht* nach seinen Erwartungen und Neigungen auswählt (377). Für Freud geht es darum, etwas überhaupt hörbar werden zu lassen, dessen Bedeutung erst nachträglich erkannt werden kann (377). Dafür muss der Analytiker sich lösen von all den Bedeutungsrastern, in denen er drinsteckt. Seien es die Anforderungen an logische, widerspruchsfreie Verknüpfungen; sei es der Wunsch, das, was der Analysant sagt, als sinnvolle Einheit verstehen zu können; oder seien es seine eigenen Vorstellungen, die seine Aufmerksamkeit ausrichten. Will man das in seiner ganzen Radikalität formulieren, so heisst es, dass die Kommunikation von Unbewusstem zu Unbewusstem für Freud grad nicht ein Verstehen ist, sondern ein *Nicht-Verstehen*, ein Verzichten auf das Verstehen.

Demgegenüber hat *Paula Heimann* in ihrem folgenreichen Aufsatz *On Counter-Transference* (1950, 81 ff) in der Gegenübertragung *primär etwas Positives* gesehen. Es gibt für sie eine Positivität der Verbindung von Analytiker und Analysant, die *auf der Ebene der Gefühle* liegt: Was an Gefühlen im Analytiker aufsteigt, ist für sie eine «Kreation» des Patienten. Der Analytiker muss einfach in der Lage sein, diese Gefühle bei sich wahrzunehmen und nicht durch seine eigenen Geschichten zu blockieren. Diese positive Verbindung kann Heimann postulieren, weil sie die Gefühle ins Zentrum des analytischen Arbeitens rückt. Die Gefühle öffnen dem Analytiker dann, wenn er sie aushält und nicht bei seinem Patienten ablädt, den Weg zum «nachhinkenden bewussten Verständnis der Situation», das für Heimann Voraussetzung der Deutung ist. Wie diese Übersetzung genau vorgeht, bleibt indes unklar.

Heimann will also – ganz im Sinne von Freuds Forderung, die Aufmerksamkeit gleichschwebend zu halten – die Gefühle der Zensur des Analytikers entziehen. Allerdings haben viele Analytiker daraus die Konsequenz gezogen, die Gefühle ganz besonders zu beachten. Womit sie ihre Aufmerksamkeit wieder – ganz entgegen Freuds Forderung – fokussiert haben.

Die Frage, zugespitzt, ist nun die folgende: Gibt es für den Analytiker von den Gefühlen einen direkten Weg zum Verständnis und zur Deutung? Ich denke, dass man diese Frage nur bejahen kann, wenn man davon ausgeht, dass das, was «verdrängt» und aufzudecken ist, primär ein *gefühlsmässiges, affektives* Geschehen ist. Freud hat demgegenüber stets die Meinung vertreten, dass die Transformationen, die unbewusst ablaufen – die Verschiebungen und Verdichtungen usw. –, am *Inhalt* der gefühlsmässig wichtigen *Vorstellung* geschehen. Und dass der Affekt, davon losgelöst, ein anderes Schicksal haben kann. Deswegen gilt bei Freud dann die Deutung auch der verdrängten «Vorstellungsrepräsentanz».

Will man mit Heimanns Ansatz die Psychoanalyse nicht in einen wirren, gefühlsdusseligen Reduktionismus führen – und ich möchte behaupten, dass das leider nicht selten geschehen ist –, so muss man etwas, was sie sagt, ganz genau beachten: Es geht um ihren Hinweis, dass die Analytiker die bei ihnen ausgelösten Gefühle aushalten sollten und nicht auf ihre Patienten «abladen» dürfen. Das kann man als Warnung lesen, nicht aus dem Gefühl heraus zu deuten. Als Warnung vor einem voreiligen Verstehen. Und, so möchte ich beifügen, als Warnung, aus dem Gefühl heraus auf die verdrängte Vorstellung schliessen zu wollen. Die Gefühle des Analytikers sind bestenfalls Indikatoren. Indikatoren, die anzeigen, dass etwas Merkwürdiges, Befremdendes im Gang ist, das ich gerade *nicht* verstehen kann und dessen *Nicht-Verstehen* ich auszuhalten habe. Schliesst man von Gefühl zu Gefühl kurz, so droht ein «Diskurs von Ich zu Ich» zu entstehen, der die Frage des Unbewussten eher verschliesst als öffnet **(S. 44)**.

Dies werde ich, nach einer genaueren theoretischen Auseinandersetzung mit Heimanns Position, an einem Beispiel darlegen.

Theoretisches:

Es war, wie gesagt, Paula Heimann, die den beherzten Schritt tat, der die Schleusen öffnete und die Gegenübertragung zu einem technischen Instrument ersten Ranges umzudeuten gestattete. Paula Heimann hatte in ihren Supervisionen festgestellt, dass die Kandidaten unter Druck standen, dem Ideal einer chirurgischen, distanzierten, gefühlskalten Neutralität nachzukommen und sich geradezu schuldig fühlten, wenn sie bei sich irgendwelche Gefühle gegenüber ihren Analysanten entdeckten. Und dann sagte sie den Satz, der Steine von Herzen gerollt haben muss: «Ja, dann sagen Sie mal, was haben Sie denn wirklich gefühlt in jener Situation?» – Und dann sei meistens das Richtige gekommen. Das, was die Analysen, von denen ihre Supervisanden berichteten, aus einer Aura der Feindseligkeit herausgerissen habe. Denn, um möglichst neutral zu sein, hätten die Supervisanden die Zeichen der positiven Übertragung zu wenig wahrgenommen und seien darum in ihren Deutungen immer leicht daneben und ein Gran zu feindselig eingestiegen, wodurch sich die Patienten missverstanden und zurückgewiesen gefühlt hätten, bis zum perfekten Teufelskreis. Paula Heimann schliesst dann, dass die Analytiker die Gefühle, die ihre Patienten bei ihnen auslösen – das ist für sie die Gegenübertragung! –, ernst nehmen sollten und dass sie mit diesen «feelings» viel näher am Unbewussten ihrer Patienten seien als mit ihrem «reasoning».

Heimann reduziert Gegenübertragung weitestgehend auf Gefühle. Sie stellt sich den Vorgang etwa folgendermassen vor: Sofern der Analytiker seine eigenen infantilen Konflikte und Ängste in seiner eigenen Analyse gut genug durchgearbeitet habe, könne er leicht Zugang zu seinem Unbewussten herstellen und dieses «verstehe» (understands) dasjenige des Patienten. Dieser «Rapport» von Unbewusstem zu Unbewusstem komme in Form von «Gefühlen» an die Oberfläche. Die Gegenübertragung des Analytikers sei dann eine «Kreation» des Patienten, meint Heimann ausdrücklich. Der Analytiker müsse nun die in ihm ausgelösten Gefühle so lange aushalten, bis er mit seinem nachhinkenden bewussten Verständnis die Situation erfasst habe und deuten könne.

So weit Paula Heimanns wegweisende Arbeit. Meines Erachtens hat sie die Diskussion über Gegenübertragung in eine bis heute nachwirkende problematische Richtung gestossen. Und zwar aus zwei Gründen:

1. Paula Heimanns Intervention hat gewiss sehr entlastend gewirkt. Aber von was genau hat sie eigentlich entlastet? Es geht ihr, wie Freud in seinen *Ratschlägen* (1912 e) auch, um eine Störung beim Analytiker. Sie will erfassen, was die Ausbildungskandidaten, die bei ihr in Supervision sind, behindert, in ihren Analysen ihren Patienten gegenüber offen zu sein. Diese Offenheit versteht sie allerdings eher auf der Gefühlsebene als auf derjenigen des *Hörens*, um das sich bei Freud alles dreht. Offensichtlich hat die Fehlhaltung der Kandidaten, die Paula Heimann beschäftigt, etwas damit zu tun, dass sie einem Idealbild nacheifern wollen. Paula Heimann benennt es: Es ist das Bild des Analytikers als gefühlskaltem Chirurgen, von dem Freud gesprochen hat (**S. 195**).

Also ist doch mit Händen zu greifen: Was die Kandidaten befangen macht, ist ihr *Wunsch, Analytiker zu sein*, d. h. so zu sein, wie sie sich vorstellen, dass Freud sich die Analytiker vorgestellt hat. Und wie sie – kaum grundlos – erwarten, dass es von ihren Ausbildnern erwartet wird.

Die Supervisanden von Paula Heimann sind also in einem *Übertragungswunsch* gefangen (**S. 190**), mit dem sie sich an ihre Supervisorin und, allgemeiner, an ihre Ausbildner wenden, im Wunsch, als Analytiker anerkannt zu werden. Es ist eine klassische Übertragungssituation: Die Kandidaten möchten dem Bild entsprechen, das sie in den Augen ihrer Ausbildner gut und schätzenswert macht!

Es ist dieser *Wunsch, Analytiker zu sein,* der es den Kandidaten schwer macht, *als Analytiker zu funktionieren.* Das heisst, weil sie mit einem Wunsch beschäftigt sind, der in eine andere Richtung geht als das analytische Zuhören und diesem äusserlich ist, kommen sie in Schwierigkeiten. Das, was ihr Funktionieren als Analytiker behindert, kommt nicht aus den Analysen, nicht aus dem, was sie hören, sondern es kommt von den Vorstellungen darüber, was ein guter Analytiker sein soll.

Paula Heimann hat das alles bemerkt, aber eigenartigerweise nicht auf den Nenner gebracht. Sie diskutiert die Problematik im Dreieck Supervisorin – Ausbildungskandidat – Analysant, aber sie konzeptualisiert es nicht auf dieser Ebene. Sie konzeptualisiert sie nur als eine Angelegenheit zwischen Analytiker und Analysant und schliesst damit die Problematik der Ausbildung aus. So kann sie nicht erfassen, dass gerade diese im Fokus der Übertragung ist, um die es geht. Sie schliesst die eigentlich wirksame *Vorstellung,* dem Idealbild Analytiker zu genügen, aus ihrem Denken aus. Das ist sicher auch ein Ergebnis davon, dass sie nur auf Gefühle fokussiert ist.

2. Daraus ergibt sich auch das zweite Hauptproblem von Heimanns Auffassung der Gegenübertragung: In ihrer ausschliesslichen Ausrichtung auf Gefühle vernachlässigt Heimann die Dimension der Vorstellung vollkommen. Nun ist es viel einfacher, eine Reziprozität, ein gegenseitiges aufeinander Abgestimmt-Sein im gefühlsmässigen Bereich anzusiedeln als dort, wo es um unbewusste Vorstellungen, Gedanken, Phantasien, Einfälle, Traumbilder usw. geht. Jedenfalls ist nichts weniger sicher, als dass die unbewussten Vorstellungen des Analytikers diejenigen des Analysanten erhellen könnten. Da hört die Reziprozität schnell auf und man gelangt in den Bereich der Projektionen und der Vorurteile des Analytikers (**S. 61**).

Darum will Heimann die Wirkung derartiger unbewusster Vorstellungen des Analytikers in seine Lehranalyse verbannen, wo er sie «gut genug» durcharbeiten soll. Die unbewussten Vorstellungen des Analytikers, die sich bei diesem aktualisieren könnten, sind also auch für Heimann nicht produktiv, sie sind nicht das, was das Unbewusste des Patienten «understands». Die unbewussten Vorstellungen des Analytikers sind, wie bei Freud, Störungen, die den «leichten» Zugang zum Unbewussten versperren und die der Analytiker durchgearbeitet haben muss. Damit ist Heimann aber auch nicht über Freuds «Purifizierungs»-Modell, das sie doch bekämpfen wollte, hinausgekommen.

Die einzige Neuerung, die dann bleibt, ist die scharfe Trennung von Gefühl und Vorstellung, die aber problematisch ist, weil sie eben die Relevanz der Vorstellung für die Frage nach dem Verdrängten sträflich vernachlässigt. Und die allein schon deswegen problematisch ist, weil auch die Gefühle, sobald sie sprachlich vermittelt sind, genauso kontextabhängig sind wie die eh nur sprachlich mitteilbaren Vorstellungen. Ein restloses Verstehen ist daher auch auf der Ebene der Gefühle wohl nur ein idealisierender Wunsch.

Heimanns Modell nimmt Freuds Gedanken einer Kommunikation von Unbewusstem zu Unbewusstem auf. Heimann baut Freuds Gedanken so um, dass eine lineare Abfolge denkbar wird: Das Unbewusste des Patienten führt zu Gefühlen beim Analytiker. Diese Gefühle führen den Analytiker zu einem «nachhinkenden» bewussten Verständnis der Situation. Und dieses wiederum führt ihn zur Deutung.

Ein solches Modell ist bei Freud, meines Erachtens, gerade nicht angelegt. Freud sucht gewiss auch die störungsfreie Übermittlung zwischen dem «gebenden Unbewussten des Kranken» und dem Unbewussten des Analytikers «als empfangendem Organ» (1912 e, 381). Aber ihm geht es nicht darum, ein Verständnis daraus zu destillieren, sondern darum, den Analytiker empfänglich zu machen für all das, was an Unverstandenem beim Analysanten insistiert. Denn es gilt, «dass man ja zumeist Dinge zu hören bekommt, deren Bedeutung erst nachträglich erkannt wird» (377). Es gibt bei Freud also einen Bruch in der Linearität: Durch das Offensein für das Nicht-Verstehen, für das «Man höre zu und kümmere sich nicht darum, ob man sich etwas merke» taucht das auf – sinnlos, unverstanden, scheinbar unbedeutend –, was der Analytiker aufgreifen soll, *gerade weil er es nicht versteht*. Und daraus kann im Nachhinein etwas entstehen, das ein neues, unerwartetes Verständnis schafft.

Ich habe jetzt den Unterschied von Heimanns «nachhinkendem Verständnis» und Freuds «nachträglich erkannter Bedeutung» sehr schroff pointiert. Wahrscheinlich tue ich damit Heimann als Klinikerin Unrecht. Indes ist mir wichtig zu zeigen, welcher theoretische Einsatz auf dem Spiel steht, sonst öffnen sich Tür und Tor für Missverständnisse.

Ich möchte noch einen letzten Punkt erwähnen. Ich habe ausführlich darzulegen versucht, wie unterschiedlich die Vorstellungen einer Kommunikation von Unbewusstem zu Unbewusstem bei Freud und bei Heimann angelegt sind. Indes müsste es ja überhaupt erstaunen, dass die Psychoanalyse, die so sehr darauf beruht, sich für alle Arten von Störung in der «Kommunikation» zu interessieren – Fehlleistungen, Versprecher, Stockungen, Wiederholungen, Unklarheiten, Mehrdeutigkeiten, Ellipsen –, gerade wo es um das Unbewusste geht, eine störungsfreie Übermittlung sucht!

Bei Heimann bedeutet diese ganz klar, dass alles, was die Symmetrie der beiden Protagonisten stören könnte, nicht in einem grundsätzlichen Sinn fremd ist, sondern durch «genügend gute» Selbsterfahrung des Analytikers ausräumbar ist. Bei Freud finden sich Stellen, die das Nämliche zu sagen scheinen, indes deutet sich bei genauerer Lektüre eher ein anderer Gedanke an, seine Denkbewegung ist komplexer: Was Freud mit Vehemenz aus den Analysen draussen haben will, bekommt in seinem Schreiben eine neue Dimension als eine Art Rest, der wie ein Revenant im Text wiederkehrt. Das habe ich im vorangehenden Kapitel zu zeigen versucht (**S. 196**). Dieser Rest ist das, was den Analytiker als einen Fremden, Andern ausmacht. Er hat in Freuds Text die Qualität von etwas Unbekanntem, Unbenanntem, das sich nur aus seinem wiederkehrenden Wirken erschliessen lässt. Er hat also genau die Qualität von Fremdheit, die uns in allen Manifestationen des Unbewussten begegnet.

Spitzen wir die Frage ein letztes Mal zu: Kann mittels der Gegenübertragung, mittels dem, was im «unbewussten Fühlen» des Analytikers ausgelöst wird, ein direkter Zugang zum Unbewussten des Analysanten gefunden werden, ja oder nein? Paula Heimann würde die Frage gewiss bejahen. Bei Freud hingegen scheint der Wunsch, eine quasi physikalische Leitung vom gebenden zum empfangenden Unbewussten legen zu können, an einen andern Ort zu führen. An einen Ort, wo in seinem Schreiben etwas auftaucht, das als Fremdes, als Rest wirkt. Als ein Rest, der sich nicht assimilieren lässt. Und damit auch jedes Modell einer symmetrischen Kommunikation subvertiert.

Beispiel:

Herr M beschäftigte sich über mehrere Analysesitzungen vor allem damit, dass er, der lange Zeit nicht gewagt hatte, aus dem Schatten einer als übermächtig erlebten Chefin herauszutreten, sich endlich für eine leitende Stellung, wie sie längst seinen Fähigkeiten angemessen war, beworben und diese auch erhalten hatte. Er war dafür mir und der Analyse sehr dankbar und drückte das auch aus. Indes tauchte bei mir zunehmend ein Gefühl auf, ausser Kraft gesetzt, blockiert und gelähmt zu sein. Was ich ihm sagte, nahm er zwar dankbar, beinahe unterwürfig auf, um es dann aber in langen Erklärungen zu zersetzen und eigentlich als nichtig fallen zu lassen. Ich hatte das Gefühl, nichts mehr zu sagen zu haben. So hatte ich mich in dieser Analyse noch nie gefühlt; mir fiel aber auch ein, dass Herr M seine eigenen Gefühle der Chefin gegenüber vielfach mit ähnlichen Worten geschildert hatte.

Hatte sich da etwas umgekehrt? Sollte ich mich nun seiner Übermacht gegenüber genauso hilflos und impotent fühlen, wie er sich lange Zeit der Chefin gegenüber vorgekommen war? Zu einer solchen – oder ähnlichen – Deutung könnte man kommen, beachtete man nur die Interaktion auf der Gefühlsebene. Ich hatte den Eindruck, nicht zu verstehen und musste das einfach aushalten.

Dann folgte eine Stunde, in der er, nicht zum ersten Mal, über sexuelle Probleme sprach: Er habe mit Erstaunen festgestellt, dass es sein Begehren wecke, wenn er vor seiner Freundin ein Geheimnis habe. Diese Aussage, das war für uns beide offensichtlich, stellte eine Verbindung her zum wichtigen Thema eines Familiengeheimnisses, das von der Grosselterngeneration her unaufgelöst seine Familie zusammenhielt.

Nun, ich hatte immer noch nichts verstanden, aber ich hatte etwas gehört, das zwar einige Verbindungen zu seiner Geschichte zu haben schien, mir aber vor allem wie ein blöder Kalauer vorkam. Ich getraute mich kaum, es auszusprechen: «Geheimnis, könnte man das auch als ‹Geh heim!›-nis hören?» Der Effekt dieser Deutung war überraschend, denn plötzlich wurde für uns beide hörbar – auch für mich erst *nach* dem Aussprechen der Deutung –, wie in seinem Sprechen der Imperativ eines andern Sprechens wirkte. Es war ein mütterlicher Imperativ, ein mütterliches Gesetz (vgl. Morel 2007, 58 ff), das aus ihm sprach und von dem er sich nie hatte lossagen können. Es fiel ihm ein, wie gern die Mutter ihn ausgerechnet dann zu Hause wieder aufgenommen hatte, als er, Hans im Unglück, sich von einer früheren Freundin getrennt hatte. Und es fiel ihm ein, wie die Mutter ihn zum Schweigen verpflichtet hatte, als es bei der Scheidung seiner Schwester darum ging, kompromittierende Geheimnisse vor deren Mann rücksichtslos zu vertuschen: «Du sagst nichts!»

Mein Gefühl, gelähmt zu sein und nichts zu sagen zu haben, verschwand nach dieser Sitzung, nachdem aufgedeckt und ausgesprochen war, wie ein mütterliches Sprechen imperativ in seinem Sprechen wirkte. Im Nachhinein wurde erkennbar, dass mein Lähmungsgefühl mit grösster Wahrscheinlichkeit daher gekommen war, dass er die Wirkung meines Sprechens tatsächlich ausser Kraft setzen musste, um zu verhindern, dass mein Sprechen zu einem ähnlichen Imperativ hätte werden können, der ihn selbst zum Schweigen verurteilt hätte. Diese Zusammenhänge hätte ich allein aus meinen «feelings» heraus niemals verstehen können. Erst durch das Hinhören auf das Material und die darin wirkenden Signifikanten konnte es sich im Nachhinein ordnen.

Einfach zuzuhören, das ist Freuds «Grundregel» für den Analytiker und, so möchte ich hinzufügen, das Nicht-Verstehen auszuhalten.

Teil V
Aufhören

21 Vom Ende

Eine Therapie zu beenden, ist ein Akt des Schliessens. Ein Akt, mit dem ich es auf mich nehme, nicht mehr Patient und nicht mehr Analysant zu sein. Im günstigen Fall komme ich dahin, weil ich die Erwartungen, die ich in meinen Therapeuten oder Analytiker gesetzt habe, aufgeben kann. Ich muss nicht mehr um Anerkennung kämpfen.

Ich habe einen Weg beschritten, der mich von einem Wissen, das ich beim Analytiker suchte, zu einer Wahrheit, die ich bei mir finde, geführt hat. Ich habe gemerkt, dass mein Anliegen, von meinen Symptomen, von meinem Leiden befreit zu sein, keine direkte Antwort von ihm erhalten kann. Ich versuche nicht mehr, mein Anliegen an meinen Therapeuten zu delegieren, der mit seinem Wissen die Sache richten soll. Ich habe gemerkt, dass das, was mein Leiden ist, was mich zum «Patienten» macht, auf mich selbst zurückfällt, auf die Fragen: Was ist los mit mir? Warum geschieht mir, was mir geschieht? Warum leide ich? Wer bin ich? Und in der langen Auseinandersetzung mit diesen Fragen habe ich merken müssen, schmerzhaft, enttäuschend und doch auch erleichternd, dass ich die Antwort nicht im Analytiker finde.

Ich habe in ihm denjenigen gesucht und gesehen, der mich erkennen kann. Ich habe in ihm denjenigen gesucht, der mich versteht, der mich wahrnimmt, begreift und ernst nimmt. Ich habe von ihm erwartet und ihm zugestanden, dass er meine Identität bestätigen und anerkennen kann. So habe ich ihm all das gegeben, was mir wichtig ist: dass ich die Stärke habe, einen kranken Partner zu ertragen; dass ich diejenige bin, die die ganze Familie zusammenhält; dass ich ein missverstandenes Kind bin; dass ich ein ungeliebtes, ungewolltes Kind bin; dass ich Mutters Prinz bin; dass ich dem Vater die bessere Gattin als die Mutter wäre; dass ich ein Looser bin. Alles habe ich an ihn herangetragen mit der Idee, er weiss es, er bestätigt es mir.

Eigentlich hätte ich mir eine Wechselseitigkeit gewünscht: Ich bin Mutters Liebling, und er liebt mich dafür. Eine solche Reziprozität ist auch ein Schliessen:

Es hält eine bestimmte Position, in der ich vom Analytiker gesehen werden möchte, fest und bestätigt sie. Das ist es, was ich ihm als meine Übertragung anbiete. Ich habe aber merken müssen, dass der Analytiker diese Reziprozität nicht annimmt. Er lässt das Schliessen nicht zu, sondern interessiert sich für genau das, was mich darin selbst nicht befriedigt. Was er mir sagt, was er aus meinem Sprechen hört, das ist das, was nicht aufgeht in den Identifikationen, die ich ihm anbiete und von denen ich denke, dass er mich so haben möchte. Es ist all das, was darüber hinausweist, auf eine andere, mir selbst unbekannte Wahrheit hin.

So habe ich gemerkt, dass ich in meinem Sprechen Dinge sage, die nicht zu dem passen, was ich gern sagen möchte, was ich gern sein möchte und was ich meine, für die Augen meines Analytikers sein zu sollen. In dieser Differenz sind mir all die Bilder, die ich von mir habe, und all die Identifikationen, denen ich gehorche, nach und nach deutlich geworden.

Statt dass es zur Anerkennung dieser Bilder und Vorstellungen gekommen wäre, hat eine *andere Art von Schliessen* stattfinden können: *die Deutung*. Die Deutung geht gerade auf das, was über diese Bilder und Identifikationen unverstanden hinausweist. Sie greift diese Differenz auf und benennt sie. So habe ich die Deutung erfahren als Zeugnis meines Sprechens, als Zeugnis des Unverstandenen und zugleich als das, was eine Phase des Nicht-Verstehens abschliesst, indem sie etwas begreifbar macht. Ich erfahre sie weniger als eine Konstruktion auf Grund der gesammelten Indizien und Ereignisse in den vorangegangenen Sitzungen. Ich erfahre sie eher als ein Unterbrechen meines Sprechens, das ein Schliessen bewirkt, das ein neues Verstehen nach sich trägt und neue Möglichkeiten freisetzt, mich mir und meinen Beziehungen und meiner Geschichte gegenüber zu positionieren.

Es geht mir dabei wohl ähnlich wie Herrn M, dessen Symptom es war, in seinem Liebesleben eine Heimlichkeit herstellen zu müssen **(S. 204)**. Und der in dem Moment einen neuen Zugang zu seinem Symptom finden konnte, als die Deutung im «Geheimnis» einen mütterlichen Befehl freilegte: «Geh heim!» Einen Befehl, der das inzestuös aufgeladene Geheimnis von ihm und seiner Mutter enthielt: heim zu Muttern. Die Deutung war nicht die Folge eines Verstehens, sondern sie markierte für ihn einen Akt, ein Schliessen, das eine lange Phase des Nicht-Verstehens beendete und, im Nachhinein, ein Verstehen hervortreten liess.[14]

So erfahre ich, im Vorbeigehen fast, auch die Wirkung der Analyse auf meine psychische Symptomatik: denn auch mein Symptom ist ein Schliessen gewesen. In ihm ist das Ringen zwischen dem Drängen des Unbewussten und den Kräften der Abwehr zum Stillstand gekommen. Ich habe gemerkt, dass mein Sprechen in der Analyse das, was im Symptom verschlossen ist, wieder in Bewegung bringen kann. Und ich habe gemerkt, dass in meinem Sprechen «die Wahrheit wiedergefunden werden kann» für «das zensierte Kapitel meiner Geschichte, das weiss geblieben oder besetzt gehalten wird von einer Lüge» (Lacan 1973, 98).

Der Weg der Analyse führt mich also aus dem Schliessen des Symptoms hinaus und durch das Schliessen der Übertragung hindurch zum Schliessen der Deutung. Diese eröffnet mir Zugang zu dem, was mich immer schon festgelegt hat, und lässt mich entdecken, woher der Wind meines Wünschens weht.

Die Sätze, Identifizierungen und Zuschreibungen, die mich unbewusst determiniert haben, konnte ich im Sprechen in der Analyse herausschälen aus all den Umwandlungen, die sie im Verlauf meiner Geschichte erfahren haben. Und indem sie mir wieder zugänglich geworden sind, haben sie ihren zwingenden Charakter verloren: Ich habe gemerkt, dass auch sie nicht die letzte Wahrheit sind. Es ist mir deutlich geworden, dass sie selber Formen eines Schliessens sind: Antworten auf unverstandene Fragen, Verortungen auf dem Weg all der Trennungen, die das Heranwachsen mir auferlegt. Sie sind deutbar geworden in ihren Verbindungen zu all den lebensgeschichtlichen Kontexten, die im Sprechen in der Analyse auftauchen. So sind sie im Wald der Verschiebungen selbst zu Baum unter Bäumen geworden und sind selbst kenntlich geworden als Metonymien und Metaphern. Sie sind ins Spiel der Differenz eingetreten und damit selbst umwandelbar geworden.

Das Schliessen der Deutung hat neue Möglichkeiten freigesetzt, um mich zu positionieren: Es hat mir ermöglicht, neue Metaphern zu finden und zu erfinden. Es hat mir ermöglicht, für das, was mein Schicksal ist, neue Formulierungen zu finden.

Vielleicht war auch die Deutung selbst eine Umwandlung: «Geh heim!» – hat es diesen Satz je so gegeben? Vielleicht. Wahrscheinlicher ist, dass er selbst nur eine Verschiebung war: eine Verschiebung anderer Sätze oder eine Art Verschiebung von etwas, das es so gar nie gegeben hat, das vielleicht selbst nur eine Interpretation war. Eine Interpretation, die an die Stelle einer nie ganz klärbaren und nie ganz beantwortbaren Frage getreten ist: Was will die Mutter von mir, wenn sie mir das sagt? «Geh heim!» wäre dann eine Erfindung der Analyse, eine Erfindung, die an die Stelle des mütterlichen Imperativs getreten ist, den es vielleicht in seinem Urtext gar nie gegeben hat, weil er vielleicht gar nie so ausgesprochen wurde. Eine Interpretation aber, die das diffuse Gefühl, das Herr M in seiner Beziehung zur Mutter erlebt hat, überhaupt fassbar gemacht hat. Eine Erfindung, die auch all die nahen und ferneren Abwandlungen dieses Imperativs wieder zugänglich gemacht hat: «Du schweigst» und so weiter. Und ihnen damit ihren bindenden Charakter genommen hat.

Und bin ich in meiner Analyse so weit, dann kann ich meine Geschichte neu «lesen». Liess mir das Geheimnis nur die Wahl, einen – von der Frau – abgetrennten oder einen – mit der Mutter – geteilten Geheim-Raum zu haben, so gibt mir das «Geh heim!» neue Möglichkeiten: Ich kann jetzt zum Beispiel sagen: Ich kann fort von zu Hause sein, ich kann mein eigenes Leben haben und ich kann wieder zurückkommen. Es eröffnen sich neue Möglichkeiten und ich kann sie ergreifen.

Dieses Ergreifen ist wiederum ein Schliessen. Es ist ein Akt, mit dem ich mich anders in der Welt positioniere und der meinem Leben eine Wendung gibt, die nun da ist.

Die Anerkennung, die ich mir von meinem Analytiker gewünscht habe, habe ich nicht gefunden. Er hat sich nicht darauf eingelassen, mich in meinen Vorstellungen und Idealen zu bestätigen und die von mir gewünschte Reziprozität herzustellen, sondern er hat immer die darüber hinausweisende Differenz gehört. Und gerade weil sich da etwas nicht geschlossen hat, konnte ich in der Analyse am Suchen bleiben. Und gerade deswegen ist mein Analytiker immer mehr zum Platzhalter von dem geworden, was sich nicht schliessen lässt. Ich habe gemerkt, dass es um die Anerkennung dieses Rests geht, der immer wieder das Suchen hervorruft und den ich auf meiner Lebensreise immer wieder und immer wieder neu umkreise. Ich habe dies auf meine Art als meine Wahrheit begriffen und als Möglichkeit ergriffen, so wie Frau J es auf ihre Art getan hat (S. 156).

Und nun bin ich soweit, den Analytiker verlassen zu können. Einen letzten Akt des Schliessens zu machen, der unsere Sitzungen schliesst. Ich brauche sein Wissen, das ich gesucht habe, nicht mehr. Ich habe meine Wahrheit in seinem Wissen gesucht und weil ich sie da nicht finden konnte, weil es nicht zu einem Schliessen im Wissen gekommen ist, ist meine Wahrheit nun auf mich zurückgekehrt. Ich kann den Analytiker verlassen, er hat seine Magie für mich verloren, ich muss nichts mehr von ihm erwarten. Ich kann ihn nun als einen Menschen erkennen, der kein verborgenes Wissen über mich hat, der anders ist als ich, mir letztlich fremd, als einen Menschen aber auch, mit dem ich einen wichtigen Weg beschritten habe und dem ich dafür dankbar bin (S. 76).

Und was heisst das für den Analytiker? Der Analytiker kann sehr viel wissen, ja, er soll möglichst gebildet sein. Das kann ihm beim Hören hilfreich sein. Wenn beispielsweise jemand etwas «blöd» findet, so kann es wohltuend und öffnend sein, auch an die «Blödigkeit» im Sinne Hölderlins denken zu können. Die Bildung des Analytikers wird seinen Einfällen nicht die Richtung weisen, aber ihren Reichtum vergrössern. Indes, *ein* Wissen hat er nicht und das ist das Wissen über seinen Patienten, das Wissen, das ihm sein Analysant unterstellt. In der konkreten Situation der Analyse muss er nur etwas wissen, sagt Lacan: «Er weiss nicht mehr als die anderen, ausser dass er ein Wesen ist, das dem Tod geweiht ist.» (1966, 349) Er wird, wenn er seine Arbeit recht macht, in seiner Funktion als Analytiker sich auflösen. Der Analysant wird nun seinen weiteren Weg ohne ihn gehen können.

Beispiel:

Nicht jede Therapie oder Analyse kommt ans Ziel: Herr N war ein «Looser» und er brach die Therapie ab, enttäuscht, im Gefühl, nichts erreicht zu haben. Er war mir böse, dass ich ihm nur Dinge hatte sagen können, mit denen er nichts anzufangen wusste. Auch ich wurde zum «Looser». Aber bei mir gehe es ja weiter, meinte er bitter, andere Patienten kämen, ich hätte meine Praxis und mein Einkommen. Wie sein Vater, der selbständiger Anwalt war, auch. Er hingegen, er hatte eine wahrlich beeindruckende Serie von schulischem und beruflichem Versagen und von Liebesverschmähungen vorzuweisen. Wäre da nicht Manchester United – Man U im Jargon – gewesen, die Mannschaft, deren treuer Fan er war und die ihn neben bitteren Niederlagen auch an grandiosen Erfolgen teilhaben liess.

Womit hatte er nichts anfangen können? Jedenfalls damit, dass ich sein so nebensächlich hingeworfenes «Ich bin ein Looser» ernst genommen hatte und ihm zu Gehör gebracht hatte. Ihm indes sagte, was er da gesagt hatte, nichts. Und darüber hinaus war mir dazu auch etwas eingefallen, was nicht schlecht zu all dem passte, was ich von seiner Beziehung zu seiner Mutter wusste. Ich hatte ihm nämlich gesagt, wenn er ein Looser sei, sei er vielleicht auch Mutters «Luuser», was in der Schweizer Mundart soviel heisst wie Lausejunge.

«Blöd» fand er das. Und blöd fand er so manches, was ich ihm hatte sagen können. Für ihn war diese Deutung nur ein Steinchen mehr auf seinem Weg zum Abbruch. Für mich hingegen hatte sie etwas Erhellendes.

Ich hatte das Gefühl, durch diesen Zusammenhang etwas von seiner Geschichte auf den Punkt bringen zu können: Durch diesen blöden Signifikanten «Luuser» ist er an seine Mutter attachiert, so dachte ich. Mit einem Vater, der sein Geschäft lieber als den Sohn – und als die Mutter – hatte und ihm nicht hatte helfen können, sich von seiner Bindung an die Mutter zu lösen. Was er in dieser Konstellation zustande gebracht hatte, war – so überlegte ich – immerhin eine Übersetzung: die Übersetzung vom muttersprachlichen «Luuser» in seine Lieblingssprache, ins Englische, die ihn vielleicht vor schwererer Krankheit gerettet, aber auch hilflos in sein neurotisches Loosertum getrieben hatte. Das schien mir ein Kompromiss zu sein, der ihm gestattete, Mutters Liebling, ihr Lausejunge zu bleiben und sich doch auch von ihr weg auf die Welt hin bewegen zu können, allerdings nur als «Looser». Die rettende Identifizierung mit dem Vater war gescheitert, was blieb, war Man U. You man, wenigstens so.

Dieser eine Signifikant «Looser» ist für mich besonders wichtig geworden, weil er vieles bündelte, was in den Gesprächen mit Herrn N – er kam ein knappes Jahr zu mir in Therapie – bedeutungsvoll war. Es ist natürlich nicht so, dass wir nur daran gearbeitet hätten, es gab viele andere Deutungen, die bei ihm aber kein besseres Schicksal gefunden hatten. Ich beschäftige mich im Folgenden ausführlich mit seinem Wort «Looser», weil es meines Erachtens so etwas wie einen kritischen Punkt in dieser Therapie markierte, der aber leider nur für meine Überlegungen und wahrscheinlich, so muss ich annehmen, nicht für Herrn N fruchtbar werden konnte. Für mich indes brachte es auf der einen Seite eine Bestätigung für die Richtung meiner Hypothese und auf der andern Seite öffnete es mir den Zugang zu einer präziseren Formulierung dieser Hypothese: Im «Looser», so dachte ich, steckt doch immerhin die Fähigkeit und wohl auch der Wunsch, von etwas *los* zu kommen, wenn auch ganz offensichtlich nicht in der heiteren Gelassenheit, die unser Hans im Glück gefunden hat. Aber auch Herr N steht wohl vor der Frage, etwas verlieren zu müssen. Gelänge es, diese Frage zu öffnen, so könnte sich vielleicht auch die Frage öffnen, warum Herr N das Verlieren so unglücklich an sich selbst wiederholen muss? Und: Welches Objekt zu verlieren, *los* zu werden, wäre vielleicht wirklich ein Gewinn? In Bezug auf welches Objekt oder auf welche Beziehung wäre der «Looser» der eigentliche Gewinner?

Natürlich hätte ich auch eine andere Deutung geben können und natürlich habe ich auch andere Deutungen gegeben. Ich denke im Nachhinein, dass die Luuser-Deutung mir ermöglicht hat, die Geschichte von Herrn N so zu bündeln, dass hier etwas hätte weitergehen können. Da spielte auch meine Zeit, etwas zu begreifen, eine Rolle. Die Verbindung zwischen seinem Status als Looser und seiner Beziehung zur Mutter, die sich nach dieser Deutung herstellte, hätte für Herrn N vielleicht auch die Möglichkeit bringen können, sich in seiner Geschichte neu zu positionieren. – Allein, Herr N hat an diesem kritischen Punkt eine andere Lösung, ein anderes Schliessen gewählt, er hat die Therapie abgebrochen.

Ich blieb mit meinen Überlegungen allein, Herr N folgte mir nicht. Oder wäre es richtiger zu sagen: Er ging einen andern Weg, er trennte sich von mir? Blöd fand er, was ich ihm sagen konnte. Vielleicht blieb er versteinert (**S. 137 ff**), starr am «Looser» kleben, vielleicht um nichts verlieren zu müssen? Vielleicht aber war sein Abbrechen der einzige ihm mögliche Akt, etwas zu verlieren, indem er seinen Therapeuten los wurde? Ich kann es nicht entscheiden. Ich kann nur weiterspekulieren: Bekam ich damit die Strafe, die sein Vater verdient hat, der ihn im Stich gelassen hat? Oder war das gar eine Rettungs- und Stützaktion für den Vater? Er liess mir, uns nicht die Zeit, das oder anderes herauszufinden.

Wie seine Geschichte wirklich war, weiss ich nicht. Eigentlich sind alles nur meine Mutmassungen. Denn er, er hat es mir nicht gesagt. Er hat aufgehört, mit mir zu sprechen. Und damit ist die Therapie zu einem Ende gekommen.

Kommentar:

«Die Analyse ist beendigt, wenn Analytiker und Patient sich nicht mehr zur analytischen Arbeitsstunde treffen.» So hat Freud lakonisch gesagt (1937c, 63). Gemeint hat er nicht den Therapieabbruch, sondern eine Situation, in der es für Analysant wie Analytiker begründet ist, aufzuhören. Für den Analysanten, weil seine Symptome, Ängste und Hemmungen verschwunden sind, und für den Analytiker, weil genügend Verdrängtes aufgedeckt ist, so dass Wiederholungen nicht mehr zu befürchten sind. Nun, im Fall von Herrn N ist das Ende auch eingetreten, insofern als wir uns offensichtlich nicht mehr zur gemeinsamen Arbeitsstunde getroffen haben. Indes war weder der Patient von seinen Symptomen und Hemmungen befreit noch das Verdrängte aufgedeckt.

Das von Freud pragmatisch definierte Ziel ist problematisch, weil es das analytische Arbeiten einem äusserlichen, normativ festgelegten Zweck unterstellt. Die innere Logik des psychoanalytischen Arbeitens ist eine andere, sie ist nicht auf ein Ziel hin formulierbar. Man kann das Ende einer Psychoanalyse nicht mit Worten des Erreichens und Gelingens konzeptualisieren. Das heisst nicht, die praktische Bedeutung der von Freud genannten Ziele zu unterschätzen, sondern es heisst, dass sie nicht praktikabel sind als Vorgaben für das konkrete psychoanalytische Arbeiten. Dieses kann sich nicht an äusseren Zielen orientieren, sondern nur an einer *letztlich ethisch begründeten Haltung des Hörens* (S. 33). Eine Theorie vom Ende einer Psychoanalyse oder psychoanalytischen Therapie muss diese ethische Dimension berücksichtigen, will sie nicht durch das Hintertürchen des Pragmatismus Normen einfliessen lassen, die die Psychoanalyse doch gerade dekonstruiert.

Doch zurück zu Herrn N: Auch wenn man die Therapie mit ihm nicht an äussern Massstäben misst, sondern sie mit dem eingangs geschilderten, der inneren Logik der analytischen Arbeit nachgezeichneten Weg vergleicht, so kann kaum von einem günstigen Verlauf gesprochen werden.

Was war schief gelaufen? Auch da bin ich mit meinen Mutmassungen allein. Natürlich kann ich auch hier äussere Massstäbe für meine Überlegungen zu Rate ziehen, etwa diagnostische Kriterien und unterschiedliche Therapiekonzepte. Ich lasse das jetzt auf der Seite und versuche, im Zusammenhang mit der Frage nach dem Ende des psychoanalytischen Arbeitens zu präzisieren, wo die Therapie mit Herrn N in sich selbst, in ihrem Verlauf zum Scheitern gekommen ist. Die Therapie hatte immer an einem dünnen Faden gehangen, es bestand kaum eine tragfähige Beziehung. Damit will ich Folgendes sagen: Herr N kam mit einer doppelten Erwartung zu mir. Auf der einen Seite mit der Forderung, dass die Therapiesitzungen ihn befähigen müssten, die schon zweimal gescheiterte Aufnahmeprüfung in eine Berufsschule nach einem Überbrückungsjahr im dritten und letzten

Anlauf zu schaffen. Und auf der andern Seite war er überzeugt, dass die Stunden genau das nicht bringen könnten; auch die Therapie werde ihm nicht helfen können. Wenn sie indes ihm nicht ermöglichte, die Prüfung zu bestehen, dann hätte sie überhaupt keinen Sinn. Diese Geschichte wurde im Lauf der Therapie immer deutlicher und drängender, liess sich aber nur ungenügend bearbeiten und es gelang nur ansatzweise, Herrn N für eine Haltung zu gewinnen, mit der er sich selbst hätte befragen können. Der Druck der äusseren Realität wurde zu gross, der konkrete Anspruch zu dominant, und ich muss mir im Nachhinein sagen, dass ich wahrscheinlich besser mit ihm eine Art Beratung gemacht hätte, als den Weg einer Therapie gehen zu wollen. Ich hatte mich getäuscht in der Ansicht, dass es gelingen würde, die Voraussetzungen für ein psychoanalytisches Arbeiten herzustellen.

Um besser begreifen zu können, was hier möglicherweise geschehen war, möchte ich nun dieses Scheitern in Verbindung bringen mit dem, was ich über das günstige Schliessen einer Analyse gesagt habe. Ich greife das Geschehen an dem Punkt auf, der für mich selbst ein Punkt des Begreifens war, also bei der Deutung Looser / Luuser. Ich frage also: Was hätte, der Möglichkeit nach, diese Deutung in einer gut installierten Therapie oder Analyse bewirken können? Und was hätte das in Bezug auf das Ende der Behandlung heissen können? Ich mache diese Überlegungen immer mit der Einschränkung, dass sie in einem gänzlich ungesicherten Zusammenhang zur Geschichte von Herrn N stehen. Ich kann seiner Geschichte nicht gerecht werden, ich kann aber einer *möglichen* Variante, Herrn N', folgen.

Was hätte also meine Deutung in einer gelingenden analytischen Arbeit bedeuten können? Sie hätte seine Aussage, «Ich bin ein Looser» als eine Bearbeitung, als eine Umwandlung kenntlich machen können. Als Umwandlung einer unbewussten Identifikation, die Herrn N' – als Luuser – in einer ziemlich mehrdeutigen Art an die Mutter band: als ihren Liebling und Spielball. Das hätte wichtig sein können, denn dieses «Ich bin ein Looser», das ihm einfach so entschlüpft war, brachte doch die Grundproblematik seiner Lebensgeschichte auf den Punkt: sein wiederkehrendes Scheitern und als Verlierer Dastehen.

In seinem Satz wäre also ein anderes Sprechen, ein mütterliches Sprechen hörbar geworden:

«Ich bin ein Looser»   «Du bist mein Luuser».

Er hätte hören können, wie symmetrisch seine Antwort die mütterliche Zuschreibung aufgenommen hatte:

«Du bist mein Luuser» – «Ich bin (d)ein Looser».

Aber es ist eine Symmetrie, in die sich eine unhörbare Differenz eingeschlichen hat:

von «Luu» zu «Loo».

«Lu», das war übrigens auch eine Silbe seines Vornamens.

Diese Differenz, so minim sie ist, wäre – immer noch in der möglichen Variante – für sein Leben von grosser Tragweite: Denn gäbe es nur den geschlossenen Kreislauf der vollständigen Reziprozität der beiden Sätze, wie sollte es Herrn N' da überhaupt möglich sein, sich von seiner Mutter zu trennen?

Ein Beispiel für einen solchen geschlossenen Kreislauf finden wir in der Anorexie. Lacan hat darauf hingewiesen (1980, 225): Der ursprüngliche kindliche Anspruch: «Füttere mich» trifft bei der Mutter – oder der Person, die ihren Platz einnimmt – in aller Regel auf den reziproken, symmetrischen Anspruch: «Lass dich füttern». Nun ist das aber im günstigen Fall nicht alles: Die Mutter wird das Kind auch halten, sie wird ihm liebevolle Worte zuflüstern, mit ihm scherzen und so weiter. Sie wird dem Kind so vermitteln, dass es noch etwas jenseits der Ernährung gibt: die Liebe, die sie für ihr Kind empfindet. Und vom Kind her betrachtet werden Brust oder Flasche eine Bedeutung bekommen, die über die Sättigung hinausweist und die die Psychoanalyse als sexuell und triebhaft bezeichnet: Ich hab dich zum Fressen gern. Es kann nun aber auch den ungünstigen Fall geben, dass das Kind dieses Spiel von Ernährung und von all dem, was über die Ernährung hinausweist, in seiner Beziehung zur Mutter nicht entdecken kann, und dass sein Anspruch, genährt zu werden, mit dem mütterlichen Verlangen, es zu stillen, ohne Differenz zusammenfällt. Da bleibt dann eigentlich nur die Verweigerung, sich ernähren zu lassen, um aus dem geschlossenen Kreislauf auszubrechen. Was die Anorektiker demzufolge suchen, ist die Differenz zwischen Anspruch und Antwort auf den Anspruch, in der sich erst die Worte der Liebe ansiedeln können. Sie suchen dieses «zum Fressen gern haben», das jenseits der Nahrung, jenseits der Kalorien ist. Sie wollen, so meint Lacan, nicht nicht essen, sondern sie wollen nichts essen, das luftzarte Nichts der mütterlichen Liebesworte. Indem sie den Mund dem Kauen und Stopfen verweigern, suchen sie den Mund der Worte und des Sprechens.

Das Beispiel der Anorexie zeigt, wie wichtig die Differenz ist, die die Voraussetzung bildet, dass sich das Feld der Sexualität und des Wünschens auftun kann. Um nun zur – möglichen – Geschichte von Herrn N' zurückzukehren, so könnte man sagen, dass die Differenz in seiner Geschichte schon einen Platz gefunden hat: Das Wort «Luuser», das er von der Mutter – unserer Version zufolge – empfängt, trägt deren Wünsche und Begehren in sich. Und indem Herr N' aus «uu» «oo» macht, gelingt es ihm auch, das Wort Luuser zu substituieren. So kann die Bindung an die Mutter, die das Wort «Luuser» festschreibt, verdrängt werden: Ein Looser zu sein, das hat nun mit der Mutter nichts mehr zu tun.

Durch diese Verdrängung ist die Verbindung von Looser und Luuser aber auch gekappt und für – unsern – Herrn N' nicht mehr zugänglich. Es gibt kein Spiel zwischen Looser und Luuser. Nur noch das Substitut «Looser» tut seine Wirkungen in allen Lebensbereichen von Herrn N'. Die Verdrängung der Verbindung unterbricht das Spiel der Differenz. Sie muss gedeutet werden.

Wäre nun – in unserer Variante nehmen wir das an – die Deutung geglückt, so stünden beide Wörter in ihrer Bezogenheit und Differenz plötzlich wieder zur Disposition! Sobald die Differenz Luuser / Looser da wäre und offen stünde, gäbe es einen Raum für Möglichkeiten: Es wäre nicht mehr zwingend, die Differenz mit dem unheilvollen Signifikanten Looser zu schliessen, es liessen sich auch andere Möglichkeiten denken, das «Luuser»-Wort zu substituieren.

Damit könnte also ein Modell gezeichnet sein, wie es für – leider nur unsern – Herrn N' einen Ausweg aus dem Drama, in seinem Leben immer wieder verlieren zu müssen, hätte geben können. Einen Ausweg, der auch auf der Ebene seiner klinischen Symptome und Hemmungen etwas in Gang hätte bringen können, der aber auch nichts daran hätte ändern können, dass Herr N fundamental getroffen ist vom mütterlichen Satz, ein Luuser zu sein. Das ist sein Schicksal. Aber, und das ist keine Kleinigkeit, er könnte es annehmen und mit neuen Möglichkeiten umwandeln.

Anders gesagt: Das Symptom und die Hemmung könnten bestenfalls in ihrer klinischen Tragweite aufgelöst werden. An ihren Platz könnte dann ein anderes, und im glücklichen Fall weniger einschränkendes Substitut treten.

Soweit die Überlegungen, die die – wirkliche – Geschichte von Herrn N bei mir hervorgerufen hat, als Dokumente meiner Trauer über das Scheitern.

Ich kann nun, indem ich die fiktiven Herleitungen verwende, vielleicht präzisieren, was in der tatsächlichen Therapie mit Herrn N nicht möglich geworden ist. Die Differenz zwischen Looser und Luuser hatte nicht zur Wirkung kommen können. Ich stelle mir das so vor: Damit diese Differenz sich öffnen kann, muss zuerst eine Arbeit am Signifikanten «Looser» geschehen: Herr N muss merken, welche Macht dieses Wort auf ihn ausübt, und er muss beginnen, sich zu wundern, warum er eigentlich so sehr darauf abonniert ist, aus allen möglichen und unterschiedlichen Lebensgeschichten immer wieder als Looser hervorzugehen. Er muss sich also überhaupt schon selbst mit diesem Wort in Verbindung gesetzt haben.

Das war bei Herrn N indes kaum der Fall. Ihm stellte sich seine Geschichte vielmehr als Ansammlung von unglücklichen Zufällen dar, die jedes Mal aus ganz unterschiedlichen Gründen ihn als Verlierer zurückliessen. Und darum ging es jedes Mal um Ansprüche, die man ihm nicht gewährte, um Zurücksetzungen, die nicht fair waren usw. Er haderte mit der Welt. Eine innere Gemeinsamkeit der wiederkehrenden Rückschläge konnte er nur sehr eingeschränkt annehmen. «Das muss doch etwas mit mir zu tun haben.»: Das konnte ihm gar nicht so recht zur Frage werden.

Meines Erachtens heisst das nun Folgendes: Wo der Raum für die Frage: Warum immer wieder? Was ist los mit mir? nicht oder nur sehr eingeschränkt entstanden ist, da ist die Antwort immer schneller. Und die Antwort ist in diesem Fall das symptomatische Wiederkehren des Scheiterns. Was die Therapie, wenn es denn eine hätte werden können, also hätte leisten müssen, ist, ihre ganze Kraft dafür einzusetzen, diesen Raum des Fragens zu stärken. Ich kann nicht entscheiden, ob meine Annahme wirklich zutrifft, dass Herr N ein Looser, ein Verlierer ist, der nichts verlieren kann, weil dieses «Looser» für ihn zu einer Art versteinerter Identität, zu einem risslosen Bild geworden ist. Jedenfalls liesse dies verstehen, dass jede Deutung, ja das analytische Arbeiten überhaupt in ein Problem kommt, weil sie doch, um irgendwie wirken zu können, Riss und Mangel schon voraus setzen müsste. Weil sie voraussetzen müsste, dass ein Raum des Fragens da ist.

Meine anfängliche Annahme, dass es mit Herrn N gelingen könnte, diesen Raum herzustellen, dass es *mir* mit Herrn N gelingen könnte, erwies sich als Täuschung.

Mein Einfall «Luuser» war für mich hilfreich, für ihn kam die Deutung «Luuser» gewiss zu früh. Solange ihm noch nicht deutlich geworden war, was er mit seiner Aussage «Ich bin ein Looser» gesagt hatte, konnte sie nicht zur Wirkung kommen. Aber auch andere Deutungen waren nicht zum Tragen gekommen. So konnte die Deutung «Luuser» von Herrn N wohl nur als eine Antwort verstanden werden, wo noch gar nicht so recht eine Frage sich eingenistet hatte. Darum konnte sie nur verschliessend wirken und nichts öffnen: Sie war nur blöd.

Entweder war es also in der Arbeit mit Herrn N einfach zu wenig möglich, den Raum des Fragens zu gewinnen, weil der äussere Druck zu gross und seine Anspruchshaltung zu tief verankert waren. Oder aber, zweite Möglichkeit, ich habe nicht die nötige Geduld aufgebracht, um das Fragen und Nicht-Verstehen ankommen zu lassen, und habe mit meiner Deutung den Raum zu früh verschlossen.

Jedenfalls musste ich beim Schreiben dieses Kommentars immer auch wieder an die geschilderte Situation bei Herrn M denken: Geheimnis – Geh heim!-nis. Bei Herrn M war die Frage, warum «Geheimnis» in seiner Geschichte und in derjenigen seiner Familie eine so grosse Bedeutung hat, schon da und er hatte sich schon intensiv darüber befragt, warum Geheimnisse so anziehend für ihn waren. In diesem Fall war es für mich möglich, den richtigen Zeitpunkt zu finden, und die Deutung konnte die Differenz «geh heim!» / «geheim» voll zum Spielen bringen. Sie konnte eine Wirkung entfalten, die den Signifikanten «Geheimnis» wieder in ein Wechselspiel mit dem mütterlichen Wort brachte, dem er unbewusst immer noch unterstand: «Sei still, geh heim!» Und sie konnte damit all dem, was mit «Geheimnis» zusammenhing, seinen zwingenden Charakter nehmen. Die Folge davon war dann auch, dass sich die Symptome, die sich um die Geheimnistuerei gebildet hatten, auflösen liessen.

22 Die Spaltung des Subjekts

In Theben herrscht die Pest. In Theben herrscht Oedipus. Er ist der Herrscher, der die Stadt von der Sphinx erlöst und ihr Glück und Gedeihen gebracht hat, aber er ist auch der Herrscher, der jetzt vor der Frage steht, woher das neue Übel kommt und ob er die Stadt auch davon wird befreien können. Das ist es, was er sich als Herrscher vornimmt – und es ist seine eigene Geschichte, wir kennen sie, die ihm dabei begegnen wird und die wie ein Schicksal über ihn herrscht, ohne dass er sie zu beherrschen vermöchte. Nicht seine Stimme, die Stimme des Orakels von Delphi, das er hat befragen lassen, weist den Weg: Der Mörder des früheren Königs, heisst es von dort, sei zu fassen und zu bestrafen. So will es der Götterspruch und so will es Oedipus. Er will es, davon ausgehend, dass dieser Mörder – er selbst – ein Fremder ist. Er will Licht in diese Sache bringen, er will sie lösen wie er das Rätsel der Sphinx gelöst hat. Denn das hat ihm Ruhm, Ehre, die Macht in Theben und das Bett der Iokaste gebracht. Von dieser Position aus erhebt er seine Stimme.

Was sagt sie uns? Wie entfaltet Sophokles diese Geschichte?
Sophokles Drama, *Oedipus der Tyrann* (in der Übersetzung von Friedrich Hölderlin, dessen Schreibweise ich übernehme), zeigt uns den Weg eines Menschen zu seiner eigenen, ihm selbst verborgenen Wahrheit in einer zugespitzten und nur schwer erträglichen Spaltung: Am Anfang des Stückes hören wir Oedipus überzeugt, voller Tatkraft verkünden, dass er alles daran setzen werde, diesen Kerl, wer auch immer es sei, zu finden. «Forschen will ich, bin ich gleich fremd in der Sache, fremder noch im Vorgang.» (II. Akt, 1. Szene) Über einen fremden Menschen hören wir Oedipus reden, wenn er über sich selber spricht. Aber in seine Worte schleicht sich auch etwas anderes ein, ein Text, den Oedipus selbst nicht zu hören vermag, der uns Zuschauer, die wir die Geschichte kennen, aber wie ein Schlag trifft: Für Laios, sagt Oedipus, für seinen ermordeten Vorgänger – und Vater – , wolle er eintreten: «Für das, als wär's mein Vater, will ich streiten.» (II, 1) Hier spricht einer seine eigene Wahrheit – scheinbar nebensächlich, nur als Vergleich gemeint – aus, und sie bleibt ihm doch ganz unerkannt, fremd. Tiresias, der blinde

Seher, wird es ihm sagen müssen, Oedipus selbst zwingt ihn dazu: «Des Manns Mord, den du suchst, ich sag', auf dich da fällt er.» Und: «Ganz schändlich, sag' ich, lebst du mit den Liebsten geheim, weißt nicht, woran du bist im Unglück.» (II, 2)

Das hat eine ebenso verheerende Wirkung, wie sie in einer Analyse eine Deutung zum falschen Zeitpunkt haben kann. Oedipus reagiert mit einer paranoiden Übertragung: «Sind Kreons oder sind von dir die Worte?», herrscht er Tiresias an und bezichtigt ihn, sich mit Kreon verschworen zu haben, um ihm den Thron wegzunehmen: «Auszustossen denkst du den [ihn selbst, Oedipus], meinest nah an Kreons Thron zu kommen…» (II, 2). Diesen sauberen Plan unterstellt er Tiresias. Und er sieht sich, durch dieses Komplott gestürzt, schon am Platz des Verfluchten und Ausgestossenen. An dem Platz, an den ihn am Ende des Stückes seine eigene Wahrheit tatsächlich führen wird! Aber er sieht sich an diesem Platz, nicht weil das etwas mit ihm zu tun hätte, sondern weil die Machenschaften einer fremden, bösartigen Macht ihn dorthin führen wollen. Und diesem vermeintlichen Komplott schleudert er mit Kraft und Betonung sein «Ich» – sein «Ich behaupte mich» – entgegen. Ein «Ich» indes, das seiner eigenen Wahrheit nicht fremder sein könnte, ein «Ich der Verkennung», wie Lacan sagt. «Ich», sagt er, «ich, der ungelehrte Oedipus, da ich dazu gekommen, schwaigte sie [die Sphinx], mit dem Verstand es treffend [ihr Rätsel], nicht gelehrt von Vögeln [wie du, so genannter Seher]». Ich, den du auszustossen suchst, weil du dem Thron Kreons dann meinst nahe zu kommen. «Mit Tränen wirst du, wie mir dünkt, und ders zusammen spann [Kreon], es büssen. Wärst du alt nicht, du würdest leidend fühlen, wie du denkst.» (II, 2)

Wie der dumme August im Zirkus, von dem Freud spricht, alle Handlungen in der Manege auf seine Kommandos zurückführt, die doch in Wahrheit nur die nachhinkenden Echos des umtriebigen Geschehens sind (1914 d, 97), so hält Oedipus umgekehrt das ganze Geschehen für die Machenschaft der andern, das doch in Wahrheit durch ihn bewirkt ist.

Und doch, wieder hören wir Zuschauer es, spricht sich in Oedipus' Sprechen auch ein anderer Text aus: Er spricht sein eigenes Schicksal aus, seinen kommenden Weg in die Verbannung; allein dort, wo er «ich» sagt, dort weiss er nichts davon.

Das Drama geht weiter, die Indizien verdichten sich, bis es schliesslich unausweichlich wird, dass Oedipus und mit ihm alle andern erkennen müssen, dass er der Mörder seines Vaters, des Königs und der Gatte seiner Mutter ist. Die andern wollen verschleiern, sie wollen helfen, sie bringen vermeintlich entlastende Indizien bei und wollen möglicherweise belastendes Material nicht preisgeben. Oedipus will nicht verschleiern, er will die Wahrheit finden: «Von Anbeginn will aber ichs beleuchten.» (I, 2) Er versucht das Material zu ordnen, zu verstehen,

Thesen zu bilden. Er ist der Feldherr, der sich einen Überblick verschaffen will, der «Licht ins Dunkel» bringen will, der das Problem wie ein Rätsel lösen will. Von dieser Position aus hören wir ihn Befehle geben. Doch auf seinem Feldherren-hügel, in seinem Direktorenzimmer, in seinem weissen Kittel des Forschers, des sezierenden Pathologen wird er die Wahrheit nicht erkennen können, denn diese untergräbt genau seine Position als konstatierender, objektivierender Betrachter eines ihm äusserlichen Geschehens.

Er gerät in einen Strudel, in den vielleicht ein Traum auch Freud hätte führen können, wenn er nicht rechtzeitig aufgehört hätte: Der Traum, in dem Freud bis zum eigenen Becken sich selbst seziert (1900 a, 455).

Von allem Anfang an arbeitet die Tragödie diese Problematik heraus: Sie zeigt uns auf der einen Seite, verkörpert von Oedipus, die Zeit des objektivierenden Betrachtens, die die Wahrheit im fortschreitenden Analysieren der Fakten und im Rätsellösen sucht. Und sie zeigt uns auf der andern Seite eine gänzlich anders funktionierende Zeitlichkeit, die aus Augenblicken besteht, in denen etwas auf-taucht und präsent wird. Eine Zeit der Krise und Lyse, des Ereignisses und der Wahrheit. Das wird schon von der ersten Szene an deutlich, wenn Oedipus fest-stellt, dass Kreon, den er zum Orakel des Apoll geschickt hat, längst schon zurück sein sollte, und der Priester gerade in diesem Augenblick verkünden kann, dass Kreon nun da ist: «Zum Schönen sprachest du, und eben sagen des Kreons Ankunft diese da mir an.» (I, 1) So verfährt das Stück in jeder neuen Szene. Immer wieder wird Oedipus in seinem Räsonieren und Überblicken unterbrochen durch das Auftreten all der Figuren, die die Elemente bringen, die der Sache eine Wen-dung geben und Oedipus zwingen, sein Material neu zu ordnen.

Für uns Zuschauer geschieht dies immer im rechten Augenblick, der den Fort-gang der dramatischen Handlung ermöglicht. Oedipus hingegen trifft die Wen-dung, unausweichlich geworden, radikal zugespitzt, katastrophisch: In seiner Posi-tion als Herrscher von Theben, als Mann der Jokaste, als Vater der gemeinsamen Kinder kann er nicht begreifen. Und in dem Augenblick, in dem er begreift, kann er nicht mehr der sein, der er war, er findet sich aus seiner Position geschleudert, unumkehrbar.

Die Spaltung ist unaufhebbar. Es ist nicht so, dass Oedipus aus der Verken-nung – nicht ich bin es, es ist ein anderer – zur Wahrheit vorstossen könnte, die ihn mit sich selbst eins liesse – ich bin es, dem das alles widerfahren ist, ich muss anerkennen, dass ich das alles getan habe. Es ist auch nicht so, dass die zwei unterschiedlichen Zeitlichkeiten zusammenfinden können. Zwischen der Zeit des Räsonierens und Verstehens und der Zeit des gegenwärtig werdenden Ereignisses gibt es nur ein Kippen: Oedipus, den wir als Mann des überlegenden Überlegen-seins kennengelernt haben, wird durch die Ereignisse – die unausweichliche Begegnung mit seiner Wahrheit – in dieser Position radikal erschüttert. Dies führt ihn nicht zur Versöhnung mit sich selbst, sondern er kann sich am Schluss des Stücks nur in einer neuen Spaltung vergegenwärtigen: Er blendet sich und spaltet das Sehen ab, das Überblick, Objektivierung, konstatierende Distanz gewährt. Und an dieser Stelle des Stücks erfahren wir als Zuschauer einmal mehr Sophokles' atemberaubende Kunst: Die Blendung ist für uns Zuschauer nicht präsent, sie wird nicht zum Ereignis auf der Bühne. Oedipus ist jetzt abwesend, von seiner Blendung erfahren wir nur konstatierend, aus dem Bericht eines Dieners. (V, 1)

Kann nun dieser Verlust, dieser grausame Akt der Selbstverstümmelung und diese unerbittliche soziale Auslöschung Oedipus doch noch mit sich selber versöhnen? Es könnte so scheinen. Denn jetzt ist der Signifikant «verflucht», den er am Anfang selbst über den Mörder verhängt, zu ihm zurückgekehrt und wird zu dem Wort, mit dem er sich selbst zeichnet. Und mehr noch. Nun ist er der «Ausgestossene» geworden, der er immer schon war: Ausgestossen auf Grund der schrecklichen Prophezeiung des Orakels von Delphi: Wenn Laios einen Sohn zeugen werde, so werde dieser den Vater töten und die Mutter heiraten. Ausgestossen von der eigenen Mutter ins Kithärongebirge, wo ihn, hätte der mitleidige Hirte ihn nicht gerettet, der Tod hätte erwarten sollen. Was er erlitten hat, nun nimmt er es auf sich. Ein Verfluchter und Ausgestossener will er jetzt sein, es ist sein letzter Befehl an Kreon: «Wirf aus dem Land mich, so schnell du kannst.» (V, 2) «Lass mich wohnen auf den Bergen, wo berühmt ist hier mein Kithäron, den, noch lebend, Mutter und Vater mir zum Grabmal auserkoren.» (V, 2) Sein Schicksal auf sich nehmend kann er nun um das Schicksal seiner Kinder trauern: Die «männlichen Kinder», meint er, werden ihren Weg machen. Die «Jungfraun» aber – wer wird diese Kinder der Schande aufnehmen, wer denn soll sie heiraten: «Wer mag euch freien? Keiner wird's, ihr Kinder, sondern sicher ist, dürre vergehen müsset ihr und ohne Hochzeit.» (V, 2) Er kann nur Kreon bitten: «Nehme der [Jungfraun] dich an.» (V, 2)

Aber dabei hat es nicht sein Bewenden, noch einmal, unerbittlich, zeigt das Stück die Spaltung: Oedipus selbst kann seinen eigenen Wunsch und seine Einsicht, die Mädchen Kreon anzuvertrauen, nicht einhalten. Als er, in der letzten Szene des Stücks, Theben verlassen muss, will er sich von den Mädchen nicht trennen, er will sie mit sich nehmen. «Gehe! Lass die Kinder nur!», beschwichtigt ihn Kreon. Doch Oedipus, noch einmal die paranoide Komplottgeschichte des untergegangenen Herrschers, der das «tua res agitur» nicht erkennt, anklingen lassend, schleudert ihm entgegen: «Keineswegs nimmst du die mir.» Kreon muss es sein, der, gegen Oedipus, Oedipus' eigenen Wunsch durchsetzt: «Alles maasse dir nicht an. Auch was eigen dir gewesen, folgt dir nicht im Leben nach.» (V, 2)

Warum dieser Schluss? Vielleicht finden wir eine Erklärung in der Art, wie Oedipus von seinen Kindern spricht: Er bezeichnet sie als «die Kinder», «die männlichen Kinder», «die Jungfraun». Nie indes spricht er von «meinen» Kindern, nie von «Söhnen» und «Töchtern». Dies ist umso auffälliger, als er nicht zögert, sich selbst als «euren Vater» zu bezeichnen. Es gibt da eine Verstrickung, die für Oedipus selbst nicht auflösbar ist. Eine Unklarheit in der Generationenfolge. «O Kinder, wo seid ihr wohl? Kommt hieher, kommt, zu meinen brüderlichen Händen», sagt er. (Und wenn sich Antigonae dann um des Begräbnisses ihres Bruders willen ausstossen lässt, so wirkt darin gewiss auch ihre Abstammung von einem Bruder-Vater). Oedipus ist verstrickt mit den Halbgeschwister-Töchtern. Für ihn kann darum wohl auch nicht klar werden, was es heisst, sie zurückzulassen: Ist das der normale Gang der Trennung der Generationen oder gehört er mit ihnen zusammen? Hiesse, sie zurückzulassen, die Bewegung der Ausstossung wiederholen – oder sie davor zu schützen? Für Oedipus kann das nicht entscheidbar sein. Es braucht Kreons trennendes Eingreifen, das sich dem Generationengesetz unterstellt. Und die Mädchen zu den Töchtern macht, als die Oedipus sie in Kreons Obhut zurücklassen wollte und nun, selbst in die Schranken des Gesetzes verwiesen, auch muss: «Alles maasse dir nicht an.»

Literaturverzeichnis

Abraham, K. (1924): *Versuch einer Entwicklungsgeschichte der Libido auf Grund der Psychoanalyse seelischer Störungen,* in: ders.: Gesammelte Schriften, hg. v. J. Cremerius, Frankfurt am Main: Fischer 1982.

Adorno, Th. W. (2001): Minima Moralia, Frankfurt am Main: Suhrkamp.

Altmeyer, M., Thomä, H. (Hrsg.) (2006): Die vernetzte Seele. Die intersubjektive Wende in der Psychoanalyse, Stuttgart: Klett-Cotta.

Angelus Silesius: Sämtliche poetische Werke in drei Bänden, hg. v. H. Held, München: Allgemeine Verlagsanstalt 1952.

Badiou, A. (2005): *Das Ereignis denken,* in: A. Badiou, S. Žižek: Philosophie und Aktualität, Wien: Passagen 2005.

Barthes, R. (1983): Cy Twombly, Berlin: Merve.

– (2006): Variations sur l'écriture. Variationen über die Schrift, Mainz: Diederich'sche Verlagsbuchhandlung.

Bataille, L. (1988): Der Nabel des Traums, Weinheim, Berlin: Quadriga.

Blumenberg, H. (1979): Schiffbruch mit Zuschauer, Frankfurt am Main: Suhrkamp.

– (2007): Theorie der Unbegrifflichkeit, Frankfurt am Main: Suhrkamp.

Borens, R. (1999): *Die ethische Dimension der Supervision,* in: RISS 44, 1999/1, 25–39.

– (2002): *Jenseits der Anerkennung. Die drei Stadien der Übertragung,* in: Jahrbuch für klinische Psychoanalyse, Bd. 4, Tübingen: edition diskord 2002.

Cavell, S. (2002): *Wissen und Anerkennen,* in: ders.: Die Unheimlichkeit des Gewöhnlichen, Frankfurt am Main: Fischer 2002.

Cremonini, A. (2007): *Die Anerkennung des anderen. Ein neues Paradigma der Psychoanalyse?,* in: RISS 66, 2007/2, 7–16.

Derrida, J. (2002): Seelenstände der Psychoanalyse, Frankfurt am Main: Suhrkamp.

Didi-Huberman, G. (2006): Venus öffnen. Nacktheit, Traum, Grausamkeit, Zürich-Berlin: diaphanes.

Eichendorff, J. (1835): Gedichte in chronologischer Folge, hg. v. H. Schultz, Frankfurt am Main: Insel 1988.

Ferenczi, S. (1919): *Technische Schwierigkeiten einer Hysterieanalyse,* in: ders.: Bausteine zur Psychoanalyse, Frankfurt am Main: Ullstein 1984, Bd. III, 119–128.

Foucault, M. (1978): *Nietzsche, die Genealogie, die Historie,* in: ders.: Von der Subversion des Wissens, hg. v. W. Seitter. Frankfurt am Main: Ullstein 1978.

– (1992): *Einleitung* zu: L. Binswanger, Traum und Existenz, Bern, Berlin: Gachnang & Springer.

Freud, S. (1895 d): Studien über Hysterie, GW I.

– (1900 a): Die Traumdeutung, GW II/ III.

– (1905 c): Der Witz und seine Beziehung zum Unbewussten, GW VI.

- (1910d): Die zukünftigen Chancen der psychoanalytischen Therapie, GW VIII.
- (1912b): Zur Dynamik der Übertragung, GW VIII.
- (1912e): Ratschläge für den Arzt bei der psychoanalytischen Behandlung, GW VIII.
- (1914b): Der Moses des Michelangelo, GW X.
- (1914c): Zur Einführung des Narzissmus, GW X.
- (1914d): Zur Geschichte der psychoanalytischen Bewegung, GW X.
- (1914g): Erinnern, Wiederholen und Durcharbeiten, GW X.
- (1915a): Bemerkungen über die Übertragungsliebe, GW X.
- (1915c): Triebe und Triebschicksale, GW X.
- (1916–17e): Über Triebumsetzungen, insbesondere der Analerotik, GW X.
- (1920g): Jenseits des Lustprinzips, GW XIII.
- (1925h): Die Verneinung, GW XIV.
- (1926d): Hemmung, Symptom und Angst, GW XIV.
- (1926e): Die Frage der Laienanalyse, GW XIV.
- (1933a): Neue Folge der Vorlesungen zur Einführung in die Psychoanalyse, GW XV.
- (1937c): Die endliche und die unendliche Analyse, GW XVI.
- (1937d): Konstruktionen in der Analyse, GW XVI.
- (1939a): Der Mann Moses und die monotheistische Religion, GW XVI.
- (1940a): Abriss der Psychoanalyse, GW XVII.
- (1986): Briefe an Wilhelm Fliess, hg. v. Jeffrey Masson, Frankfurt am Main: Fischer.

Freud, S., Ferenczi S.: Briefwechsel, Wien: Böhlau 1993, Bd. I.

Ginzburg, C. (1983): *Spurensicherung*, in: ders.: Spurensicherungen, Berlin: Wagenbach 1983, 61–96.

Grimbert, Ph. (2005): Ein Geheimnis, Frankfurt am Main: Suhrkamp.

Heimann, P. (1950): *On Counter-Transference*, in: Int. J. Psycho-Anal. 31, 1950.

Historisches Wörterbuch der Philosophie (1972): hg. v. J. Ritter, Basel: Schwabe, Bd. 2.

Honneth, A. (2005): Verdinglichung, Frankfurt am Main: Suhrkamp.

Israël, L. (1983): Die unerhörte Botschaft der Hysterie, München: Reinhardt.
- (1989): Boiter n'est pas pécher, Paris: Denoël.
- (1990): *Verwandlungen des Ödipus*, in: RISS 13/14, 1990, 143–150.

Kant, I. (1763): *Versuch, den Begriff der negativen Grössen in die Weltweisheit einzuführen*, in: ders.: Werkausgabe, Frankfurt am Main: Suhrkamp 1978, Bd. II, 775–819.

Kläui, C. (1999): *Der Traum zwischen Wort und Bild*, in: RISS 46, 1999/3, 123–133.
- (2001): *Einfall und Ausschlag*, in: R. Borens, U. Fellmann, C. Kläui (Hg.): Wunde Körper – Wunde. Zur Psychoanalyse der Psychosomatik, Würzburg: Königshausen & Neumann 2001, 161–173.
- (2002): *Gegenübertragung und der Wunsch, Analytiker zu sein*, in: Jahrbuch für klinische Psychoanalyse Bd. 4, Tübingen: edition diskord 2002, 54–64.
- (2008): *Psychoanalyse nach Freud*, in: RISS 68, 2008/1.

Kleist, H. (1810): *Über das Marionettentheater*, in: ders.: Sämtliche Werke und Briefe, hg. v. H. Sembdner, München: Carl Hanser 1984, Bd. II, 338–345.

Kofman, S. (1998): Melancholie der Kunst, Wien: Passagen.

Lacan, J. (1954–1955): Seminar II, Das Ich in der Theorie Freuds und in der Technik der Psychoanalyse, Olten: Walter 1980.
- (1960–1961): Le Séminaire VIII, Le transfert, Paris: Seuil 1991.
- (1962–1963): Seminar X, Die Angst, unveröffentlichtes Manuskript, übers. v. G. Schmitz.

- (1963–1964): Das Seminar XI, Die vier Grundbegriffe der Psychoanalyse, Olten: Walter 1978.
- (1966): *Variations de la cure-type*, in: ders.: Ecrits, Paris: Seuil.
- (1969–1970): Seminar XVII, Die Kehrseite der Psychoanalyse, unveröffentlichte Übersetzung v. G. Schmitz.
- (1973): *Funktion und Feld des Sprechens und der Sprache in der Psychoanalyse*, in: ders.: Schriften 1, Olten: Walter.

Langlitz, N. (2005): Die Zeit der Psychoanalyse, Frankfurt am Main: Suhrkamp.

Michels, A. (1989): *Wann beginnt eine Analyse? Elemente einer konstituierenden Zeitlichkeit*, in: RISS 11, 1989, 5–18.

Miller, J. A. (2007): *Über Perversion*, in: RISS 65, 2007/1, 37–55.

Morel, G. (2007): *Das Symptom, das Phantasma und die Pathologien des Gesetzes*, in: RISS 65, 2007/1, 57–91.

Müller-Pozzi, H. (2008): Eine Triebtheorie für unsere Zeit. Sexualität und Konflikt in der Psychoanalyse, Bern: Verlag Hans Huber.

Nietzsche, F. (1886): Jenseits von Gut und Böse, Kritische Studienausgabe, hg. v. G. Colli, M. Montinari, München, Berlin: dtv, de Gruyter 1988, Bd. 5.

Platon: Das Gastmahl, griechisch-deutsch, Hamburg: F. Meiner 1981.

Rancière, J. (2006): Das ästhetische Unbewusste, Zürich, Berlin: diaphanes.

Safouan, M. (1997): Die Übertragung und das Begehren des Analytikers, Würzburg: Königshausen & Neumann.

Sciacchitano, A. (2008): *Über den Wert des Falschen*, in: RISS 68, 2008/1.

Ten Hagen, A. (2007): *Empathie. Eine Orientierung an Wittgensteins Versuch über die Seele*, in: RISS 66, 2007/2, 57–78.

Sophokles: Die Trauerspiele, übersetzt von F. Hölderlin, Frankfurt am Main: Wilmans 1804.

Weber, S. (1979): Freudlegende, Olten: Walter.

Whitebook, J. (2001): *Wechselseitige Anerkennung und die Arbeit am Negativen*, in: Psyche 55, 2001, 755–789.
- (2003): *Die Grenzen des ‹intersubjective turn›*, in: Psyche 57, 2003, 250–261.
- (2007): *Erste und zweite Natur bei Hegel und in der Psychoanalyse*, in: RISS 66, 2007/2, 17–30.

Wittgenstein, L. (1952): *Philosophische Untersuchungen*, in: ders.: Werkausgabe, Frankfurt am Main: Suhrkamp 1984, Bd. 1.

Kleines Register

ausgewählter Themen, auf die im Text eingegangen wird und die im Inhaltsverzeichnis nicht eigens aufgeführt sind:

Anmerkungen

1 Verweise innerhalb des Textes gebe ich folgendermassen an: **(S. xy)**.

2 «Einfühlung» wurde von Friedrich Theodor Vischer in seiner *Aesthetik* (1846–57), die Freud in seinem Buch *Der Witz und seine Beziehungen zum Unbewussten* (1905 c) verschiedentlich herbeizieht, zum theoretischen Begriff gemacht: Dabei geht es für Vischer ganz klar darum, äussere, sinnliche Erscheinungen mit eigenem seelischem Empfinden zu füllen, eigenes Erleben in sie *hineinzuprojizieren*. Die so entstehende «Beseelung» ist für Vischer die Voraussetzung für ästhetischen Genuss.

3 Die Psychoanalyse muss, im Unterschied zu den empirischen Wissenschaften, ihre Gründungsgeschichte nicht verdrängen, sondern vermag sie zu thematisieren. Und die Gründungsgeschichte der Psychoanalyse, die eine Geschichte ist von der Umwandlung von Gewalt in Wort, ist bei Freud nicht nur die Geschichte jedes einzelnen Menschen, sondern auch die Geschichte der Zivilisation, die Geschichte des Rechts. *So können wir erkennen, dass auch das Recht nicht von seiner Gründungsgeschichte zu trennen ist.* Von einer Gründungsgeschichte, die zeigt, dass Recht und Gewalt nicht gegensätzlich sind, sondern dass das eine aus dem andern hervorgeht und dieses nur monopolisiert, wie Freud sagt. Die Grausamkeit hat darum, wie Derrida betont, kein Gegenteil. Sie ist nicht eliminierbar, nur verwandelbar, gestaltbar, ablenkbar, aufschiebbar. Das ist eine genuin psychoanalytische Argumentation: Was ist der Eros anderes als Verschiebung, Ablenkung, Aufschub des Todestriebes? Und das ist bei Freud auch die Bewegung, die das Subjekt aus dem erstickenden Geniessen des Urvaters in seinem Sprechen und Begehren frei setzt.

4 Das Metzler Literaturlexikon unterscheidet die Allegorie von der Metapher dadurch, dass bei ersterer «die Beziehung zwischen Bild und Bedeutung willkürlich gewählt [ist], verlangt daher nach rationaler Erklärung; damit ist aber eine Gleichsetzung bis ins Detail möglich» (9). Ich beziehe mich hier in diesem Sinne auf Allegorie, wie es auch Goethe getan hat, für den Allegorie eine jede Doppeldeutigkeit ausschliessende, auf seine Deutung hin konstruierte (bildliche) Darstellung eines Begriffs ist. Auf die Arbeiten Paul de Mans, der Allegorie mit der Unlesbarkeit von Texten, mit dem Entzug von Sinn und Bedeutung in Zusammenhang gebracht hat, gehe ich in diesem Zusammenhang nicht ein.

5 Lacan schreibt: Die Libido, um die es in seinem Mythos geht, «ist also ein Organ, das für das Verständnis der Natur des Triebs unverzichtbar ist. Dieses Organ ist irreal. Es ist irreal, aber keineswegs imaginär. Irreal heisst per definitionem nur, dass hier eine Art Verbindung mit dem Realen besteht, die wir nicht fassen können, womit die Notwendigkeit einer mythischen Darstellung gegeben ist, wie wir sie geben.» (1963–1964, 216)

6 So sagt der Chor in Sophokles' Antigonä (3. Akt, 2. Szene, in der Übersetzung von Hölderlin).

7 Bezüglich des autobiografischen Hintergrunds hat Philippe Grimbert in einem Vortrag die Vermutung geäussert, dass das Wort «Simon» wohl in den Gesprächen seiner Eltern aufgetaucht sein muss, ohne dass sie sich damit aber an ihn gerichtet und sich ihm erklärt hätten.

8 Bei Zwangsneurotikern kann das Abwehrritual gegen die verbotene Versuchung selbst immer mehr in die Abhängigkeit des unterdrückten Triebwunsches geraten und zur Quelle libidinöser Befriedigung werden. Die Performanz des Zwangsrituals, das die Versuchung in Schach halten sollte, wird dann selbst zum Ort des Geniessens und das verbietende Verhalten ist selbst libidinös aufgeladen.

9 Und es ist auch interessant, dass wir gleichzeitig eine umgekehrte Bewegung feststellen können: Beim Chatten setzen wir ganz auf ein vom Bild losgelöstes Sprechen. Die ganze Verführungskraft wird dem Wort überlassen. Wir chatten ohne Bilder oder, wenn wir denn ein Foto von uns ins Netz stellen, so ist es ein fake. Interessanterweise scheint dieses Reservoir eines vom Bild losgelösten Sprechens an die Bedingung der Anonymität gebunden zu sein. Wo wir im eigenen Namen auftreten, können wir uns der Macht des Bildes und der Notwendigkeit, einem bestimmten Bild zu genügen, kaum entziehen.

10 Der Aufschwung von Therapieformen, die auf unser Verhalten und unser beobachtbares Auftreten ausgerichtet sind, könnte, so vermute ich, auch mit dieser Tendenz, uns selbst als Bild und als Zeichen zu verstehen, zusammenhängen.

11 In *Zur Einführung des Narzissmus* zitiert Freud diesen Vers (1914 c, 148).

12 Eva gegenüber hatte er die nämliche Forderung gehabt, die er auch bei mir einlösen wollte: In seinem Verlangen nach guten Gesprächen gab es ihr gegenüber also eine vergleichbare Übertragungsdisposition wie in der Therapie. Man pflegt das, meines Erachtens nicht sehr glücklich, als «Nebenübertragung» zu bezeichnen. Deren Bedeutung für das psychoanalytische Arbeiten wird kontrovers diskutiert. Hier, wie in andern Situationen auch, geschah ein guter Teil der analytischen Arbeit an ihr.

13 Die Erfahrung, die ich in Supervisionen mache, ist vergleichbar mit derjenigen, von der Paula Heimann in ihrem berühmten Aufsatz *On Counter-Transference* (1950) gesprochen hat. Allerdings geht es Heimann nicht um das Hören und die Einfälle des Analytikers, sondern um sein Fühlen. Sie fragt ihre Supervisanden, was sie in einer bestimmten Situation, in der es ein bisschen daneben geht, denn gefühlt haben, und dann komme schon das Richtige. Meine Erfahrung ist, dass es manchmal zuerst die Intervention des Supervisors braucht, die wie eine Deutung wirkt, bis der Supervisand sagen kann: «Ja, das habe ich auch gehört, das ist mir auch aufgefallen, aber…» Offenbar läuft es da mit den feelings etwas weniger harzig als mit dem Hören. Ich vermute, dass das daran liegt, dass die Gefühle uns weniger mit dem Mangel konfrontieren, mit unserer Ungewissheit und mit der Offenheit von dem, was wir bewirken. Gefühle sind einfach da oder nicht da. Seit die Gegenübertragung zu einem technischen Instrument erster Güte geworden ist – im Gefolge von Heimanns Arbeit – kann man sogar etwas Umgekehrtes beobachten: Dass wir in Supervisionen in geradezu exhibitorischer Weise mit den allerkleinsten Gefühlsregungen unsrer Supervisanden vertraut gemacht werden. Eine aktuelle Form, die Scham, von der ich gesprochen habe, abzuwenden.

14 Lacan hat Freuds Auffassung, dass der Analytiker die Übertragung abwarten muss, bis er zu deuten beginnen kann, insofern zugespitzt, als er das Widerstandselement der Übertragung in Bezug auf ihre technische Handhabung in den Vordergrund rückt: «Die Übertragung ist das Mittel, mit dessen Hilfe die Kommunikation des Unbewussten sich unterbricht, das Unbewusste sich wieder *schliesst*.» [Kursiv C. K.] Man könne darum nicht an

den «gesunden Teil des Ich» appellieren im Sinne des Konzepts des «Arbeitsbündnisses». Denn dieser gesunde Teil des Ich sei es gerade, der an dieser Bewegung des Schliessens des Unbewussten in der Übertragung beteiligt sei. Mit einem Appell an das gesunde Ich müsste man daher die Spaltung des Subjekts verkennen, um deren Vergegenwärtigung es in der Deutung doch gerade gehe: «Dieser Appell an einen gesunden Teil des Subjekts», der einfach fähig sein sollte, mit dem Analytiker zusammen zu verstehen, was in der Übertragung vor sich gehe, «verkennt, dass … gerade er die Tür, das Fenster, die Fensterläden zumacht – verkennt also, dass die Schöne, mit der man sprechen möchte, sich dahinter verbirgt und eigentlich keinen andern Wunsch hat als den, dass die Läden wieder aufgemacht würden. Deshalb wird die Deutung in diesem Moment schlechthin entscheidend, denn diese Schöne ist's, an die man sich zu wenden hat.» (Lacan 1963–1964, 136 f)

Anzeigen

Raymond Battegay

Narzissmus und Objektbeziehungen

Über das Selbst zum Objekt

4., vollst. rev. u. erw. Aufl. 2008.
256 S., 4 Schemata, 1 Fig., Kt
€ 34.95 / CHF 59.00
ISBN 978-3-456-84509-8

Der Narzissmus und dessen Einfluss auf die Beziehungen zu den Mitmenschen, die zum Entstehen von narzisstischen und Borderline-Persönlichkeitsstörungen beitragen, werden diskutiert.

Peter Müller / Herta Wetzig-Würth

Psychotherapeutische Gespräche führen

Wege zu psychodynamisch wirksamen Dialogen

2008. 148 S., 2 Abb., Kt
€ 19.95 / CHF 33.90
ISBN 978-3-456-84497-8

Dieses Buch gibt eine konkrete Anleitung zur Gesprächsführung bei psychogenen bzw. psychosomatischen Erkrankungen.

Erhältlich im Buchhandel oder über
www.verlag-hanshuber.com

HUBER

Christa Rohde-Dachser

Das Borderline-Syndrom

7., vollst. überarb. u. erw. Aufl. 2004.
270 S., 4 Abb., Kt € 26.95 / CHF 46.90
ISBN 978-3-456-84087-1

Das klinische Erscheinungsbild der Borderline-Erkrankungen und die zugrundeliegende Ich-Pathologie werden beschrieben. Für die siebte Auflage wurde das Buch vollständig überarbeitet und erweitert.

Christa Rohde-Dachser

Im Schatten des Kirschbaums
Psychoanalytische Dialoge

Nachdruck 1995 d. 1. Aufl. 1994.
208 S., Kt € 22.95 / CHF 44.80
ISBN 978-3-456-82515-1

Christa Rohde-Dachser, die bekannte Psychoanalytikerin und Borderline-Spezialistin, zeigt, welche psychoanalytischen Theorien aufgegeben werden müssen, damit ein solcher Dialog gelingt.

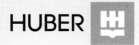

Erhältlich im Buchhandel oder über
www.verlag-hanshuber.com

HUBER